LA
FRANCE HÉRALDIQUE

PAR

Ch. POPLIMONT

Chevalier de l'ordre des saints Maurice et Lazare

TOME VI

MAILLART DE LANDREVILLE. — PATOUILLET DE DESERVILLERS.

PARIS

IMPRIMERIE JULES BOYER & Cie

11, RUE NEUVE-SAINT-AUGUSTIN, 11

—

1874

LA

FRANCE HÉRALDIQUE

M

MAILLART DE LANDREVILLE. *Principauté de Liége, Champagne, Picardie.*

D'azur à l'écusson d'argent en abîme; au lion naissant du même, armé et lampassé de gueules. L'écu timbré d'un casque taré de front, orné de ses lambrequins d'azur et de gueules. Couronne : de marquis. Supports : à dextre une licorne d'argent; à senestre un lévrier du même, colleté de gueules et bouclé d'or. Cimier : un lion naissant armé et lampassé de gueules.

Devises (en lettres d'argent sur une banderolle d'azur *Etiam nascendo tremendus.* Concédée par le grand prévôt de Saint-Lambert en 998 : *Sainte Église à honneur tiendrai.*

De pure et grande noblesse d'épée, la maison de Maillart de Landreville prouve son antiquité, son lustre et une filiation non interrompue en ligne directe, légitime et masculine de vingt-six degrés successifs, à travers l'immense durée de plus de neuf cents ans, entièrement consacrée à la carrière des armes, au service de l'église, du souverain légitime et de la patrie. Elle a donné vingt-six officiers tués dans les combats ou morts des suites de leurs blessures et dix chevaliers de Saint-Louis. Ses titres s'appuient sur des documents nombreux, authentiques, irrécusables. Sa généalogie établie par Demu s'affirme par la parole respectée des chroniqueurs et des historiens renommés, dont les récits font autorité, entre autres: Bertholet, *Histoire du Luxembourg;* Jean d'Outremeuse, *Chroniques;* Jacques d'Henricourt, *Miroir des nobles de la Hesbaye;* Laurent Mélart, *Histoire de Liége et d'Huy; Abrégé généalogique de la maison de Maillart;* Lefort, *Preuves de noblesse;* Caumartin, *Sentences et maintenues de noblesse;* Chérin, *Preuves de Cour,* etc.

Originaires de la principauté de Liége, les Maillart sont issus des comtes de Vienne, en Ardennes. Le fondateur de leur maison, le premier dont l'histoire fasse mention, est Jean Ier, du nom qui suit, I.

I. Jean Coley de Vienne, connétable de la principauté de Liége, reçut, en 998, par ses troupes, le surnom de Maillart, qu'il transmit à toute sa race, à cause de la masse d'armes dont il se servait dans les combats. Ce même Jean Coley, dit Maillart, fut armé chevalier, par Robert, roi de France, à la prière de Notger, prince-évêque de Liége, qui lui donna pour armoiries un « écu d'argent en champ d'azur. » Le grand prévôt de Saint-Lambert y ajouta cette devise: *Sainte Eglise à honneur tiendrai.* Jean Maillart s'illustra par de nombreuses victoires, entr'autres celle de Florenne, contre Robert-le-Barbu, comte de Louvain. En 1017, dans une sanglante bataille contre les Frisons, Jean fut aveuglé par un coup de lance. Ses troupes, néanmoins, remportèrent la victoire. Il fut obligé d'abandonner la carrière des armes, et les chroniqueurs prétendent que c'est pour le distraire qu'on inventa le jeu de *Colin-Maillart*. Il eut un fils, Arnould, premier du nom, qui suit, II.

II. Arnould I de Maillart, chevalier banneret, s'illustra dans les guerres que Gothelan, duc de Basse-Lorraine, soutint contre Eudes, comte de Champagne, en 1038 et 1041. Il eut un fils, Jean, deuxième du nom, qui suit, III.

III. Jean II de Maillart de la Sauvenière, ainsi nommé de la Sauvenière, île formé par la Meuse dans la ville de Liége, jouissant d'une juridiction distincte, et dont les princes-évêques avaient fait don à la famille, servit sous les ordres de son père. Il eut un fils, Jean, troisième du nom, qui suit, IV.

IV. Jean III de Maillart, gonfalonier de la principauté de Liége, se distingua, en 1112, au siége de Milan, et, devançant ses compagnons d'armes à l'assaut, arbora son gonfalon sur les murs de la ville. L'empereur Henri V le combla d'honneurs, le nomma capitaine de sa garde, lui fit ajouter un lion à ses armoiries, symbole de force et de courage, et lui donna la devise que ses descendants ont substituée à celle qu'ils tiennent du grand prévôt de Saint-Lambert : *Etiam nascendo tremendus*, devise faisant allusion à sa jeunesse. Il eut plusieurs enfants, entre autres Eukin, le troisième, qui suit, V.

V. Eukin de Maillart, unique du nom, se distingua à la bataille de Duras et de Villeris en 1131 où les Brabançons et les Flamands furent défaits. Il eut un fils, Jean, IVᵉ du nom, qui suit, VI.

VI. Jean IV de Maillart, portait la bannière du prince-évêque de Liége à la bataille de Bouillon, le 14 août 1141. Il eut un fils, Hélin, unique du nom, qui suit, VII.

VII. Hélin de Maillart, se distingua à la bataille d'Andenne contre le comte de Namur, le 17 septembre 1157. Il eut un fils, Arnould, IIe du nom, qui suit, VIII.

VIII. Arnould II de Maillart, entouré de ses sept fils, « seigneurs à l'épée hardie, » dit Laurent Mélart, commanda un corps de l'armée du prince-évêque, Hugues de Pierrefonds, à la bataille de Warde de Steppes, livrée en 1212, contre Henri, duc de Brabant, où ce dernier fut défait. Il eut plusieurs enfants entre autres Geoffroy, unique du nom, qui suit, IX.

IX. Geoffroy de Maillart, qui continue la lignée, eut un fils, Girard, premier du nom, qui suit, X.

X. Girard de Maillart, membre de la haute-cour des échevins de Liége, eut deux fils, savoir :

A. Arnould, IIe du nom, qui suit, XI.

B. Jean V de Maillart, servit avec distinction sous l'empereur Louis de Bavière, en Italie et en Flandre.

XI. Arnould III de Maillart, soutint avec toute sa famille, en 1297, une lutte acharnée contre la maison Despretz, à laquelle s'était allié l'évêque Hugues de Châlons. Il périt à la tête des Liégeois qu'il commandait, à la bataille de Laneuville, près Thiange, qu'il livrait aux Hutois révoltés. Il eut plusieurs enfants, entre autres Henri, unique du nom, qui suit, XII.

XII. Henri de Maillart, vint en France à la suite des dissentions civiles qui déchiraient sa patrie. Il servit à l'armée du comte Charles d'Anjou contre Pierre d'Aragon et ensuite contre les Anglais en 1348, 1349 et 1350. Ses deux frères Jean et Pierre servirent aussi en France, ainsi que le prouvent les livres de la Cour des Comptes de 1337 et 1338. Il épousa Catherine de Marmande dont il eut un fils, Gérard, deuxième du nom, qui suit, XIII.

XIII. Gérard de Maillart, épousa Antoinette de Dammartin, de l'illustre famille de ce nom, dont il eut deux fils, savoir :

A. Colesson, unique du nom, qui suit, XIV.

B. Hugues de Maillart, unique du nom, chevalier de l'ordre de Saint-Jean de Jérusalem (voir aux archives de l'église de Saint-Martin-des-Champs à Paris).

XIV. Colesson de Maillart, seigneur de This, dans les Ardennes françaises, se distingua à la célèbre bataille d'Azincourt, contre les Anglais, en 1415. Il épousa une demoiselle de Beaujeu dont il eut plusieurs enfants, entre autres un fils, Yves, unique du nom, qui suit, XV.

XV. Yves de Maillart, servit avec distinction dans les guerres qui eurent lieu sous Louis XI et Charles VIII. Il épousa Françoise de Berles, dont il eut deux fils, savoir :

A. Jean, septième du nom, qui suit, XVI.

B. Mengin de Maillart, unique du nom, combattit contre les Turcs avec un de ses parents, Eustache de Maillart, qui fut tué en 1527, combattant sous les ordres de Ferdinand, frère de Charles-Quint.

XVI. Jean VII de Maillart épousa, le 30 octobre 1489, Isabeau des Ayrelles, dont il eut un fils, Gratien, unique du nom, qui suit, XVII.

XVII. Gratien de Maillart, né à Saint-Marcel-les-Clarvy, en 1490, inhumé dans l'église paroissiale de ce village, sous une belle tombe ornée de sa statue, armée de toutes pièces, de celle de sa femme, Thiriette d'Isnard, couchée à ses côtés, et de leurs armoiries sculptées au-dessus de leurs têtes. Il mourut le 4 juillet 1445 dans son gouvernement de Maubert Fontaine. Sa femme, Thiriette d'Isnard, dame de Landre, était d'une ancienne famille provençale, venue de Lorraine à la suite du roi René. Il eut un fils, Jean, huitième du nom, qui suit, XVIII.

XVIII. Jean VIII de Maillart, gouverneur de Montcornet, tué à la bataille de Montcontour, le 30 octobre 1569, épousa Judith de Gourcy, dont il eut six enfants, entr'autres Pierre, unique du nom, qui suit, XIX.

XIX. Pierre de Maillart, baron de Landre, servit sous les ordres du prince de Joinville. Il épousa le 15 juin 1563, Guillemette de Beauvais, dame de Landreville, fille de François, seigneur de Beauvais, baron de Landreville et de dame Louise de Chamissot. Il mourut en février 1611, laissant deux fils, savoir :

A. Charles, auteur de la branche actuelle des barons de Landre et de Haneffe, dont le chef est le baron de Maillart de Landre.

B. François, unique du nom, auteur de la branche des barons, puis comtes, et enfin des marquis de Landreville, qui suit, XX.

BARONS, COMTES ET MARQUIS DE LANDREVILLE.

XX. François de Maillart, chevalier, baron de Landreville, né le 28 juillet 1574, servit sous le duc de Nivernais, puis, le 16 septembre 1656, fut chargé, par le roi, de lever une compagnie de chevau-légers qu'il commanda jusqu'à sa mort. Il épousa, le 15 janvier

1610, Louise de Sainte-Blaise, dont il eut trois fils, savoir :

A. Louis de Maillart, chevalier de Gruyère, capitaine au régiment de Nettancourt, le 21 août 1638, fit les campagnes avec les ducs de Weimar et de Longueville, les maréchaux de Turenne et de Guébriant. Il se signala à la prise de Brisach, le 9 décembre 1639 et à la bataille de Kimpen, le 17 janvier 1642. Il conduisit au roi les généraux prisonniers de Lamboy et de Mercy. Le roi le nomma mestre de camp. Il contribua, en 1643, à la prise de Rothmil et exécuta, avec le régiment qu'il commandait, une retraite admirable devant Mercy, qui avait surpris le reste de l'armée. Il prit encore part à la bataille de Fribourg et à la prise de Philisbourg. Il assiégea et prit Crutznach qui résista pendant trois semaines. Le roi le nomma gouverneur, puis, sur la proposition du prince de Condé, il fut nommé brigadier des armées du roi. En 1645, à Marienthal, le chevalier de Gruyère voulut arrêter Mercy qui allait surprendre Turenne. Il fit des prodiges de valeur et périt accablé par le nombre.

B. Antoine de Maillart, seigneur de Landreville, capitaine au régiment de Nettancourt, le 8 septembre 1655, fut traîtreusement assassiné par un officier du même régiment.

C. Claude, qui suit, XXI.

XXI. Claude de Maillart, baron de Landreville, connu d'abord sous le nom de chevalier de Chénery, puis, en 1645, sous celui de Gruyère, après la mort de son frère aîné, sous les ordres duquel il servait dans le régiment de Guébriand. Il y devint capitaine d'une compagnie en 1639. Le 3 août 1644, il fut blessé au siége de Fribourg. Il fut également blessé à Marienthal, où son frère, Louis, fut tué. Le 8 novembre 1691, il fut nommé capitaine de la compagnie, mestre de camp du régiment de Grandpré, qu'il commanda pendant plusieurs campagnes, à la suite desquelles ses nombreuses blessures l'obligèrent à quitter le service. Il épousa, le 3 décembre 1649, Louise de Pouilly Monsdorff, dont il eut quinze enfants, entre autres, six qui suivent, dont cinq tués à la guerre, savoir :

A. Charles-Claude, qui suit, XXII.

B. Abraham de Maillart, chevalier de Gruyère, né le 17 mars 1656, mort capitaine au régiment d'Orléans-Infanterie, à l'âge de 28 ans.

C. Antoine-Guy de Maillart, chevalier de Nunart, puis de Gruyère, né le 12 février 1661, se trouva, le 11 avril 1677 à la bataille de Cassel, puis à la prise de Saint-Omer, à celle de Courtrai et de Nimègue. Il fut blessé au siége de Luxembourg en 1684, à celui de Mézières en 1649. Il fut fait prisonnier à Mayence. Blessé de nouveau à Fleurus, le 1er juillet 1690, il fut tué dans une rencontre près de Courtrai.

D. François de Maillart, chevalier de Noirfontaine, né le 12 septembre 1670, capitaine au régiment d'Asfeld 20, avril 1688, sauva l'armée du comte d'Harcourt dans les Pays-Bas par un brillant fait d'armes, et fut tué dans une rencontre près de Bruxelles.

E. Christophe de Maillart, né en 1662, mort en 1684, chanoine tréfoncier de la cathédrale de Liége.

F. Charles-César de Maillart, chevalier de Chénery, né le 27 janvier 1672, lieutenant au régiment d'Asfeld, le 20 août 1688, tué en 1695, à l'âge de vingt-trois ans, en défendant Namur, sous les ordres de Boufflers.

XXII. Charles-Claude de Maillart, baron de Landreville, né le 22 août 1655, capitaine au régiment de

Vaubrun, le 30 juillet 1676, fit la guerre en Hollande, en Allemagne, en Catalogne, puis à Messine. Capitaine aux chevau-légers du régiment de Bourgogne, le 8 juillet 1682, chevalier de Saint-Louis, lieutenant-colonel du régiment de Vouvray, le 23 janvier 1702; mestre de camp de cavalerie, le 1ᵉʳ juillet 1702. Il mourut à la bataille d'Hochstedt, gagnée par Villars, tué dans une charge brillante qu'il exécutait à tête de ses escadrons. Il épousa le 5 décembre 1692 Madeleine de Vassinhac d'Imécourt, dont il eut trois enfants, savoir :

A. Charles-François, qui suit, XXIII.

B. Jean-Charles-Bernard de Maillart, capitaine au régiment de Champagne en 1719, gentilhomme ordinaire de la chambre du roi Stanislas, duc de Lorraine, baron en 1737, inspecteur des lignes de la Meuse et de la Chièvre en 1744, chevalier de Saint-Louis en 1760, maire de Stenay en 1772, épousa le 29 août 1737, Étiennette de Maret de la Loge, dont il eut trois filles, savoir :

a. Marie-Françoise-Christine, épousa le vicomte des Androisy.

b. Marie-Magdeleine, épousa Louis de Chamissot.

c. Schólastique, épouse de Picard d'Ablancour, major au régiment de Provence.

C. Louis-François de Maillart, né au château de Landreville, le 10 novembre 1700, capitaine au régiment de Touraine en 1737, chef de bataillon au même régiment, chevalier de Saint-Louis. En 1757, il commanda le régiment de Royal-Lorraine et celui de Mirecourt, en Westphalie, où il fut fait prisonnier.

En 1725, il épousa Judith de Beauvais dont il eut trois enfants, savoir :

a. Magdeleine épousa Messire des Prages, capitaine des grenadiers royaux.

b. Louis-François de Maillart fit toutes les campagnes de la guerre de Sept-Ans. Blessé à Crefeld, chevalier de Saint-Louis, capitaine au régiment de Touraine, il fut tué à Minden, à l'âge de vingt-sept ans.

c. Jean-Henri de Maillart fit aussi toutes les campagnes de son frère, dont il partagea le sort. Chevalier de Saint-Louis, capitaine au régiment de Touraine. Il fut également tué à Minden.

XXIII. Claude-François de Maillart, né le 23 juillet 1696, d'abord volontaire au régiment Delphy, à l'âge de treize ans; capitaine au régiment de Lénoncourt, le 3 mars 1711; major au même régiment, le 24 avril 1722; chevalier de Saint-Louis, le 3 août 1730. Exempt de la compagnie des gardes du corps d'Harcourt, avec le grade de mestre de camp de cavalerie, le 12 septembre 1731, il fut aide-major de la même compagnie le 4 août 1743. Il enfonça cinq fois les lignes anglaises à Dottingen avec les troupes qu'il commandait. Brigadier des armées du roi, le 2 mai 1744, il assista au siége d'Ypres, puis revint en Alsace. Il combattit à Haguenau et au siége de Fribourg. Le 31 décembre 1744, il fut nommé enseigne de la compagnie des gardes du corps d'Harcourt et gouverneur de Montmédy en 1745. Il assista à la bataille de Fontenoy, le 11 mars 1745, aux siéges de Tournay, d'Audenarde, de Termonde et d'Ath. En 1746, il couvrit les siéges de Mons, de Charleroy et de Namur; il combattit à Raucourt, le 11 octobre 1746, à Lanfeld, le 2 juillet 1747, etc., jusqu'à la paix conclue en 1749. Maréchal de camp, le 1ᵉʳ janvier 1748, lieutenant à la compagnie d'Harcourt, qui prit le nom de Luxembourg, le 19 juin 1750, il fut nommé lieutenant-général, le 11 mai 1758. Le roi Stanislas le fit premier gentilhomme de sa maison, le 6 octobre 1759.

Il se rendit en 1761 à l'armée du Bas-Rhin, fit les campagnes de 1761 et de 1762, combattit dans les batailles d'Eilingshausen, Mappau et Kœningsberg. Enfin il se retira après cinquante années de brillants services, honoré par le roi du titre de marquis et décoré du Grand-Cordon de Saint-Louis. Il mourut le 10 juin 1768.

Il avait épousé : 1° le 22 avril 1721, Marie-Angélique de Ravaulx ; 2° le 21 janvier 1753, Marguerite-Claude de Graffeuil.

Il eut du premier lit trois enfants, savoir :

A. Judithe-Angélique, épousa Jacques, comte de Ligniville. Elle fut décorée en 1774, de la Croix étoilée de Marie-Thérèse.

B. Jean-Baptiste de Maillart, vicomte de Launay et de Landreville, marquis de Landreville après la mort de son père. Sous-lieutenant au régiment du roi-infanterie, en 1752, capitaine au régiment de Penthièvre, le 11 septembre 1755, mestre de camp de cavalerie en 1770, chevalier de Saint-Louis, reçu Grand-bailli d'épée du Soissonnais, le 19 novembre 1768, il épousa le 10 mai 1759, Marie-Hyacinthe de Racine de la Boissine. Il mourut le 4 janvier 1777.

C. Innocent-Hector, qui suit, XXIV.

Il eut du second lit deux fils, savoir :

D. Charles-François de Maillart, vicomte, puis comte de Landreville, né le 23 décembre 1753, sous-lieutenant au régiment de Rouergue en 1770, se retira du service et fut, en 1791, un des ôtages du roi Louis XVI et de sa famille. Il disparut sous la terreur.

E. Pierre de Maillart, mort chanoine de la cathédrale de Verdun.

XXIV. Innocent-Hector de Maillart, d'abord chevalier, puis comte et enfin marquis de Landreville, né le 25 mars 1734, cornette au régiment du marquis d'Harcourt, son cousin, en 1748, capitaine au régiment d'Apchon le 17 janvier 1753, il assista en 1757 à la bataille de Rosbach, où le tiers de son escadron fut tué. Il contribua en 1758 au gain de la bataille de Sunderhausen par une charge brillante. En 1759, il continua ses succès à la bataille de Minden et sur les bords de la Laun. En 1760, couvert de blessures, il fut fait prisonnier. Le prince Ferdinand lui ayant rendu la liberté, il rentra en France pour achever sa guérison. Il y trouva la croix de Saint-Louis que le roi avait envoyée à son père pour la lui remettre. Le 29 avril 1762 il fut nommé conseiller et chambellan du roi Stanislas. Le 25 mars de la même année ; il reçut l'ordre de rejoindre l'armée d'Allemagne. Le 12 décembre suivant il fut nommé gouverneur de la ville et du château de Bérus. Le 19 juin 1778, il reçut le commandement du régiment Mestre de camp général de la cavalerie, et le 1ᵉʳ mars 1780, il fut promu au grade de brigadier des armées du roi. Mort le 3 juillet 1783, il avait fait ses preuves devant Chérin père et obtenu les honneurs de la cour. Il avait épousé le 16 mai 1762, Magdeleine-Ursule d'Arnould de Prémont, dont il eut quatre enfants, savoir :

A Stanislas-Christine de Maillart, né le 18 septembre 1764, mort en bas âge.

B Claude-François-Jacques-Innocent, qui suit, XXV.

C Anne-Judith-Godéon-Angélique-Amélie de Maillart, née le 4 janvier 1768, fit ses preuves pour entrer au chapitre d'Epinal, mais son admission fut empêchée par la révolution.

D Charles-Louis-Hector, qui suit, XXV *bis*, après la postérité de son frère Claude-François-Jacques-Innocent.

XXV. Claude-François-Jacques-Innocent de Maillart, marquis de Landreville, né à Lunéville, le 4 janvier 1766, entra en 1777, à l'âge de onze ans, dans le régiment de cavalerie, commandé par son père. Capitaine au régiment de Narbonne en 1789, il fut nommé officier supérieur en 1815 et le 25 septembre 1816, chevalier de Saint-Louis.

Il épousa en 1806 Appoline de Malorty, fille du général de Malorty, colonel d'artillerie en France, retiré pendant l'émigration en Angleterre, où il fut nommé commandant l'école d'artillerie de Woolwich, qu'il commanda en qualité de maréchal de camp jusqu'au moment où il prit sa retraite. Chevalier de Saint-Louis, il eut de son mariage trois fils, savoir :

A Ladislas de Maillart, marquis de Landreville, mort sans alliance.

B Auguste-François-Hubert de Maillart, qui suit, XXVI.

C Jacques-Victor de Maillart, comte de Landreville, conseiller-général de la Meurthe, épousa Adeline Bourion, dont : 1° Jean-Marie-Gaston, ancien officier de dragons, marié à Valentine, ci-dessous; 2° Lucie, mariée à Ch. de Meixmoran de Dombasle.

XXV *bis*. Charles-Louis-Hector de Maillart, comte de Landreville, ancien page de Louis XVI, ancien officier supérieur, chevalier de Malte et de Saint-Louis, épousa

Charlotte de Malorty, sœur d'Appoline ci-dessus et en eut, outre plusieurs filles, sept fils dont quatre survivent, savoir :

A Edouard de Maillart de Landreville.

B Hippolyte de Maillart de Landreville, colonel d'infanterie, commandant le 2ᵉ de ligne.

C Charles de Maillart de Landreville, ancien officier au service d'Autriche, épousa la fille du comte de Nigroni, chambellan de l'empereur d'Autriche.

D Stanislas de Maillart de Landreville, officier de la Légion d'honneur, général de cavalerie.

XXVI. Auguste-François-Hubert de Maillart, marquis de Landreville, chef de nom et d'armes de sa branche, ancien officier de dragons, épousa 1° Caroline de Clermont-Tonnerre ; 2° Valentine Pingré de Guimicourt.

Il a du premier lit une fille, Valentine, mariée à Jacques-Victor, ci-dessus, et du second lit une autre fille, Jeanne.

MAILLÉ. *Touraine, Bretagne.*

D'or à trois fasces ondées et nébulées de gueules.

Connue dès l'an 1069, cette maison a pris des alliances dans les plus illustres familles du royaume et a sa généalogie dans l'*Histoire des grands Officiers de la couronne*. Elle remonte à Gilduin de Maillé, mort en 1069, et compte, au nombre de ses illustrations, Hardouin V, baron de Maillé, qui fit le voyage de la Terre-Sainte, avec le roi Saint-Louis, en 1248. Elle a dix représentants : Jacquelin-Armand-Charles, duc de Maillé, qui a sa résidence d'été au château de Châteauneuf, département du Cher, et celle d'hiver, à Paris ; le marquis de Maillé, à Paris ; le marquis de Maillé, au château de

Jalesnes, par Vernantes, département de Maine-et-Loire ; Armand de Maillé de la Tour-Landry, qui a deux fils ; le comte de Maillé, à Paris ; le comte Henry de Maillé, au château de Maillé, par Vernantes ; le comte de Maillé, à Angers ; de Maillé de Châteauroux, au château de Neuville-sur-Ain, par Pont-d'Ain, département de l'Ain ; de Maillé, au château de Breville, par Troan, département du Calvados ; de Maillé, au château de Kergornadeack, par Saint-Pol-de-Léon, département du Finistère.

MAILLEBOIS. *France.*

D'azur au dextrochère mouvant du flanc senestre, tenant trois lis de jardin, le tout d'argent.

L'unique représentant du nom, de Maillebois, est avoué à Chartres, département d'Eure-et-Loir.

MAILLET DU BOULAY. *Paris.*

D'azur au maillet d'or accompagné en chef de deux roses du même.

Distincte des Maillet de Lorrinc et de deux autres familles de ce nom en Normandie, celle qui nous occupe est représentée par de Maillet du Boulay, à Paris.

MAILLY. *Bourgogne, Picardie.*

D'or à trois maillets de sinople.

Devise : *Hogne qui voudra.*

L'illustre maison de Mailly, qui tient le premier rang en Picardie, a eu aussi les plus belles terres de la province, la baronie de Mailly entre Amiens et Arras, l'une des plus anciennes du royaume, qui fait remonter son origine, au delà des temps les plus reculés. Elle fut donnée en l'an 800 à l'un des enfants puînés de Warin, comte souverain de Châlons, duc d'Aquitaine.

Mailly n'a d'autre commencement, que celui de la monarchie française, son illustration est connue dès les premiers siècles, sa généalogie est rapportée par tous les auteurs.

La maison de Mailly compte actuellement six représentants :

1° Le comte de Mailly, prince d'Orange (en France) et de Lisle sous Montréal, premier marquis de France, pair de France sous la Restauration, ancien officier d'ordonnance du duc de Berry et du duc de Bordeaux, ancien lieutenant-colonel de cavalerie, officier de la Légion d'honneur, etc., etc. Résidence au château de Rochemailly (Sarthe).

2° Fery-Paul-Alexandre de Mailly (fils du précédent), marquis de Nesle qui a deux fils, Arnould et Robert de Mailly.

3° Réné-Antoine-Anselme de Mailly, comte de Châlons, également fils du comte de Mailly, a pour fils Humbert de Mailly.

La maison de Mailly (voir le Père Anselme) a fourni à toutes les époques de la monarchie française, des hommes illustres et connus, soit par leurs services de guerre, soit par les hautes positions qu'il ont occupées. Une foule de branches collatérales en sont sorties ; toutes, sauf celle qui concerne cette notice, sont éteintes actuellement.

On peut citer entre autres, parmi ceux qui sont le plus connus, Anselme de Mailly, vivant en 1070, tuteur du comte de Flandre, Baudoin VI.

Gilhis de Mailly, qui fut à la croisade (Joinville),

ayant sous sa bannière quatorze chevaliers et recevant du roi la même pension, 6,000 livres, que le connétable de France.

Colart de Mailly, second des seigneurs, chargé de l'administration du royaume pendant la maladie de Charles VI.

En souvenir de quoi les rois de France ont donné à la famille de Mailly, le droit d'ajouter trois fleurs de lis à leur couronne.

Robinet de Mailly, grand panetier de France (voir le Père Anselme). Nicolas de Mailly, qui commandait l'artillerie de France à Cerisolle.

Antoine de Mailly, contre-amiral, chargé du commandement de la flotte, jusqu'à l'arrivée du duc de Guise, au siége de la Rochelle ; Jean de Mailly, pair de France, évêque et comte de Noyon; Jacques de Mailly, qui servit en Pologne et y fut nommé par le roi Casimir, grand général de Lithuanie; Louis III de Mailly-Nesle, prince d'Orange, chargé en 1717 d'aller recevoir et complimenter le czar Pierre Ier à son arrivée en France; Victor Auguste, évêque de Lavaur; François de Mailly, primat du royaume, cardinal-archevêque de Reims.

Joseph de Mailly, maréchal de France, gouverneur du Roussillon, fut chargé par le roi de défendre les Tuileries au 10 août 1792 et fut guillotiné l'année suivante à Arras. Il était père du comte de Mailly actuel.

MAINE (du). *Guyenne, Lyonnais.*
De gueules à la fleur de lis d'or.

La maison du Maine, dont l'ancienneté remonte aux siècles les plus reculés, et qui a donné un maréchal de

France, porte dans ses armes la fleur de lis d'or qui lui fut concédée par Charles VII en récompense de ce que la Guyenne, cédant à l'influence d'un seigneur du Bourg, de la maison du Maine, s'était déclarée en sa faveur.

L'unique représentant de ce grand nom réside au château de Chapelle-aux-Planches, par Montiérender, département de la Haute-Marne.
Maurice.

MAINGARD. *France.*

D'or à la fasce de gueules et au chêne arraché de sinople, fruité de deux glands d'or pendant sur la fasce, brochant sur le tout.

Cette famille a trois représentants : Paul Marcelin de Maingard, ancien officier d'artillerie, ancien membre du conseil colonial de l'île Bourbon, à Paris; Henri-Jules Maingard; et Joseph Maingard, tous deux à l'île Maurice.

MAINIER. *Provence.*

D'azur à deux chevrons d'argent rompus, l'un à dextre, l'autre à senestre.

De Mainier, unique représentant de ce nom, réside au château de Labras, par Rodez, département de l'Aveyron.

MAINTENAND ou de MAINTENANT, *Picardie.*

De gueules à la hure de sanglier d'or accompagnées de trois losanges d'argent.

Cette famille, dont étaient Marie-Anne et Marie-Madeleine du Maintenant, toutes deux admises à Saint-Cyr, au mois de janvier 1686, sur preuves de noblesse depuis Edme de Maintenant, écuyer, vivant en 1440, a trois représentants : de Maintenand, procureur de la République, à Senlis, département de l'Oise; Alfred de

Maintenant, chevalier de la Légion d'honneur, inspecteur général des finances, à Paris; Émile de Maintenant, ancien officier supérieur d'artillerie.

Le premier représente la branche aînée ; les deux autres, qui sont frères, représentent la branche cadette.

MAINVIELLE, *La Rochelle.*

D'argent, à trois merlettes de sable posées 2 et 1.

Cette famille a deux représentants : de Mainvielle, à Ardon, par la Ferté-Saint-Aubin, département du Loiret; de Mainvielle d'Orsanne, à Orléans, département du Loiret.

MAINVILLE, *France.*

De gueules au chevron d'argent chargé d'un lion de sable, accompagné de trois harpes d'or, deux en chef et une en pointe.

Cette famille a trois représentants : Jacques de Mainville, au château de Viery-le-Rayé, près Oucques, département de Loir-et-Cher; de Mainville, directeur du télégraphe, à Niort, département des Deux-Sèvres; de Mainville, à Orléans.

MAIRE DE MONTIFAULT (LE). *Gâtinais.*

D'or au lion de sable tenant entre ses pattes un écusson d'azur. Tortil : de baron.

Devises : en chef : *Maior!* en pointe : *Monter. tovs. iovrs. Il favlt.*

Originaire de l'Orléanais, la famille le Maire de Montifault a eu des représentants dans le Berry, l'Auvergne, l'Ile-de-France, le Ponthieu, où elle possédait de nombreux fiefs: Briou, le Charmoy, en Gâtinais; Varennes, Longuevaux, Montifault, en Sologne, Montifault en Berry; Estampes, la Buissière, les Gorgeats, le Bin, Courtigy, la Rougerie, les Hayes, la Picaudière, Fours, la Rivière, Saint-Phalle, Ayde, Vieillemaisons, Courbovin, la Mothe, la Brosse, Chaingy, en Orléanais; Beaumont et Beauregard, en l'Ile-de-France; les Tremblarts et Meslerez, en Beauce; Sains, Visens, la Fossegallet, les Hêtres, Saint-Blaise, Miannay, Aplaincourt, en Picardie, Artois et Ponthieu.

Au nom patronymique de le Maire, diverses branches ont joint ceux des différents fiefs : Briou-Varennes, Charmoy, Chaingy, Saint-Phalle, Longuevaux, Montifault.

La famille a contracté de fort belles alliances, entre autres avec les maisons de Beauharnais, Tascher de la Pagerie, Chartres, Saint-Phalle, Beaumont, Turgis, Ladmirault, l'Enfernat, Thianges, Refuge, Mauléon, Machault, Houdetot, Amphernet. Sa généalogie est développée dans les principaux ouvrages qui font autorité : d'Hozier, Chérin, Lachenaye-Desbois, dom Morice, dom Hubert, le conseiller E. Michel, le président Jeantin, le Vassal, Jouffroy d'Eschavane, Gourdon de Genouillac, V. Bouton, Maigne, *le Héraut d'armes, Étrennes à la noblesse, la Conétablie et maréchaussée de France.* Ses titres sont déposés aux Archives de l'État, à la Bibliothèque nationale, au cabinet des titres, et ils sont aussi énumérés dans les *Chroniques de l'Orléanais.*

Cette famille a deux représentants : Joseph-Antoine-Victor le Maire de Montifault, chef de nom et d'armes, ancien sous-préfet de Sarreguemines et de Saint-Flour, chevalier de l'ordre de l'Aigle rouge de Prusse, officier d'académie, membre de plusieurs sociétés savantes. Né à Verdun, le 10 avril 1832, il épousa le 18 septembre 1854, à Quimper, Eugénie-Modeste-Nicole Richard, fille unique du baron Richard, ancien préfet du Finistère; Jean-Charles-Édouard le Maire de Montifault, receveur des douanes, à Audierne, département du Finistère.

MAIRE (LE) *Artois, Tournaisis, Orléanais, Picardie.*

ARTOIS. D'argent au lion de sable, armé et lampassé de gueules, accompagné de trois étoiles mal ordonnées du même.

TOURNAISIS. D'argent au lion de sable, accompagné de trois croisettes pattées du même.

ORLÉANAIS, PICARDIE. D'azur au chevron d'or, accompagné en chef de deux étoiles du même, et en pointe d'un ormeau arraché de sinople.

Le Maire, en Artois, remonte à l'an 1300 ; le Maire en Picardie, a donné Robert le Maire, qualifié écuyer, dans les titres de Saint-Symphorien de Beauvais, de l'an 1374; Pierre le Maire, écuyer et gentilhomme du comte de Clermont, dans ceux de l'abbaye de Froidmont, de l'an 1323 ; Huet le Maire, archer des ordonnances du roi, dans la compagnie de messire Alain de Longueval, chevalier, bachelier, suivant la montre du 8 septembre 1411.

On compte encore trois représentants du nom : le comte le Maire-de-Sars, chef de nom et d'armes, au château de Brecque-Recque, par Boulogne, département du Pas-de-Calais ; le Maire de Marne, chevalier de la Légion d'honneur, juge de paix, à Dornes, département de la Nièvre ; Alfred le Maire de Marne, chevalier de la Légion d'honneur, ingénieur en chef, à Nevers, département de la Nièvre.

MAISIÈRES. *France.*

De gueules à la fasce d'argent chargée d'un losange de gueules et accompagnée de trois besants d'or, deux en chef et un en pointe.

Cette famille a pour chef de nom et d'armes Charles, chevalier Aloiset de Maisières, chevalier de la Légion d'honneur, président de chambre à la cour d'appel et président du Conseil général de la Haute-Saône, à Besançon. Il a un frère, Joseph Aloiset de Maisières; ce dernier a cinq enfants, un fils et quatre filles.

MAISNIEL (DU). *Picardie.*

D'argent à deux fasces de gueules chargées chacune de trois besants d'or.

Cette famille a quatre représentants : le comte du Maisniel, chef de nom et d'armes, au château de Pont Remy, département de la Somme ; le vicomte du Maisniel, au château de Liercourt, par Hallencourt, département de la Somme; du Maisniel, au château de Nempont, par Bernay-en-Ponthieu, département de la Somme ; du Maisniel de Saveuse, au château de Coquerel, par Ailly-le-Haut-Clocher, département de la Somme.

MAISON. *Paris.*

Écartelé : au 1 d'azur à l'épée en pal d'argent garnie d'or; aux 2 et 3 d'azur à la maison d'argent ouverte et maçonnée de sable, essorée et girouetté d'or, surmontée de trois étoiles d'argent; au 4 d'azur à l'épervier de profil s'essorant d'or, sur un monticule d'argent, tenant en son bec un anneau de même.

Le comte Maison, chef de nom et d'armes, réside à Paris; le vicomte Maison, réside également à Paris.

MAISONS (DES). *Limousin, Ile-de-France, Limousin.*

LIMOUSIN. D'azur à une maison flanquée de deux tours en forme d'un château d'argent, surmontée d'un arbre de sinople; au chef d'or chargé de trois étoiles de gueules.

ILE-DE-FRANCE, LIMOUSIN. D'argent au chêne de sinople, accosté de deux maisons de gueules, surmonté chacune d'une étoile de sinople.

Le comte des Maisons, chef de nom et d'armes de cette ancienne et noble famille réside en son château de la Celle, par Alençon, département de l'Orne; des Maisons, autre représentant du nom, est maire à Igny, par Palaiseau, département de Seine-et-Oise; des Maisons de Bonnefont, réside à son château, par Limoges, département de la Haute-Vienne.

MAISTRE (LE). *Languedoc.*

D'argent à deux fasces de gueules; au chef chargé de cinq mouchetures de sable.

Aussi grande en noblesse qu'elle est distinguée dans les lettres, la maison de de Maistre, en Languedoc, une des plus anciennes de la province, remonte à de Maistre, élu capitoul de Toulouse, le dimanche après la fête de Sainte-Foy, l'an 1320. Elle se divise en deux branches et a pour chef de nom et d'armes le baron de Maistre, au château de Château-Renaud, par Saulzair, département du Cher, qui a trois fils; René de Maistre, capitaine au 26e régiment d'artillerie; Ivan de Maistre: Henry de Maistre, lieutenant au 7e régiment de hussards.

Le Vicomte de Maistre, à Paris, cousin du chef de la famille, à Paris et le baron de Maistre, au château de Cocques, par la Charité, département de la Nièvre, son oncle, appartiennent également à la branche aînée.

Le comte de Maistre, à Beaumesnil, département de l'Eure, est le représentant de la seconde branche.

MAISTRE DE TONNERRE (LE), *France.*

D'azur au chevron d'or, accompagné en chef de deux cœurs d'argent et en pointe d'une rose de gueules.

L'unique représentant du nom, le Maistre de Tonnerre, réside dans la ville dont il emprunte le nom, à Tonnerre, département de l'Yonne.

MAJOU. *Poitou.*

D'azur à une tête de lion d'argent, arrachée et lampassée de gueules, accompagnée de trois trèfles d'or.

Cette famille qui obtint des lettres patentes de noblesse du roi, le 27 septembre 1817, est représentée par deux frères : Gustave-Charles-Auguste Majou de la Débutrie, chef de la branche aînée, au château de la Débutrie (Vendée), qui a quatre fils et une fille : Jacques-Camille Majou de la Rousselière, chef de la seconde branche, au château de Biarçon (Vienne). Il a un fils, René-Marie-Alphonse Majou de la Rousselière, au château de la Rousselière, par La Châtaigneraie (Vendée), qui a trois enfants. Il a aussi une fille qui, de son mariage avec Louis-Marie-Charles de Sevelinges, a un fils.

MALART. *Normandie.*

D'azur à la fasce d'or chargée d'un fer de mulet de

sable, cloué d'argent de six pièces et accosté de deux losanges de gueules.

D'ancienne noblesse de l'élection d'Alençon, cette famille remonte à Robert Malart, un des compagnons de Robert III, duc de Normandie, à la conquête de la Terre-Sainte, et à un autre Robert Malart, compris dans le catalogue des seigneurs renommés en Normandie, depuis Guillaume-le-Conquérant jusqu'en 1212, sous le règne de Philippe-Auguste, qui avait conquis cette province en 1203 et 1204.

Cette famille dont la filiation est suivie depuis la date que nous venons de citer, est représentée par Elie de Malart, attaché à l'administration des lignes télégraphiques, à Amiens.

MALARTIC. *Gascogne.*

Écartelé : aux 1 et 4 d'or au chef d'azur chargé de de trois étoiles à cinq rais d'argent ; au 2 et 3 d'argent, à la croix pommetée et pattée de gueules, accompagnée au deuxième et troisième cantons d'une molette d'éperon du même. Couronne : de Marquis. Cimier : une tête d'aigle. Supports : deux aigles.

D'ancienne chevalerie, originaire de la Juquaires de Malartic, près d'Auch, cette famille qui prouve sa vieille noblesse par les hommages rendus en tout temps aux comtes d'Armagnac, de Fezensac et de Rodez, a pour chef de nom et d'armes Jean-Baptiste-Emile-Henry-Camille, comte de Malartic, ancien sous-préfet de l'arrondissement de Lorient, département du Morbihan, qui a deux fils et une fille.

MALBOSE. *Languedoc.*

D'azur à trois chevrons d'argent posés l'un au-dessus

de l'autre, qui est de Malbose ; parti de gueules à une chèvre d'or rampante, qui est de Cabrière-Miral.

Cette famille qui doit son nom à la terre de Malbose, dans le Gevaudan, au diocèse de Mende et qui remonte à André de Malbose, premier du nom, qualifié damoiseau en 1275 et 1307, est représentée par de Malbose, au château de Saint-Victor, par Saint-Ambroix, département du Gard.

MALEPRADE. *Périgord.*

D'or à l'arbre de sinople terrassé du même ; au lion passant de sable brochant sur le fût de l'arbre ; au chef d'azur chargé de trois étoiles d'or.

L'unique représentant de cette famille de Maleprade, réside au château de Pondepé, par Clairac, département de Lot-et-Garonne.

MALESTROIT DE BRUC. *Bretagne.*

De gueules à neuf besants d'or.

Le marquis Malestroit de Bruc de Montplaisir réside au château de Bel-Air, par Vallet, département de la Loire-inférieure. Le comte de Malestroit de Bruc de Montplaisir réside au château de Noé-de-Bel-Air, par Vallet, département de la Loire-Inférieure. Le comte Hippolyte de Malestroit de Bruc, autre représentant, réside au château de Bruc, par Guéméné-Penfao, département de la Loire-Inférieure.

MALET. *Normandie, Périgord, Artois.*

De gueules à trois fermaux ou boucles d'or.

Illustre dès le commencement du treizième siècle, cette maison qui vendit à Philippe-Auguste, en 1202, le comté d'Alençon, a pour chef de nom et d'armes le marquis de Malet, au château de Cramesnil, par Granville (Seine-Inférieure).

MALEZIEUX DU HAMEL. *Picardie.*

D'azur à l'aigle d'or aux ailes éployées, fixant un soleil levant au canton dextre.

Originaire de Chastenay, cette famille a donné Nicolas de Malezieux, seigneur de Chastenay, chancelier de la souveraineté de Dombes, secrétaire-général des Suisses et Grisons, l'un des quarante de l'Académie française, honoraire de celle des sciences, mort le 4 mars 1727. Elle est représentée aujourd'hui par de Malezieux du Hamel, inspecteur des contributions directes au Mans, département de la Sarthe et par Isidore de Malezieux du Hamel, son frère, capitaine commandant au 5° régiment d'artillerie, à Besançon.

MALGLAIVE. *Lorraine.*

D'azur au chevron d'or accompagné en chef de deux molettes d'argent et en pointe d'un glaive du même.

Cette famille est représentée par de Malglaive, officier de la Légion d'honneur, conseiller-général à Elbiaz, Algérie, au château de Neuviller-sur-Moselle, en Lorraine et à sa propriété de Marengo, Algérie. Il a deux fils dont l'aîné est capitaine d'état-major.

MALHERBE. *Normandie.*

D'argent semé d'hermines et à six roses de gueules posées 3, 2 et 1. Supports : deux lions d'or. — D'or à deux jumelles de gueules, surmontées de deux lions affrontés du même. — De gueules à six coquilles d'or, au chef du même chargé d'un lion léopardé du champ.

Ces trois armes différentes distinguent trois branches:

de Saint-Aingnon, de la Mauve et de la Mauvaine, appartenant toutes trois à la maison de Malherbe, une des plus anciennes de Normandie, qu'on croit issue d'un seigneur danois, compagnon de Rollon, premier duc de Normandie, ce qui est appuyé par un extrait de l'histoire de Vincentius, rapporté par du Chesne, qui l'a tiré de celle de Normandie par Saint-Olon, abbé de Saint-Martin-de-Tours et de Cluny.

Malherbe compte aujourd'hui plusieurs représentants : le comte de Malherbe, au château de Poillé, par la Chartre-sur-le-Loir, département de la Sarthe ; le comte de Maherbe, chevalier de la Légion d'honneur, conseiller de préfecture, à Beauvais, département de l'Oise; le baron de Malherbe, à Paris; de Malherbe, officier de la Légion d'honneur, général de brigade, à Alençon, département de l'Orne; de Malherbe, au Mans, département de la Sarthe; de Malherbe, officier supérieur en retraite, à Selongey, département de la Côte-d'Or, qui a un fils, Victor de Malherbe, attaché à l'administration des lignes télégraphiques, à Paris.

MALINGUEHEN. *Paris.*

D'azur au fer de moulin d'argent.

Cette famille a pour unique représentant de Malinguehen, officier de la Légion d'honneur, maire de Juvignies, département de l'Oise.

MALLARD DE SOMAIN. *France.*

D'argent à deux fasces d'azur, accompagnées de trois alérions de sable rangées en chef.

De Mallard de Somain, unique représentant du nom, réside au château de Vèdre, à Rigny-sur-Arroux, département de Saône-et-Loire.

MALLET. *France.*

De gueules à la pyramide d'argent maçonnée de sable; au chef d'or chargé de trois maillets de sable; au franc-quartier des comtes sortis du sénat; à dextre d'azur au miroir d'or, enlacé d'un serpent d'argent.

De noblesse impériale, concédée par Napoléon Ier, cette famille a trois représentants : le baron de Mallet, chevalier de la Légion d'honneur, qui a deux fils : Arthur et Charles de Mallet, à Paris.

MALLET DE CHAUNY. *Bretagne, Languedoc.*

Bretagne. D'hermines à trois fasces de gueules.

Languedoc. D'azur au chevron d'or, accompagné de trois roses d'argent posées 2 et 1, — D'azur à la fasce d'or, accompagné en chef de deux quintefeuilles et en pointe d'un trèfle, le tout d'argent.

On compte deux représentants du nom : de Mallet de Chauny, officier de la Légion d'honneur, officier supérieur de cavalerie ; de Mallet de Chauny, officier de la Légion d'honneur, receveur particulier, à Sainte-Menehould, département de la Marne.

MALLEVILLE. *Normandie, Ile-de-France, Toulouse, Montauban.*

Normandie, Ile-de-France. D'azur au chef denché d'argent, chargé d'un lion léopardé de gueules.

Toulouse, Montauban. D'argent à la bande d'azur cotoyée de deux cotices du même.

Malleville, en Normandie, au témoignage de la Roque, est une ancienne famille du pays de Caux, dont descendent les seigneurs de Pannerville. Sous le nom générique on retrouve cinq représentants : le marquis de Malleville, chevalier de la Légion d'honneur, conseiller honoraire à la Cour d'appel, à Paris; le comte de Malleville, au château de Fénelon, par Carlux, département de la Dordogne; le comte de Malleville, à Paris; de Malleville, au château de Douvrent, par Envermeu, département de la Seine-Inférieure; de de Malleville, ancien député, à Montauban département du Tarn-et-Garonne.

MALLON. *Normandie.*

D'argent au chevron de gueules, accompagné de trois merlettes d'or, deux en chef et une en pointe.

Pierre de Mallon, seigneur de La Fresnaye, capitaine au régiment de Bougy, par brevet du 24 octobre 1651, leva et équipa à ses frais une compagnie de chevau-légers, à la tête de laquelle il se distingua aux batailles de Rocroi, Rethel, aux siéges d'Aire, Saint-Omer, Cambrai, Crémone et généralement en toutes actions où se trouva ledit régiment en Allemagne, Flandre et Italie. Il fut grièvement blessé et resta estropié. Louis XIV reconnut ses services par lettres patentes datées de Paris le 16 juin 1653.

Cette famille a aussi donné Pierre de Mallon, conseiller au bailliage et siége présidial de Caen; Pierre-Simon-Jude de Mallon, seigneur de la Fresnaye, fils du précédent, procureur du roi en l'élection de Caen, mort le 25 février 1798.

Il existe deux représentants de ce nom: de Mallon (Yves-Jacques), médecin à Ranville, habite souvent sa propriété de Sainte-Honorine-du-Fay; de Mallon (Yves Jude-Amand), avocat inscrit au barreau de Caen.

MALMAISON (L'HUILLIER DE LA). *Ile-de-France, Languedoc, Champagne.*

D'azur à trois coquilles d'or, posées 2 et 1.

L'Huillier de la Malmaison, unique représentant du nom, réside à Ay, département de la Marne.

MALORTIE. *Normandie, Picardie.*

D'azur à deux chevrons d'or, accompagnés de trois fers de lance à l'antique d'argent.

Marquée parmi les nobles de Normandie, et connue anciennement sous le nom de Benel, cette famille a donné Richard, dit Cardot de Malortie, seigneur de la Motte. Il rendit des services considérables au roi Charles VII, qui les reconnut par lettres datées de Montils-les-Tours, le 9 janvier 1451.

Elle est représentée par le comte de Malortie, à Saint-Loup-du-Gust, par Ambrières (Mayenne); elle est également représentée par de Malortie, au château d'Eturqueray, par Routot (Eure).

MALOTAN DE GUERNE. *Flandre.*

ARMES ANCIENNES. De gueules à trois brosses d'or.
ARMES MODERNES. De gueules à trois massues d'or.

Cette famille a quatre représentants : Malotan de Guerne, conseiller à la Cour d'appel de Douai, qui a quatre enfants, un fils et trois filles; Amédée Malotan de Guerne, à Paris, qui a deux fils et une fille; Gustave Malotan de Guerne, à Douai; Frédéric Malotan de Guerne, à Douai, qui a un fils et deux filles.

MALOUET. *France.*

D'azur à la fasce d'argent, chargée de trois oiseaux contournés de sable.

Le baron de Malouet, unique représentant du nom, est conseiller référendaire à la Cour des comptes, à Paris.

MALTERRE. *Bretagne.*

De gueules à trois chevrons d'argent, accompagnés de trois macles du même.

Du ressort de Dinan, en Bretagne, cette famille qui fut déclarée noble d'extraction par arrêt rendu en la Chambre de Réformation, le 19 janvier 1669, a trois représentants : le marquis de Malterre, chef de nom et d'armes, à Paris; Jules de Malterre, à Paris; de Malterre, au château de Chantepie, par Lassay, département de la Mayenne.

MALUS. *Flandre.*

D'or au pommier de sinople, terrassé du même.

Le baron Adolphe de Malus, unique représentant du nom, commandeur de la Légion d'honneur, est général de brigade.

MANAS. *Gascogne.*

D'azur à la croix d'argent; à la bordure du second chargée de treize tourteaux de sable, deux en chef, huit en flancs, trois en pointe. Couronne : de marquis.

Devise : *Memini et permaneo.*

Originaire du fief de Manas qui lui a donné son nom, et qu'elle affirme avoir cédé à l'abbaye de Simorre, en 1055, cette famille a cinq représentants : Dominique-Etienne de Manas, maire de Beaumont, département de Tarn-et-Garonne; de Manas, percepteur à Montfrin, département du Gard; de Manas, directeur d'assurances, à Montauban, département de Tarn-et-Garonne; de Manas, à Dieupentale; de Manas, chirurgien-major à Philippeville (Algérie).

MANDAT DE GRANCEY. *Limousin, Bourgogne.*

D'azur au lion d'or; au chef d'argent chargé d'une

hure de sanglier de sable, défendue d'argent, accostée de deux roses de gueules.

Galiot Mandat, seigneur d'Aigrefoin en 1572, secrétaire du roi en 1596, est la tige de cette famille, aujourd'hui représentée par le comte Mandat de Grancey, qui a sa résidence d'été au château de Grancey-le-Château, département de la Côte-d'Or, et sa résidence d'hiver à Paris. Il a un fils, le vicomte Mandat de Grancey.

MANDRES. *Franche-Comté.*

D'azur à la croix d'or cantonnée de vingt billettes du même.

Herman-François de Mandres, seigneur de Testondam et de Monticeux, vivant en 1590, est la tige de cette famille qui a trois représentants : de Mandres chef de nom et d'armes, au château de son nom, par Bains, département des Vosges ; de Mandres, chevalier de la Légion d'honneur, maître de forges, à Saint-Loup, département de la Haute-Saône ; Charles de Mandres à Aillevillers, même département.

MANDROUX DE VILLENEUVE. *Touraine.*

D'or au lion d'azur. — D'azur au serpent d'or en fasce, dardé de gueules et accompagné de deux étoiles d'or ; à la bande de gueules brochante sur le tout.

L'unique représentant du nom : Mandroux de Villeneuve, réside à Versailles.

MANESSIER. *Picardie.*

D'argent à trois hures de sanglier arrachées de sable.

Devise : *Aut mors, aut vita decora.*

L'*Histoire de Ponthieu* et nombre d'autres traités héraldiques donnent la généalogie de cette ancienne noblesse représentée aujourd'hui par Manessier, au château de Wacourt, département de la Somme et par Manessier, à Domvast, par Nouvion-en-Ponthieu, même département.

MANGIN DE BACHELLÉ. *Lorraine.*

Écartelé : au 1 d'or à trois canards au naturel ; au 2 d'azur à la bande d'or, accompagné de trois étoiles du même, deux en chef et une en pointe ; au 3 d'azur au lion contourné d'or ; au 4 d'or à une plante sur une terrasse de sinople, de laquelle sortent deux quintefeuilles de gueules, accostées de deux cigognes au naturel.

L'unique représentant du nom, de Mangin de Bachellé, est juge suppléant, à Verdun, département de la Meuse.

MANGIN DE BEAUVAIS. *Touraine.*

D'azur à deux croissants d'argent posés en fasce.

Mangin de Beauvais, unique représentant du nom, est maire à Concremiers, département de l'Indre.

MANGON DE LA LANDE. *Normandie.*

D'or au chevron de gueules, accompagné de trois gonds de sable ; au chef d'azur chargé d'une main senestre d'or, sortant d'une nuée du même et accostée de deux étoiles aussi d'or.

De l'élection de Valognes où l'on rencontrerait deux familles de ce nom, provenant de la même souche, celle qui nous occupe a pour chef de nom et d'armes le général Mangon de la Lande, commandeur de la Légion d'honneur, à Paris ; ses deux fils : Charles, attaché à l'administration de la guerre, à Paris, et Jules, capitaine d'état-major, chevalier de la Légion d'honneur, tué sous Sédan, le 1er septembre 1870. Alphonse-Louis-Charles de la Lande frère du chef de famille, à Vernon, département de l'Eure, a deux fils : Charles-Albert Mangon de la Lande, directeur des lignes télégraphiques, à Rouen, et Emile Mangon de la Lande, propriétaire à Roanne, département de la Loire.

MANGOT D'ORGÈRES. *Loudun.*

D'azur à trois éperviers d'or chaperonnés, longés, grillés du même, posés 2 et 1.

Distinguée par un garde des sceaux de France, Claude Mangot, chevalier, seigneur de Villarceaux, de Dreville, de Villeron, d'Orgères, d'abord conseiller au parlement en 1592, maître des requêtes le 1er février 1600 ; par un abbé de Sainte-Colombe, une abbesse du Val-de-Grâce ; un gouverneur de Chinon, décédé en 1777, à Paris, et une abbesse de Niolaise en Bourgogne, en 1782, etc.

Cette branche d'une famille noble est représentée par de Mangot d'Orgères, au château de l'Ordereau, par Charny, département de l'Yonne. Il a un fils, Claude-Pierre-Frédéric-Albert de Mangot d'Orgères, ancien sous-préfet, qui a épousé Mlle de Champfeu, d'une famille noble du Bourbonnais.

MANIQUET. *Dauphiné.*

D'azur à trois demi-vols d'argent.

De Maniquet, unique représentant de cette famille noble, sans fonctions et sans titre, réside à Lyon.

MANNEVILLE. *Normandie.*

De sable à l'aigle éployée d'argent, becquée et membrée de gueules.

Originaire du pays de Caux, élection d'Arques, sergenterie de Mainières, au diocèse de Rouen, cette famille qui emprunte son nom à l'une des terres de Manneville, en Normandie, fit preuve d'ancienne noblesse en 1463. Elle a trois représentants : le vicomte de Manneville, à Paris ; de Manneville, à Paris ; de Manneville, chef de station des lignes télégraphiques, à Niort, département des Deux-Sèvres.

MANNOURY DE CROISILLES. *Normandie.*

D'argent à trois mouchetures d'hermine de sable posées 2 et 1.

Jean de Mannoury, écuyer de la Compagnie de messire Jean de Harcourt, présent à la revue du 3 juin 1368 est la souche de cette famille qui a deux représentants : de Mannoury de Croisilles, maire à Argentan, département de l'Orne ; de Mannoury de Croisilles, à Saint-Germain-en-Laye.

MANNY. *France.*

D'azur à la fasce d'argent accompagnée de trois coquilles du même. — Écartelé : aux 1 et 4 d'argent au croissant de gueules, qui est de Manny ; aux 2 et 3 losangé d'or et de gueules, qui est de Craon ; sur le tout d'or au lion de sable, qui est de Flandre.

Nous n'avons point de données sur cette famille qui est représentée par de Manny, à Juillaguet, par Villebois-la-Valette, département de la Charente.

MANOEL. *Montpellier, Montauban.*

D'or à trois mains appaumées de gueules, posées 2 et 1.

Cette famille a deux représentants : Charles de Manoel, au château de l'Hon, par Lasalle, département du Gard ; de Manoel, notaire, à Nègrepelisse, département de Tarn-et-Garonne.

MANS (DU). *Bretagne.*

D'or à la fasce de gueules, chargée de trois étoiles d'argent, accompagnée en pointe d'une merlette de sable.

Cette famille faisait partie, avant la révolution de 1789, des États-Généraux de Bretagne.

Michel du Mans, baron du Bourg-Levesque, député royaliste sous Charles X, eut deux garçons, dont l'un vendit le château de Bourg-Levesque à son cousin Camille du Mans de Chalais.

Léon du Mans de Chalais, oncle de Michel ci-dessus, mort sur l'échafaud, en 1794, pour son Dieu et pour son Roi, eut deux fils, Léon et Pierre qui suivent :

Léon du Mans de Chalais, mis en prison comme aristocrate, s'en échappe, rejoint les Chouans, combat avec eux et a la jambe cassée par une balle. La restauration le nomme chevalier de St-Louis. Il laisse deux fils : 1° Léon du Mans de Chalais, mort au château de la Girardière, commune de St-Jean-sur-Mayenne, laissant un fils, Léon du Mans de Chalais ; 2° Frédéric du Mans de Chalais, au château de Ronceray, à Louverné, même département.

Pierre du Mans de Chalais laissa un fils, Camille, propriétaire du château de Bourg-Levesque, par achat du fils de Michel du Mans, précité.

MARAIS DE LA RENAUDIÈRE (DES). *Paris.*

Écartelé : aux 1 et 4 d'argent à trois merlettes de

sable; aux 2 et 3 de sinople à trois tours ajourées du champ.

Branche de la maison d'Huroult, cette famille, qui commence à Jean d'Huroult, seigneur des Weil et des Marais, conseiller au Parlement de Paris, le 8 mars 1510, a, pour unique représentant, des Marais de la Renaudière, chevalier de la Légion d'honneur, à Paris.

MARANS. *Maine, Paris.*

Fascé et contre-fascé d'or et d'azur de six pièces; à l'écu d'argent en cœur; au chef parti de trois pièces: la première, tranchée d'or et d'azur; la seconde, d'azur parti d'or; la troisième, taillée d'azur et d'or. — Contre-fascé d'or et d'azur; au chef contre-palé du même; flanqué à dextre et à senestre d'azur à deux girons d'or, appointés à chevrons couchés mouvants des bords de l'écu; à l'écu de gueules brochant sur le tout.

Cette famille, qui a donné Madeleine et Thérèse des Marans, nées en 1676, reçues à Saint-Cyr en juin 1686, sur preuves qu'elles descendaient de Pierre de Marans, seigneur des Hommes-Saint-Martin, et de Françoise de Pindray, vivant en 1590, est représentée par de Marans, à Paris.

MARBAIS. *Brabant, Tournaisis.*

D'argent à la fasce de gueules accompagnée en chef de trois merlettes du même.

Cette famille ancienne tire son nom de la terre de Marbais, près de Bruxelles, passée à de Montmorency, marquis de Morbecq. Elle est représentée par de Marbais de Norrent, à Rennes.

MARBOTIN DE SAUVIAC. *Gascogne.*

D'azur au lion d'or.

D'une ancienneté reconnue, cette famille est représentée par de Marbotin de Sauviac, au château de Sauviac, par Bazas, département de la Gironde.

MARCASSUS DE PUYMAURIN. *Languedoc.*

D'argent au marcassin de sable allumé et animé de gueules, passant en abîme ; au chef d'azur, chargé de trois étoiles d'or.

L'unique représentant du nom, Joseph de Marcassus de Puymaurin, réside à Toulouse.

MARCÉ. *Touraine.*

D'argent à six quintefeuilles de gueules posées 3, 2 et 1. Couronne : de comte. Cimier : un lion d'or tenant dans sa patte senestre une fleur de lis d'argent.

Devise : *Arte et Marte.*

Cette famille a reçu son nom d'une terre en Anjou, située à côté de Jarsé. Elle descend de Guillaume de Marcé, écuyer, seigneur du lieu, vivant en 1380, et a plusieurs représentants : Louis-Gaston, comte de Marcé, chef de nom et d'armes, au château de Fontenils, près Chinon, département d'Indre-et-Loire, qui a deux fils : Marie-Gaston-Louis, comte de Marcé, chevalier de la Légion d'honneur, officier de marine, au château de Fontenils, père de Guy de Marcé ; Marie-Roger, comte de Marcé, au château de Fontenils. Il a aussi un neveu, Paul, vicomte de Marcé, au château de Fontenils, qui a deux fils, Gabriel de Marcé et Henri de Marcé.

MARCELLIER DE GAUJAC. *Languedoc.*

Parti : au 1 de gueules à deux tours d'argent ouvertes et maçonnées de sable, crénelées chacune de trois pièces ; au chef cousu d'azur chargé de trois étoiles d'or ; au 2 d'or à trois bandes ondées ou vivrées d'azur.

Cette famille a pour chef de nom et d'armes Alphonse Marcellier, baron de Gaujac, à Toulouse. Il a deux fils, Henri et Albert.

MARCELLUS (DE MARTIN DU TYRAC). *Limousin, Guyenne.*

De gueules à la tour donjonnée à dextre d'argent maçonnée de sable. Couronne : de duc sur l'écu. Supports : deux licornes. Couronne : de baron montant sur le manteau de pair de France.

Cette famille, qui portait les titres de vicomte de Tyrac, seigneur de Gaujac, baron de Marentin, etc., a plusieurs représentants :

1° Marie-Henri-Cyprien, comte de Marcellus, marié à dame Florence de Bony, au château de Marcellus. (Lot-et-Garonne.)

2° Marie-Edmond, vicomte de Marcellus, marié à dame Gabrielle de Pontac; au château de Loudenne (Gironde).

Tous les deux sont fils de feu Bernard-David-Marie, vicomte de Marcellus, et de dame Eudoxie de Verthamon, vicomtesse douairière de Marcellus.

3° Louis et Pierre de Marcellus, fils de feu Marie-Charles, vicomte Henri de Marcellus, et de dame Gabrielle-Marion du Rosay, vicomtesse douairière Henri de Marcellus; au château de Marendat (Charente).

Le vicomte Henri était fils de feu Jean-Baptiste, comte Paul de Marcellus, chevalier de l'ordre de Pie IX, et dame Marie-Thérèse de Lageard.

4° Charles-François, comte Édouard de Marcellus, au château de Beauséjour (Gironde); fils de feu Marie-Louis-Auguste de Martin du Tyrac, comte de Marcellus, pair de France, chevalier de Malte, et dame Sophie de Piis.

5° Comtesse douairière de Marcellus, née Thérèse-Joséphine-Céline de Forbin-Labarben, au château d'Audour (Saône-et-Loire), veuve de Marie-Louis-Jean-Charles-André, comte de Marcellus, chevalier de Malte, officier de la Légion d'honneur, chevalier du Saint-Sépulcre, grand commandeur de l'ordre du Sauveur de Grèce.

MARCHAIS DE LA BERGE (DU). *Poitou.*

De gueules à une bande écartelée d'argent et de sable.

Cette famille a deux représentants : de Marchais de la Berge, à Angoulême, département de la Charente ; de Marchais de la Berge, capitaine au 70° régiment d'infanterie.

MARCHAL. *Lorraine. Ile-de-France.*

LORRAINE. D'azur à la croix d'or chargée de cinq tours de sable ; la croix cantonnée aux 1 et 4 d'une étoile d'argent entre deux croix adossées d'or, le tout rangé en pal ; aux 2 et 3 d'un léopard d'argent.

ILE-DE-FRANCE. D'azur au canon monté et apprêté d'or, dressé et arrêté sur un tertre d'argent parsemé de fleurettes de sinople.

Marchal de Corny, représentant du nom, réside au château de Corny-sur-Moselle, département de la Moselle ; Marchal de Calvi, chevalier de la Légion d'honneur, autre représentant, est médecin à Paris.

MARCHAND. *France.*

D'azur a trois chevrons d'or. — d'argent à deux corbeaux de sable. — D'hermines à trois quintefeuilles de gueules. — Écartelé : au 1 d'azur à l'épée d'argent garnie d'or ; aux 2 et 3 d'hermines plein ; au 4 d'azur à trois épis de seigle d'or rangés en fasce.

Le comte Marchand, chevalier de la Légion d'honneur, réside à Paris ; le comte Marchand, autre représentant du nom, réside au château de Logne, par Metzerwisse, département de la Moselle ; Marchand d'Auteville est inspecteur des contributions directes, à Angoulême, département de la Charente.

MARCHANT DE VERNOUILLET. *Normandie*.

D'argent au chevron d'azur, accompagné de trois roses de gueules tigées et feuillées de sinople, posées 2 et 1. Heaume : taré de profil à cinq grilles, les bords d'argent ornés d'un bourrelet de six pièces d'argent et de gueules et de ses lambrequins de gueules et d'argent. Cimier : un lion d'or naissant, armé et lampassé de gueules, tenant de la patte dextre une épée haute, la lame aussi de gueules croisée et pommetée d'argent et de la patte senestre, trois roses doubles de gueules tigées et feuillées de sinople en forme de bouquet. Supports : deux lions aussi d'or, la tête contournée, armés et lampassés de gueules, tenant chacun l'écu d'une patte et de l'autre une épée haute, la lame de gueules croisée et pommetée d'argent ; les lions posés sur une terrasse de sinople.

Devise : *Nostri servabit odorem*.

Cette famille, qui remonte à Jean le Marchant, premier du nom, anobli avec toute sa postérité légitime, masculine et féminine, née et à naître en légitime mariage par lettres de Louis XI, données à Bourges en janvier 1466, est représentée par de Marchant de Vernouillet, à Paris, et par son frère, Auguste-Maurice, au château de Gueutteville (Seine-Inférieure).

MARCHE (LA), *Berry, Flandre.*

BERRY. D'argent à la bordure de gueules; au chef de même.

FLANDRE. De gueules à trois coquilles d'or.

La Marche, sans titre, est chef de bureau au ministère de la justice et des cultes, à Paris.

MARCHE (DE LA). *Berry.*

D'argent au chef de gueules; à la bordure de même.

Le comte de la Marche, unique représentant, réside au château de la Gaîté, près Chambon, département de la Creuse.

MARCHÉ (DU). *France.*

Parti d'azur et d'argent; au soleil parti d'or sur l'azur et de gueules sur l'argent.

Les armes de cette famille sont blasonnées par Lachenaye-Desbois. Elle a pour chef de nom et d'armes Pierre-Philippe-Alexis du Marché, à Paris. Il a deux fils : Georges-Henri du Marché, chevalier de la Légion d'honneur, sous-intendant militaire; Joseph-Maurice du Marché, capitaine au 32e régiment d'artillerie. Un autre représentant du nom, cousin germain du chef de la famille, Gabriel du Marché, réside au château de la Tour, par Bourg, département de l'Ain.

MARCIEU (ÉMÉ DE). *Dauphiné.*

D'azur au bélier passant d'argent; au chef d'or chargé de trois rencontres de taureau de sable.

Cette famille, qui a relevé le nom d'une branche cadette éteinte de la maison de Monteynard, a quatre représentants : le marquis Émé de Marcieu, à Paris; le comte Émé de Marcieu; autre comte Émé de Marcieu, au château de Saint-Bonnet, par Saint-Marcellin, département de l'Isère ; Émé de Marcieu, au château de Le Trouvet, même département.

MARCILLAC. *Languedoc, Périgord, Picardie.*

D'azur à trois marcs d'or ou roses d'argent.

Ce nom de terre et seigneurie, dans l'Angoumois, qui passa de la maison de Saint-Maure, dans celle de Craon, puis dans celle de La Rochefoucault, est porté aujourd'hui par une famille noble qui a deux représentants : de Marcillac, au château de Reinberts, par Saint-Florent, département du Cher; de Marcillac, au ministère des finances, à Paris.

MARCILLY. *Normandie.*

D'azur à trois merlettes d'or posées 2 et 1. — De sable à trois fasces d'or ; à la bordure de gueules. — D'or à la croix recroisetée de gueules.

Marcilly, en Normandie, était de l'élection de Lizieux. Le nom compte aujourd'hui trois représentants: le comte de Marcilly, au château de Mauvoilinièse, par Montluçon, département de l'Allier; de Marcilly, au château de Marcilly-le-Pavé, par Montbrison, département de la Loire : de Marcilly, chevalier de la Légion d'honneur, ancien sous-préfet à Meaux, département de Seine-et-Marne.

MARCOL. *Lorraine.*

D'azur au lion passant d'or, lampassé de gueules ; au chef de gueules, chargé de trois croissants d'argent.

Le comte de Marcol, chevalier de la Légion d'honneur, unique représentant du nom, réside à Paris.

MARCOTTE DE QUIVIÈBES. *Picardie.*

D'argent au lion de sable, armé et lampassé de gueules.

Cette famille a quatre représentants : un à Pau, trois à Paris.

MARDIGNY, *Lorraine.*

Écartelé en sautoir d'or et d'azur ; à la fasce de sable chargée d'une levrette courante d'argent brochante sur le tout.

Laurent Georgin de Mardigny est aujourd'hui l'unique représentant de la famille. Il réside à Nancy, département de la Meurthe.

MARE (DE LA). *Normandie.*

D'azur à la fasce d'argent, accompagnée de trois molettes d'or posées 2 et 1.

D'ancienne noblesse de l'élection de Conches, généralité d'Alençon, reconnue dans la Recherche de 1666, cette famille a deux représentants : de la Mare, directeur de la Banque, à Versailles ; de la Mare, à Paris.

MARENCHES. *Bourgogne.*

D'azur au lion d'or, à la tierce de sable posée en bande brochante sur le lion.

De Marenches a deux représentants ; le comte de Marenches, officier de la Légion d'honneur, ancien chef d'escadron d'état-major, à Paris ; le vicomte de Marenches, au château de Nenon, par Rochefort, département du Jura.

MARESCHAL DE CHARENTENAY. *Franche-Comté.*

D'argent à la bande d'azur chargée de trois étoiles

d'or, accompagnée de deux grappes de raisins de pourpre, tigés et feuillés de sinople, celui de la pointe ayant la queue en bas.

Originaire de Besançon, cette famille est représentée par René Mareschal de Charentenay, au château d'Agey, département de la Côte-d'Or.

MARESCHAL. *Picardie, Bourbonnais.*

D'or à trois tourteaux d'azur, bordés d'argent, chargés chacun d'une étoile du même. — D'or à la bande d'azur, chargée de trois fers à cheval d'or, cloués du champ, posés dans le sens de la bande.

Cette famille est représentée par de Mareschal, au château de Manteaux, près Mantmarault, département de l'Allier.

MARESCHAL DE MONTECLAIN. *France.*

De sinople à la fasce ondée d'argent, accompagnée de trois montagnes d'or de six coupeaux du même, posées 2 et 1.

Georges de Mareschal de Montéclain, unique représentant, capitaine d'artillerie de la jeune garde, retraité, réside à Vendôme, département de Loir-et-Cher.

MARESCOT. *Normandie.*

D'azur au chevron d'or accompagné de trois coqs contournés du même, posés deux en chef et un en pointe. — Fascé de gueules et d'argent de six pièces; au léopard lionné brochant sur le tout; au chef d'or chargé d'une aigle contournée de sable, le vol étendu.

Gilles-Michel Marescot, seigneur de Thoiry, de Morgue, mestre de camp d'un régiment de cavalerie, maréchal-des-logis de la cavalerie légère de France, mort le 8 mars 1714, était de cette famille qui compte deux représentants : de Marescot, au château de Noé, par Alençon, département de l'Orne ; Ferdinand de Marescot, à Paris.

MARET. *Paris.*

D'azur au chevron d'or accompagné en chef de deux étoiles d'argent et en pointe d'une ancre du même.

Cette famille est représentée par de Maret, au château de Menieux, par Montembœuf, département de la Charente.

MARETS DE BEAURAINS (DES). *Flandre française.*

De gueules à la bande d'or, chargée de trois croissants d'azur.

Des Marets de Beaurains, officier de la Légion d'honneur, unique représentant du nom, réside à Lille.

MAREUIL. *Picardie, Champagne.*

D'azur à la fasce d'argent accompagnée de trois étoiles du même. — D'azur à la fasce d'argent accompagnée de trois fasces du même.

Adrien de Mareuil, seigneur de Belloy, anobli par lettres de l'an 1594, est la souche de cette famille qui a trois représentants : le comte de Mareuil, au château d'Ay, département de la Marne ; le baron de Mareuil, chevalier de la Légion d'honneur, à Philippeville, Algérie ; de Mareuil, à Bouzy, département de la Marne.

MAREY DE GASSENDI. *Provence.*

D'azur au mat d'or accompagné de deux rais du même.

De Marey de Gassendi, unique représentant du nom, réside au château de Laval, par Barjols, département du Var.

MARGAT (du). *Berry.*

De gueules au chef d'argent chargé d'un annelet du champ.

Maintenue dans sa noblesse par arrêt du 14 février 1716, cette famille dont il est parlé dans l'*Armorial de France*, Registre II, partie II, a trois représentants : du Margat, chevalier de la Légion d'honneur, secrétaire-général honoraire de la préfecture, à Caen, département du Calvados; du Margat, aumônier de l'hospice de Stenay, département de la Meuse; du Margat, à Saint-Laurent, Rennes, département d'Ille-et-Vilaine.

MARGEOT. *Normandie.*

D'argent à l'écusson de gueules en abîme, accompagné de neuf macles de sable rangé en orle.

De l'élection de Bernay et de Lisieux, cette ancienne famille de Normandie, dont la Chenaye-Desbois décrit les armoiries, et dont M. de Lamoignon donne la filiation, compte plusieurs chevaliers de Malte et elle a pour représentants actuels : Charles de Margeot, chevalier de la Légion d'honneur, chef de la branche aînée établie en Bretagne; Paul de Margeot, capitaine au 32e régiment d'infanterie, représentant de la branche cadette de Normandie.

MARGÉRIN DE CRÉMONT. *Picardie.*

D'or au chevron de sable ; écartelé d'azur.

Margérin de Crémont, unique représentant du nom, réside à Perpignan, département des Pyrénées-Orientales.

MARGON (LEMOINE DE). *Montpellier.*

D'or à trois pals de gueules ; au chef d'azur chargé de trois étoiles d'argent.

Le Moine de Margon, chef de nom et d'armes, réside au château de Margon, par Roujan, département de l'Hérault. Le Moine de Margon, autre représentant, est membre résident de la Société archéologique de Béziers, même département.

MARGUERIE ou **MARGUERYE.** *Normandie.*

D'azur à trois marguerites de pré tigées et feuillées d'argent.

Originaire du Danemark, établie en Neustrie à l'invasion, classée parmi le petit nombre de celles qui peuvent fournir des preuves depuis le commencement du onzième siècle ; elle remonte à Jean, parent et attaché à Richard II, duc de Normandie (1004). Il avait épousé Marie de Grente.

Représentants actuels : branche aînée (de Colleville).

1° Gustave, marquis de Marguerye, chevalier de la Légion d'honneur, inspecteur des finances, non marié et deux frères, dont le dernier est marié à Paray-le-Monial (Saône-et-Loire).

2° Arthur, comte de Marguerye de Colleville (sans enfants), au château de Colleville, propriété de la famille depuis l'invasion.

Branche de Sorteval, détachée au quatorzième siècle.

Monseigneur Frédéric-Gabriel de Marguerye, évêque d'Autun, Châlon et Mâcon, officier de la Légion d'honneur; son frère, Gabriel-César, comte de Marguerye, chevalier de la Légion d'honneur, marié et trois fils ; le second, marié en Périgord, sous-préfet de Semur; l'aîné, chevalier de la Légion d'honneur, capitaine, commandant au 4° régiment de dragons; le troisième, lieutenant de vaisseau, chevalier de la Légion d'honneur. Cette branche porte, pour tous ses membres mâles, la couronne, et pour l'aîné, le titre héréditaire de marquis, en vertu de l'élection, en 1636, de son ascendant direct, Robert, chevalier, seigneur de Sorteval, comme commandant l'arrière-ban de la noblesse, généralité de Caen; titre confirmé, en 1814, par lettres patentes du roi Louis XVIII, en faveur de Gabriel-Laurent, marquis de Marguerye, père de l'évêque d'Autun.

Branche de Montfort; Nicolas-Charles Edwin, chevalier de la Légion d'honneur, aide commissaire de la marine, à Saint-Louis (Sénégal).

Branche d'Espagne (y résidant); fixée en Sicile, puis en Espagne, à la suite des croisades où leur auteur avait accompagné au douzième siècle les fils de Robert Guiscard.

MARGUERIT DE ROCHEFORT. *Normandie.*

D'or à trois roses de gueules sans queue, posées 2 et 1.

Originaire de l'arrondissement de Falaise, cette famille se divise en plusieurs branches.

L'une d'elles obtint par lettres patentes du mois de décembre 1731, érection en marquisat de ses terres de Maizières, Guibray et Versainville.

Elle est représentée par Léonce-Charles de Marguerit

de Rochefort, à Vierville-sur-Mer, par Bayeux, département du Calvados.

MARICOURT. *Beauce.*

Coupé d'argent et d'azur, à trois merlettes de l'un dans l'autre.

Thibaut de Maricourt, seigneur du lieu, mort le 18 mai 1841, est la tige de cette famille, dont l'unique représentant, vicomte de Maricourt, réside à Versailles.

MARIE. *Normandie, Bretagne, Languedoc.*

NORMANDIE. De gueules à la bande d'argent, chargée de deux filets d'azur; à l'orle de six tablettes d'argent; au lambel d'or brochant sur le tout. — D'argent à trois mains de gueules, une dextre et une sénestre en chef, et une dextre en pointe. — D'argent à trois trèfles de gueules posés 2 et 1. — D'or à la bande d'azur, chargée de trois fers de dard d'argent et accostée de deux têtes de cerf de gueules, posées de profil.

BRETAGNE. D'argent à trois coquilles de sable posées 2 et 1.

LANGUEDOC. D'azur à la fasce d'argent, chargée d'une étoile du champ, placée entre deux molettes d'éperon du même et accompagnée de trois ancolies du même.

Marie a deux représentants : De Marie, au château de Suau, par Barsac, département de la Gironde; Marie de l'Isle, à Paris.

MARIGNAC (LAFUE DE). *Toulouse.*

D'azur à la tour d'argent maçonnée de sable.

Cette famille a deux représentants : de Lafue de

Marignac, à Toulouse ; de Lafue de Marignac, au château de Cazères, département de la Haute-Garonne.

MARIGNAN (DE SEISSAN DE). *Gascogne.*

D'argent à l'arbre de sinople terrassé de sable; au chef d'azur, chargé d'une canette d'argent entre deux cœurs du même.

Deux branches : 1° le baron de Marignan, chef de nom et d'armes, marié à Léontine de Canolle, a laissé trois filles et un fils, Antoine-Hubert de Seissan de Marignan, représentant la branche aînée, qui réside au château de Marignan, près Mirande (Gers).

2° Hubert de Seissan de Marignan, frère du baron décédé, marié à Anita de Mothes de Blanche de la Perrière, dont deux fils : Gabriel, Roger et une fille. Résidence : Bayonne, ou l'Ile-de-Berens, près Bayonne.

MARIGNY. *Normandie, Lorraine.*

NORMANDIE. D'azur à deux fasces d'argent.

LORRAINE. De sable au chevron d'or accompagné de trois besants du même.

Les terres de Marigny, en Champagne et en Normandie, ont donné leur nom à des familles différentes. Celle qui subsiste est représentée par de Marigny, sans profession et sans titre, à Paris.

MARIGUES DE CHAMPREPUS. *Normandie.*

Coupé : au 1 d'azur à la fasce d'or accompagné en chef d'une barrette d'argent, colletée et bouclée du second; au 2 d'argent à une moucheture d'hermines de sable.

Eugène-Gabriel de Marigues de Champrepus, chevalier de la Légion d'honneur, unique représentant du nom, est capitaine d'état-major, conseiller général du département de l'Orne. Il a sa résidence d'été à Écouché, département de l'Orne, et sa résidence d'hiver, à Paris.

MARIMON. *Gascogne.*

D'argent au lion d'azur, armé et lampassé de gueules, couronné d'or; à la bordure denchée d'azur.

De Marimon, unique représentant du nom, réside à Pézénas, département de l'Hérault.

MARIN DE CARRANRAIS. *Provence.*

Écartelé : aux 1 et 4 d'argent, à trois bandes ondées, entées, de sable; qui est de Marin : aux 2 et 3 d'argent à trois fasces ondées de gueules, qui est de Carranrais.

Issue des Marini, l'une des vingt-huit familles nobles de Gênes, cette famille produit sa filiation non interrompue depuis Ambroise Marini, marié en 1402, devant le notaire Costa, à Joanella Adorno, gouverneur de Corse, en 1404, dont le petit-fils, Jacques, marié, en 1443, à Isabelle Pallavicini, s'établit à Toulon en 1447. Le 19 juin 1496, les lettres d'exemption du marquis de Rothelin, gouverneur de Provence, agrégeaient à la noblesse française, Pierre de Marin, fils de Jacques. Le 14 octobre 1504, les lettres de François Ier nomment Antoine de Marin gouverneur de la Tour Notre-Dame-de-la-Garde. Elle fut substituée aux nom et armes de la famille de Carranrais, originaire de Bretagne, par suite du mariage de Marguerite de Carranrais, avec Jean de Marin, le 19 juin 1565. Barthélemy de Marin de Carranrais, chef d'escadre, chevalier de Saint-Louis, et son frère, Philippe, capitaine de vaisseau, furent chevaliers de Saint-Louis et de Cincinnatus, sous Louis XVI.

Le représentant du nom, Eugène de Marin de Carranrais, à Marseille, épousa Clarisse Pavan d'Augery, dont deux enfants : François et Marie.

MARIN DE MONTMARIN. *Touraine.*

D'azur à la fasce d'or, accompagnée en chef de trois croissants d'argent, et en pointe d'un coq aussi d'argent, berqué et membré de gueules.

Cette famille, qui semble, par la similitude des principales pièces du blason, avoir même souche et origine que les Marin du Canada, a trois représentants : Pierre-Raoul Marin de Montmarin ; Édouard Marin de Montmarin ; Ludovic-Palamède Marin de Montmarin, ancien officier de marine, à Sargé, département de Loir-et-Cher.

MARINCOURT. *Ile-de-France.*

De gueules à trois épées empoignées d'or ; au chef du même, chargé d'un croissant et accompagné de trois roses du champ.

Cette famille est représentée par le comte de Marincourt, consul de France à Larnaca, Turquie d'Asie.

MARINIÈRE (Grangier de la). *Ile-de-France, Bretagne.*

D'azur au chevron d'or, accompagné de trois gerbes du même ; au chef vairé d'argent et de gueules.

L'unique représentant du nom, Grangier de la Marinière, réside à Paris.

MARION. *Bretagne.*

D'argent à trois fleurs de lis de gueules posées 2 et 1.

— D'azur à trois fleurs de lis d'argent. — D'argent au palmier de sinople, accosté de deux sautoirs pattés et alésés d'argent.— Écartelé : aux 1 et 4 d'argent à trois roses de gueules; au 2 d'argent à deux clefs de sable passées en sautoir; au 3 d'argent au coq de sable.

De l'élection de Valogne, et reconnue de noblesse d'extraction, par arrêt de maintenue de la Chambre des réformations, en date du 4 décembre 1669, cette famille a quatre représentants : Marion de Brésillac, juge à Toulouse; Marion de Gaja, au château de Las Courtines, par Fangeaux, département de l'Aude; Marion de la Martinière, receveur principal des douanes, à Vannes, département du Morbihan; Marion de la Martinière, commis de marine, à Taïti, Océanie.

MARIOUZE (DE LA). *Basse-Normandie.*

D'azur à la fasce ondée d'or, accompagnée de trois losanges du même.

Jean de Mariouze, écuyer, commissaire à Caen pour les recherches de la noblesse en 1540, était de cette famille représentée par de la Mariouze, directeur de l'enregistrement, à Caen, département du Calvados et par de la Mariouze, commandeur de la Légion d'honneur, général de brigade d'infanterie.

MARK. *Provence.*

D'azur, à trois diamants de forme triangulaire d'argent, les pointes en haut, posés 2 et 1 et surmontés d'une étoile à six rais d'or.

On retrouve aujourd'hui quatre représentants du nom. Le marquis Mark-Tripoly de Panisse, à son château, par Villeneuve, département des Alpes-Maritimes, en est le chef de nom et d'armes.

MARLIAVE. *Toulouse.*

De gueules à deux bars adossés d'argent.

L'unique représentant du nom, de Marliave, sans fonction et sans titre, réside à Toulouse.

MARMIER. *Franche-Comté.*

De gueules à la marmotte d'argent. — Pour la branche de Choiseul, écartelé : aux 1 et 4 de Marmier; aux 3 et 4 de Choiseul.

Établie depuis plus de cinq siècles, en Bourgogne, cette famille obtint par lettres patentes du mois de juillet 1740, érection en marquisat de la terre et seigneurie de Saveux, au bailliage de Gray et remonte en France à Huguenin de Marmier, écuyer, échanson du duc de Bourgogne en 1366, établi en Bourgogne au retour de la captivité du duc Philippe le Hardy. Elle a trois représentants : le duc de Marmier, chevalier de la Légion d'honneur, ancien député de la Haute-Saône, à Paris; Reynald, marquis de Marmier ; le duc de Marmier-Choiseul, au château de Houecourt, département des Vosges, qui porte de Marmier, écartelé de Choiseul.

MARNAS (Chabanassis de). *Dauphiné.*

D'azur au sautoir d'or ; à l'arbre terrassé de sinople brochant sur le tout.

Cette famille est représentée par Chabanassis de Marnas, commandeur de la Légion d'honneur, avocat général à la Cour de cassation, à Paris.

MARNE. *Lorraine.*

D'or à une tête de bœuf de gueules, chacune des cornes surmontée d'une étoile du même et au travers des naseaux un anneau de sable.

De Marne, chef de nom et d'armes, chevalier de la Légion d'honneur, est ingénieur en chef à Nevers, département de la Nièvre ; de Marne, autre représentant du nom, est employé aux contributions à Lyon.

MAROCHETTI. *France.*

De gueules à la fasce d'or, chargée de trois lionceaux contournés d'argent, accompagnée en chef de trois étoiles du même ; à la champagne d'argent.

L'unique représentant du nom, baron de Marochetti, réside au château de Vaux, par Meulan, département de Seine-et-Oise.

MAROLLES. *Touraine, Ile-de-France, Beauce, Picardie.*

Touraine. D'azur à l'épée d'argent, garnie d'or, accostée de deux pennes adossées du second.

Ile-de-France. Écartelé : aux 1 et 4 d'or à l'arbre de sinople posé sur une terrasse du même ; au porc de sable brochant sur le fût de l'arbre ; aux 2 et 3 de sable à trois poissons d'or, en fasce, l'un sur l'autre, celui du milieu contre-passant, surmontés en chef de trois annelets d'argent. — Bandé d'argent et de gueules.

Beauce. De sable à trois marteaux d'argent, l'un sur l'autre, surmontés de trois annelets du même.

Picardie. D'azur à trois fasces ondées d'or.

Marolles, en Touraine, remonte à Raoul, seigneur de Marolles, chevalier, qui donna à l'abbaye de Saint-

Paul de Cormery son domaine de Trian, l'an 1130, par les exhortations d'un religieux nommé Renaud.

On retrouve aujourd'hui quatre représentants du nom : le vicomte de Marolles, à Paris ; de Marolles, à Versailles ; Charles-Claude de Marolles, à Bourges ; de Marolles, maire à Douilly, par Ham, département de la Somme.

MARQUE (DE LA). *Vienne.*

De sinople à la fasce échiquetée d'argent et d'azur de trois arcs. Couronne : de comte. Supports : deux lions.

Originaire du Midi, établie en Poitou lors des guerres de religion, cette famille dont l'aïeul, premier titulaire du titre de baron, a exercé successivement les charges de conseiller du roi au présidial de Poitiers et ensuite de président de chambre à la Cour d'appel, est une famille ancienne. C'est le 10 mars 1810 qu'elle obtint reconnaissance du titre de baron et, par jugement rendu à Poitiers le 27 février 1861, rectification du nom patronymique de la Marque, écrit Lamarque, à l'époque de la tourmente révolutionnaire.

Le chef de nom et d'armes aujourd'hui, le baron de la Marque, habite le château de la Baron, par Neuville de Poitou.

MARQUÈS DU LUC. *Toulouse.*

D'argent à un sautoir de gueules, accosté de deux aigles de sable.

Cette famille a trois représentants : de Marquès du Luc, chevalier de la Légion d'honneur, conseiller général, conseiller à la cour impériale de Nîmes, département du Gard ; de Marquès du Luc, receveur des domaines, à Saint-Pierreville, département de l'Ardèche ; de Marquès du Luc, inspecteur d'enregistrement, à Nîmes, département du Gard.

MARQUESSAC. *Périgord.*

D'azur à trois besants d'argent.

Reconnue noble de race par arrêt de maintenue de 1634-1636, cette famille qui a donné sous l'empire Pierre, comte de Marquessac, chevalier de Saint-Louis, officier de la Légion d'honneur, chef d'état-major de la 2ᵉ division militaire en 1818, mort en 1850, est représentée par Joseph-Urbain, comte de Marquessac, ancien officier de la garde royale, à Cieurac, près Souillac, département du Lot.

MARQUET. *Dauphiné, Poitou.*

Dauphiné. D'argent à une plante de trois roses de gueules, tigée et feuillée de sinople, mouvante de la pointe ; au chef d'azur, chargé d'un soleil d'or, mouvant de l'angle dextre de l'écu.

Poitou. D'azur au sautoir d'or, cantonné de quatre besants du même.

Cette famille, qui a donné Barthélemi de Marquet, président du tribunal de Dauphiné en 1587, a pour unique représentant du nom de Marquet, officier de la Légion d'honneur, est colonel commandant la place de Verdun, département de la Meuse.

MARRAUD DES CROTTES. *Gascogne, Antilles.*

De gueules à l'épée d'argent posée en bande ; au chef d'azur chargé de trois étoiles d'or.

Passée aux Antilles lors de l'expédition d'Énambuc, sous Louis XIII et faisant partie de son équipage de quarante marins déterminés, cette famille a formé plusieurs branches, dont trois sont établies en France. L'aînée a pour chef de nom et d'armes, Jules Marraud des Crottes, membre du Conseil général de la Gironde, au château de Turpaud (Gironde). Il a postérité. Son frère, Émile Marraud des Crottes, au château de Ponteilli (Gironde), a un fils et une fille.

MARRE (DE LA). *Dauphiné.*

D'azur à la bande d'argent, accompagnée en chef de deux étoiles du même, et en pointe de trois monts de sable.

Couronne : de comte.

Famille anoblie, par acte du 26 juillet 1602, de l'évêque de Verdun, prince souverain du Saint-Empire. Résidait à Grenoble. Éteinte dans la descendance mâle. (V. Notice du Vaure.)

MARSAY. *Poitou, Touraine.*

De sable semé de fleurs de lis d'or sans nombre. Couronne : de comte. Supports : deux griffons d'or.

Remontant aux croisades et fixée en Touraine depuis la fin du seizième siècle, cette famille a deux représentants : le comte de Marsay, chef de nom et d'armes, qui a sa résidence au château de Ris, département d'Indre-et-Loire, et le vicomte Arthur de Marsay, ancien officier de cavalerie, qui a sa résidence d'été au château de Loches, département d'Indre-et-Loire, et sa résidence d'hiver à Paris.

MARSEUL. *Normandie. Perche.*

D'azur à trois javelines d'argent, la pointe en haut, emmanchées d'or.

Originaire de l'élection de Vire, cette famille, qui a possédé les seigneuries de Saint-Aubin et de la Bazinière, est représentée par de Marseul, avocat à Mortain, département de la Manche.

MARSY. *Lorraine.*

D'azur semé de fleurs de lis d'or ; au lion du même brochant sur le tout.

De Marsy, unique représentant du nom, est avocat à Paris.

MARTAINVILLE. *Normandie.*

D'argent à trois merlettes de sable.

Du diocèse de Bayeux, la terre de Martainville, qui contenait quatre hameaux, est représentée par le marquis de Martainville, au château de Breuil, par la Queue-Gallais, département de Seine-et-Oise.

MARTEL. *Normandie, Bretagne, Dauphiné.*

Normandie, Bretagne. D'or à trois marteaux de sable.

Normandie. D'or à trois marteaux de gueules. — D'or à trois marteaux de sinople. — De gueules à trois marteaux d'or ; au lambel d'argent. — De sable à trois marteaux d'argent et une étoile en cœur. — D'azur au marteau couronné d'argent, accompagné en pointe d'un croissant du même.

Dauphiné. D'or à la bande de sable, chargée de trois étoiles d'argent.

Martel, en Normandie, qui portait d'or à trois marteaux de gueules et dont était la duchesse de Charost, tire son origine de Guillaume de Martel, seigneur de Bacqueville, qui fit donation, en 1133, aux religieux de l'abbaye de Tiron.

On compte trois représentants du nom : le marquis de Martel, à Orléans ; de Martel, au château de Beaumont, par Cour-Cheverny, département de Loir-et-Cher ; de Martel, à Rennes.

MARTEL. *Provence, Bretagne, Dauphiné, Touraine, Normandie.*

PROVENCE. D'azur à trois marteaux d'argent posés 2 et 1.

BRETAGNE. D'or à trois marteaux de sable.

DAUPHINÉ. D'or à la bande de sable chargée de trois étoiles d'argent.

TOURAINE. D'or à trois marteaux de gueules.

Ces différentes familles ont deux représentants : le comte Martel de Janville, à Paris ; Martel de Janville, au château de Paluel-Janville, par Cany, département de la Seine-Inférieure.

MARTEL DE GAILLON. *Normandie.*

De gueules à trois marteaux d'or.

Fixée en Touraine dès le commencement du dix-huitième siècle, cette famille, dont parle Carré de Busserolle, est représentée par de Martel de Gaillon, à Tours.

MARTELLIÈRE. *Perche, Ile-de-France.*

D'or au chevron d'azur accompagné de trois feuilles d'oranger de sinople.

Alliée aux maisons de Montmorency, Luxembourg, Anglure, Estaing, Battefort, Crussol, Sennecterre, Phelypeaux, Roye-la-Rochefoucauld, Boucherat, Nicolaï, Argouges, Aubigny, Ossun, Nettancourt, Olivier-Leuville, Bullion, etc. Cette famille a pour unique représentant de la Martellière, à Paris.

MARTÈNE. *Bourgogne.*

D'azur à l'épée d'argent posée en pal, la pointe en haut et ayant la poignée d'or ; accompagnée en chef de deux étoiles aussi d'argent et en pointe d'un croissant du même.

Ancienne famille de Bourgogne dont la filiation directe remonte à Jean Martène, écuyer qui, en 1484, fait retour de fief de portion de seigneurie de Chalançon et de portion de la sannerie de Salins. (*Archives de la Chambre des comptes de Dijon et de Dôle*, art. MARTÈNE).

Cette famille a deux représentants : Edmond de Martène, à Grenoble, Isère ; et Villiams de Martène, au château de Vaux, par Etang-sur-Aroux, département de Saône-et-Loire. (M. de Martène de Charency, l'aîné de cette branche, est mort il y a trois ans sans héritiers de son nom.)

MARTHA-BECKER DE MONS. *Allemagne, Alsace, Auvergne.*

Écartelé : au 1 d'azur à l'épée haute d'argent, montée d'or ; aux 2 et 3 d'or à la tête de cheval de sable, arrachée et allumée d'argent ; au 4 d'azur à trois étoiles d'argent posées en pal. Couronne : de comte. L'écu entouré du manteau de pair de France, sommé d'une couronne de baron.

Devise : *Courage, honneur, loyauté.*

Distinguée dans la guerre contre les Turcs, cette famille, qui a donné un pair de France, un député, un lieutenant-général, grand-croix de la Légion d'honneur, etc., a pour chef de nom et d'armes le comte Martha-Becker de Mons, ancien député, vice-président du Conseil général du Puy-de-Dôme, officier de la Légion d'honneur, au château de Mons, près Aubiat, par

Aigueperse, département du Puy-de-Dôme. Il a un fils, Henry-Nicolas-Joseph, vicomte de Mons, attaché d'ambassade, et une fille, Marie-Hélène, comtesse de Bonnevie de Pogniat.

MARTIGNY. *Bar, France.*

BAR. Échiqueté d'argent et d'azur; à la bande de gueules engrelée de sable, brochante sur le tout.

FRANCE. Écartelé : aux 1 et 4 d'argent à la croix de sinople ; aux 2 et 3 d'azur à la cloche d'argent.

La terre de Colmey, près de Longuyon, dans le duché de Bar, non mouvante, fut érigée en comté, sous le nom de Martigny, par lettres du 9 juin 1727, en faveur de Philippe-Louis du Han, grand-fauconnier de Lorraine et de Bar.

On retrouve aujourd'hui pour représentant du nom proprement dit : Philippe-Auguste de Martigny, à la commune des Hayes, département de Loir-et-Cher.

MARTIGNY DE SAINT-JEAN. *Provence.*

D'azur à la bande d'argent, accompagnée en chef d'un cœur et en pointe d'une colombe portant en son bec un rameau, le tout d'argent.

Cette famille a pour unique représentant Martigny de Saint-Jean, au château de Saint-Jean, par Aix, département des Bouches-du-Rhône.

MARTIMPREY. *Lorraine.*

D'azur, à la fasce d'or chargée de trois étoiles de gueules.

Edmond-Charles, vicomte de Martimprey, grand-croix de la Légion d'honneur, général de division, chef de nom et d'armes de sa famille, réside à Paris ;

Ange-Auguste de Martimprey, grand-croix de la Légion d'honneur, général de division, membre du comité consultatif de l'infanterie, réside à Paris ; de Martimprey, autre représentant du nom, réside au château de Romecourt, par Réchicourt, département de la Meurthe.

MARTIN DE LA PORTE. *Maine.*

D'azur à la molette d'argent en cœur, accompagnée de trois merlettes du même, posées 2 et 1. Heaume : taré de profil, orné de ses lambrequins d'azur et d'argent.

Cette famille qui a occupé des charges à la cour sous l'ancienne monarchie est représentée par Michel-Léon Martin de la Porte, à Paris.

MARTIN. *Languedoc.*

D'argent au martin pêcheur au naturel sur une terrasse de sinople ; au chef de gueules chargé de trois étoiles d'or.

Cette famille a trois représentants : de Martin, à Narbonne ; son fils, Martin, médecin, à Narbonne ; Martin, à Perpignan.

MARTIN. *Provence, Guyenne, Bretagne, Paris, Touraine, Orléanais, Ile-de-France.*

PROVENCE. De gueules au chevron d'or, accompagné en chef de deux marguerites du même, tigées et feuillées de sinople, et en pointe d'une couronne murale d'or. — D'argent à la croix ancrée de gueules.

GUYENNE, BRETAGNE. D'azur au château d'argent, maçonné d'or.

PARIS. D'azur à l'agneau pascal sur une terrasse,

tenant un bâton avec sa banderole, surmonté à dextre d'une étoile, le tout d'or.

Touraine. D'argent à trois martinets d'azur.

Orléanais. D'azur au chevron échiqueté d'or et de gueules, accompagné en chef de deux étoiles d'or et en pointe d'un cerf du même. — Parti : au 1 de gueules à la main de justice d'argent emmanchée d'or, posée en pal ; au 2 d'or à la tour de gueules, surmontée d'un lion issant de sable ; sur le tout un chef d'azur chargé de trois étoiles d'or.

Ile-de-France. De gueules à l'épée d'argent garnie d'or, accompagnée de deux rennes affrontées du même.

Sous le nom générique de Martin, on trouve de nombreux représentants : Martin d'Auch, au château de Saint-Jean, par Castelnaudary, département du Tarn ; Martin d'Aussigny, conservateur des musées, à Lyon ; le baron Martin de la Bastide, au château de la Bastide, par Limoges, département de la Haute-Vienne ; Martin de la Bastide, officier de la Légion d'honneur, général de brigade d'infanterie ; Martin de la Bastide, chevalier de la Légion d'honneur, officier supérieur de cavalerie; Martin de Beuvron, à Paris; Martin de la Brierre, à Orléans; Martin de Bussy de Saint-Romain, chevalier de la Légion d'honneur, conseiller honoraire à la Cour d'appel, à Saint-Denis, île de la Réunion ; Martin de Courbanton, chevalier de la Légion d'honneur, conseiller général, maire de Montrieux, par Neung-sur-Beuvron, département de Loir-et-Cher ; Martin d'Echeverria, à Paris ; Martin de Gimard, médecin, à Paris ; Martin de la Garde, chevalier de la Légion d'honneur, officier supérieur de cavalerie ; Martin de Lavaud, au château de Lavaud, par Crocq, département de la Creuse ; Martin de

Moussy, à Paris ; Martin de Lamoutte, à Paris ; le comte Ernest Martin du Nord, ancien conseiller général du Nord, à Paris ; le baron Martin du Nord, à Paris ; Martin de Souhy, à Urcuit, département des Basses-Pyrénées.

MARTIN DE ROQUEBRUNE. *Provence.*

Coupé en chef d'or à trois cœurs de gueules rangés en fasce et d'azur au chevron d'or. Supports : deux lions d'or contournés, armés et lampassés de gueules.

Cette maison, d'origine italienne, est établie depuis l'an 1470 à Saint-Tropez, en Provence, où ses membres ont occupé les premières charges et dignités et contracté des alliances distinguées, entre autres avec les maisons d'Attanous, de Pignon, de Léoube, d'Antrechaus, de Gassendi, de Reynaud de Trets.

La filiation et l'illustration des Martin de Roquebrune sont dûment établies, authentiquement prouvées par des titres nombreux et irrécusables : contrats de mariages, actes notariés, archives publiques et privées, état civil de la communauté de Saint-Tropez, etc.

On compte parmi ses membres les plus distingués un receveur des droits du comte de Toulouse, fils naturel de Louis XIV ; deux autres, juges en chef de l'Amirauté et sous-intendants du gouvernement de Provence. Elle compte plusieurs avocats au parlement, des consuls et maires de la ville de Saint-Tropez, un contre-amiral et trois générations de conseillers généraux dans le département du Var.

En 1699, Rose d'Attanous apporta en dot à Jean-François Martin, une terre noble située à Roquebrune. Depuis lors, le nom de Roquebrune a été joint au nom patronymique, et a été porté précédé du titre de seigneur, par les chefs de la maison qui se sont succédé jusqu'en 1793.

Alban Martin de Roquebrune, chef actuel de nom et d'armes de la famille, né à Saint-Tropez, le 24 août 1824, chevalier de la Légion d'honneur, par décret impérial du 7 avril 1866, maire de Saint-Tropez, et à l'exemple de son père et de son aïeul, conseiller général du département du Var, depuis le 4 août 1867, épousa à Marseille, le 15 avril 1850, Angèle Reynaud de Trets, petite fille du baron Reynaud de Trets, député de la ville de Marseille sous la Restauration, dont il a trois enfants, savoir : Marie, Jeanne et Jean-François-Henri Martin de Roquebrune.

MARTINEAU. *Poitou, Bourgogne, Bretagne.*

Poitou, Bourgogne. Coupé : au 1 parti, *A* d'argent à trois annelets de sable rangés en fasce ; *B* échiqueté de gueules et d'or de cinq traits, de six points chacun ; au 2 d'azur au croissant d'argent surmonté d'un vol du même ; à la devise d'or chargée de trois étoiles de sable brochante sur le tout.

Bretagne. D'argent au chevron d'azur accompagné de trois merlettes de sable ; au chef de gueules, chargé d'une coquille d'argent entre deux étoiles d'or.

Sous le nom générique de Martineau on retrouve trois représentants : le baron Martineau des Chenez, grand-officier de la Légion d'honneur, à Auxerre, département de l'Yonne ; Martineau des Chenez, à Paris ; Martineau de Gemonville, au château de Brebaudet, par l'Hermenault, département de la Vendée.

MARTINEL. *Toulouse, Montauban.*
D'azur à la bande d'or coticée du même.

De Martinel, chevalier de la Légion d'honneur, unique représentant du nom, réside à la Motte-Servole (Basse-Savoie).

MARTINENS. *Provence.*

De gueules au chevron d'or, chargé d'un croissant de sable, surmonté d'une étoile d'or, accompagné de trois canettes du même, deux en chef abaissés à l'égard de l'étoile, et une en pointe.

Martineng, jadis Martinenq, originaire de Toulon, est représenté par de Martinens, à Versailles, et autre de Martinens, à Paris.

MARTINET. *Lorraine, Champagne.*

D'azur à trois chevrons d'or accompagnés de trois martinets d'argent, posés 2 en chef 1 en pointe.

Cette famille, dont la noblesse est ancienne et dont les ancêtres mandés à la tête de leurs compagnies, dans le duché de Lorraine et de Bar, en 1441, 1480, 1506, 1540, 1564, étaient eux-même issus d'anciens gentilshommes, compte aujourd'hui plusieurs représentants.

MARTINET. *France.*

D'azur à trois cygnes d'argent posés 2 et 1.

Auguste-Antoine de Martinet, unique représentant du nom, est procureur de la république, à Montreuil.

MARTINI. *Languedoc, Provence.*

De gueules à la fasce d'or chargée, de deux croissants de sable et accompagnée de trois roues de moulin d'argent.

Jean de Martini, conseiller du roi, maître des comptes en la Chambre de Paris, premier médecin du roi Charles IX, anobli par lettres du 1er septembre 1484, est la souche de cette famille, représentée par de Martini, à Nice. Elle est aussi représentée par le comte de Martini, à Bruxelles.

MARTINIÈRE. *Dauphiné, Lyonnais, Forez.*

Vairé de cinq traits, au trèfle d'or en chef.

Famille originaire du Dauphiné et qui s'établit au seizième siècle dans le pays de Jarez, sur les limites du Forez et du Lyonnais (et aux fonds allodiaux de Passes-Thurins).

Forma deux tiges : la première, qui s'établit à Saint-Martin-les-Anneaux (anciennement Saint-Martin-des-Nouvelles-Terres) et la seconde à Thurins, où elle posséda la Ratière qui prit plus tard le nom de Martinière. Cette famille, qui vécut éloignée des grandeurs et se montra sans ambition jusqu'à nos jours, sut cependant s'attirer la confiance du consulat lyonnais.

L'historien Cochard nous apprend dans sa *Notice sur le canton de Saint-Symphorien-le-Château*, pages 89-90 (in-12, Lyon, 1827), que le 1er février 1576, les consuls de Lyon, nommèrent avec le consentement du gouverneur, Joseph Martinière, noble du Lyonnais, l'un des capitaines placés à la tête de cinq compagnies de fantassins, organisées dans le Lyonnais pour obvier aux surprises des Allemands qui étaient alors dans le Mâconnais. L'*Almanach de Lyon* de 1760 et l'*Annuaire du Rhône* de 1863, nous apprennent que Jean Martinière avait découvert un remède célèbre contre la rage et la morsure des vipères. La branche cadette fixée à Thurins possédait depuis trois cents ans ce secret précieux. Cette famille a fourni de nombreux sujets au clergé ; la branche aînée compte présentement trois frères prêtres (nés en 1817, 1827, 1835) dans le diocèse de Lyon, trois autres ecclésiastiques d'une branche collatérale font aussi partie du clergé de Lyon; on y compte aussi plusieurs religieuses.

Le chef actuel du nom et des armes (branche aînée), sans titre ni fonctions, est Joseph Martinière, agriculteur, dans son domaine de la Gazillière, à Saint-Martin-en-Haut (Rhône), près de Lyon; père d'un fils qui continuera la descendance et de trois filles (dont aucune de mariée); conseiller municipal de sa commune.

MARTINIÈRE (DE LA). *Bretagne*.

D'azur à la bande de gueules, chargée d'un lion de gueules entre deux fleurs de lis de même.

Déclarée noble d'extraction par arrêt de la Chambre des réformations, en date du 16 mars 1671, cette famille a trois représentants : de la Martinière, au château de Petit-Montaigu, par Chalonnes-sur Loire, département de Maine-et-Loire ; le général de la Martinière, à Beauvoir; Ernest de la Martinière, ancien chef d'escadron au régiment des guides.

MARTONNE. *Normandie*.

D'azur à la croix d'or cantonnée de quatre étoiles de même.

Devise : *Inter astra micat*.

Anciennement en possession des fiefs de Vergetot, Blanchefontaine et de l'arrière-fief de Tancarville, cette famille, qui a donné des conseillers et des secrétaires du roi, au XVIIe siècle, des conseillers au parlement de Normandie, est représentée par Louis-Georges-

Alfred de Martonne, au château de la Vallée-Guyon, par Vendôme, département de Loir-et-Cher.

MARTRAY. *Touraine.*

De gueules à trois genettes d'argent.

L'unique représentant du nom, madame du Martray, réside au château de Careil, par Guérande, département de la Loire-Inférieure.

MARTRET DE PRÉVILLE. *Bretagne.*

De gueules à trois trèfles d'or, accompagnées en pointe d'un huchet de même.

De Martret de Préville, chevalier de la Légion d'honneur, unique représentant du nom, est sous-commissaire de la marine, à Lorient, département du Morbihan.

MARTRIN-DONOS. *Rouergue, Languedoc, Auvergne, Aveyron.*

Écartelé : aux 1 et 4 d'or à l'aigle couronnée de gueules, qui est de Martrin ; aux 2 et 3 de gueules à trois fasces d'argent, qui est de Donos.

Cette famille, dont il est parlé dans Lainé et dans d'autres ouvrages héraldiques, a cinq représentants : Victor de Martrin-Donos, à Toulouse ; de Martrin-Donos, au château de Lebrettes, par Narbonne, département de l'Aude ; le vicomte de Martrin-Donos, au château de Bruguière, par Moulures, département du Tarn ; de Martrin-Donos, conservateur des hypothèques, à La Rochelle, Charente-Inférieure, chevalier de l'ordre de Saint-Grégoire le Grand ; de Martrin-Donos, frère du précédent, en religion dom François Régis, procureur-général de l'ordre des Trappistes, résidant à Rome.

MARTROY (Camus du). *Soissonnais, Brie.*

D'azur à la martre passante d'or.

Cette famille titrée a deux représentants : le vicomte Camus du Martroy, chef de nom et d'armes, officier de la Légion d'honneur, ancien conseiller d'État, à Paris; le baron Camus du Martroy, à Paris.

MARZELLE. *Bretagne.*

D'azur à la fasce d'or, chargée de trois boucles de sable et surmontée d'un levrier issant d'argent.

Gustave de la Marzelle, unique représentant du nom, réside au château de Keralier, par Sarzeau, département du Morbihan.

MAS (du). *Berry, Languedoc, Auvergne.*

Berry. D'azur à la fasce d'or accompagnée de trois besants du même.

Languedoc. D'azur à trois roses d'argent mouvantes d'une même tige; au chef d'or chargé de trois étoiles de sable.

Auvergne. D'argent à trois tourteaux de gueules.

Du Mas, en Berry, remonte à Robert du Mas, seigneur de l'Isle, du Coudray, de Felletin, d'Hauterive et de Boisgeffier, chambellan du roi, qui épousa, le 28 mai 1505, Jeanne de Fontenay, dame de Rifardeau. On compte aujourd'hui trois représentants du nom : du Mas, au château de Bourboux, par Périgueux, département de la Dordogne; du Mas, à Lyon; du Mas de Mongolfier, à Lyon.

MASCARÈNE DE RAYSSAC. *Languedoc.*

D'argent au lion de gueules, langué et onglé d'or ; à trois étoiles de sable rangées en chef.

Maintenue dans sa noblesse en 1669, par M. Bazin de Bezons, intendant du Languedoc, cette famille est encore représentée par de Mascarène de Rayssac, percepteur, à Arcy-en-Multien, par Betz, département de l'Oise.

MASCLARY. *France.*

D'azur au chevron d'or, accompagné en chef d'un soleil du même et en pointe d'une héliotrope tigée et feuillée d'or.

L'unique représentant du nom, comte de Masclary, est percepteur, à Cherbourg, département de la Manche.

MASCUREAU. *Poitou.*

Coupé : au 1 fascé d'argent et de gueules de six pièces ; au 2 d'argent à trois étoiles de gueules.

La filiation de cette famille remonte à Jean Mascureau, vivant en 1310, et elle compte aujourd'hui quatre représentants : de Mascureau de Sainte-Terre, chevalier de la Légion d'honneur, à Angoulême, département de la Charente ; Paul-Marie de Mascureau, attaché à l'administration des lignes télégraphiques, à Tours ; de Mascureau, maire de la Bazeuge, département de la Haute-Vienne ; de Mascureau, conseiller municipal, au Dorat, même département.

MASIN. *Piémont.*

Fascé d'or et de gueules de six pièces ; à la tige de chanvre de sinople mise en pal.

Les seuls représentants de ce nom sont : le comte de Masin, ancien sous-préfet, à Cherbourg ; Richard de Masin, capitaine de cuirassiers ; Léonce de Masin, capitaine d'état-major.

MASQUEREL. *Normandie.*

D'argent à la fasce diaprée d'azur, accompagnée de trois roses de gueules.

De pure et vieille noblesse, les Masquerel, anciennement Makarel, seigneurs de Hermonville et de Boisjeuffroy, maintenus lors de la recherche du 17 janvier 1768, d'origine anglaise, au témoignage de la Roque, et qui remontent par preuves authentiques à Jean de Masquerel, seigneur d'Hermonville, un des compagnons du duc Robert Courte-Heuse, au voyage de la Terre-Sainte, en 1097, n'ont plus qu'un seul représentant : de Masquerel, au château de Crèvecœur-en-Auge, département du Calvados.

MASSÉ. *Provence.*

D'azur à trois massues d'or, les mouches en bas, liées de gueules, la tête armée de pointes d'or.

Rapportée dans l'*État de Provence*, par l'abbé Robert de Briançon, tome 11, page 361, cette famille, qui s'est divisée en plusieurs branches, remonte à Bertrand Massé, passé en France, sous Louis XI, à la suite du roi de Sicile, René, duc d'Anjou, comte de Provence. Elle a deux représentants : de Massé, à Pleumartin, département de la Vienne ; de Massé de Cormeiller, à Paris ;

MASSÉNA. *France.*

D'or à la victoire de carnation, ailée, tenant d'une

main une palme et de l'autre une couronne d'olivier de sinople, accompagnée en pointe d'un chien couché de sable; au chef de gueules semé d'étoiles d'argent.

Illustre dans les fastes militaires de la France, cette famille est représentée par André Masséna, prince d'Essling, à Paris, et par Victor Masséna, duc de Rivoli, chevalier de la Légion d'honneur, ancien député au Corps législatif, à Paris.

MASSEY. *France.*

De sable à la fasce d'argent, accompagnée de trois têtes de bélier du même.

Cette famille est représentée par Massey, à Paris-Batignolles.

MASSIEU DE CLERVAL. *France.*

D'azur au lion d'argent tenant entre ses pattes un cœur de gueules.

Cette famille est représentée par Massieu de Clerval, au château de Lion-sur-Mer, par la Délivrande, département du Calvados.

MASSILLAN. *Montpellier.*

De gueules à l'aigle essorante d'argent; au chef cousu d'azur, chargé de deux molettes d'éperon d'or. — De gueules à la colombe essorante d'argent; au chef cousu d'azur, chargé de deux étoiles d'or.

Cette famille a trois représentants : Gilbert de Massillan, Auguste de Masilian, et l'abbé de Massillan, aumônier de la Miséricorde, tous trois à Montpellier.

MASSOL. *Bourgogne.*

Originaire d'Italie : Mazzol, Mazzoli, Mazzolini, Mazzola.

Coupé d'or et de gueules : le premier d'or chargé d'une aigle éployée de sable ; le second de gueules, chargé d'un dextrochère armé d'or tenant un marteau d'armes et mouvant d'une nuée d'argent.

Supports : un lion et une aigle également armés et lampassés de gueule.

Devise : *Perspicatia et Fortitudine.* — Cri de guerre : *Deus et ego.*

L'empereur Maximilien Ier créa les deux frères Guillaume et Francesco Mazzoli, comte du sacré palais de Latran et comtes de l'empire avec les priviléges les plus étendus. Par ces lettres-patentes, données à Inspruck, le 15 janvier 1502, ils eurent en outre le droit de joindre à leurs armes un écu d'or, sur le champ un lion armé et lampassé de gueules, tenant une masse de gueules, et sur cet écu, un casque orné de bandelettes d'or et de gueules, surmonté d'un lion issant tenant également une masse de gueules, telles qu'on les voit dépeintes dans l'*Armorial général de l'Empire* et aussi dans *la Prioris*, page 143, armoiries de 1502. Cette famille était répandue à Casale, Asti, Gênes, etc. Crecenzi et tous les généalogistes italiens citent les Mazzoli parmi les patriciens vénitiens. Le comte Francesco fut ambassadeur de la seigneurie de Gênes en France et en Savoie, de 1505 à 1515, et un de ses descendants, Augustin Mazzoli, se fixa en Bourgogne, par son mariage avec Jeanne Le Goux de la Berchère, 1507. Depuis, cette famille y forma de belles alliances et fournit des officiers-généraux, des gentilshommes de la chambre et officiers de la maison militaire du roi, plusieurs chevaliers de Saint-Jean-de-Jérusalem, etc.

Les représentants de cette famille sont actuellement : le marquis de Massol de Serville, fixé dans le Semurois; le marquis de Massol de Rébetz, fixé dans l'Auxerrois, dont descendance; le comte de Massol de Rébetz, fixé dans le Vendômois, au château des Mussets, Loir-et-Cher, dont descendance.

MASSON. *Poitou, Limousin, Paris, Champagne, Bourgogne.*

Poitou, Limousin. D'argent à cinq carreaux de gueules posés 3 et 2.

Paris. D'azur au chevron d'or, accompagné en chef de cinq trèfles d'argent et en pointe d'un cerf au repos du même sur une terrasse de sinople.

Champagne. De gueules à trois chaînes d'or, surmontées d'une bande d'argent, au-dessus de laquelle est un croissant d'or.

Bourgogne. D'or à quatre bandes d'azur.

Masson, en Poitou, a donné, il y a plusieurs siècles, des chevaliers de l'ordre de Saint-Jean de Jérusalem.

Aujourd'hui on compte cinq représentants du nom : de Masson d'Ardres, officier de la Légion d'honneur, médecin, à Paris; de Masson de Longpré, conservateur des hypothèques, à Vervins, département de l'Aisne; de Masson de Morfontaine, avocat, à Bar-sur-Aube, département de l'Aube; de Masson de Saint-Félix, à Liginiac, par Neuvic, département de la Corrèze.

MASSON DE LA SAUZAYE. *France.*

D'azur au cygne d'argent nageant sur une rivière du

même, accompagné de [deux roseaux d'or mis en pal.

Cette famille a deux représentants : Masson de la Sauzaye, inspecteur des forêts, à Angoulême, département de la Charente; Masson de la Sauzaye, chevalier de la Légion d'honneur, chef de bataillon du génie.

MASSOT DE LAFOND. *France.*

D'argent à la croix de sable, chargée de cinq ancres du champ.

Cette famille est représentée par de Massot, inspecteur topographique, à Constantine, Algérie.

MASSOUGNE. *France.*

D'or à la fasce de gueules chargée de trois coquilles d'argent, ombrées d'or, accompagnées de trois têtes de couleuvres de sable arrachées et lampassées de gueules, couronnées d'azur, posées 2 et 1.

De Massougne, chef de nom et d'armes, réside au château de Fontaines, par Rouillac, département de la Charente; de Massougne, maire à Bonneville, par Rouillac.

MASSY. *France.*

D'argent au chevron de sable chargé d'un lion léopardé d'or et accompagné de trois losanges du second.

Cette famille a deux représentants : le baron de Massy, au château de Douilhac, par Saint-Yrieix, département de la Haute-Vienne; Robert de Massy, à son château, par Saint-Quentin, département de l'Aisne.

MASTIN. *France.*

D'argent à la bande de gueules, contrefleurdisée de six fleurs de lis d'azur.

Originaire d'Italie, où elle a possédé la principauté de Véronne, cette famille, qui a donné Gilles le Mastin, écuyer, seigneur de la Roche-Jaquelin, en Bas-Poitou, vivant en 1351, est représentée par le comte de Mastin, au château de Villers-les-Maillets, par la Ferté-Gaucher, département de Seine-et-Marne.

MATHAN. *Normandie.*

De gueules à deux jumelles d'or et un lion du même passant en chef. Cimier : une tête d'homme. Supports : deux lions.

Devise : *Nil deest timentibus Deum.* En français : *Au fidel rien ne fault.*

Une des plus anciennes de la province, possédant de temps immémorial la terre de Mathan, bailliage de Caen, à laquelle elle a donné son nom, cette maison remonté à Jean de Mathan, premier du nom, cité dans une charte du prieuré de Saint-Vigot, près Bayeux, de l'an 1096, un des chevaliers bannerets qui suivirent la même année, Robert de Courte-Heuse, duc de Normandie, à la première croisade.

Elle a pour unique représentant, le marquis de Mathan, qui a ses résidences d'été au château de Saint-Clair, département de la Manche et à celui de Combès, par Creully, département du Calvados. Il a sa résidence d'hiver à Paris.

MATHAREL (DE) (DI MATARELLI). *Italie, Auvergne, Normandie, Paris.*

D'azur à la croix alaisée d'or, accompagnée de trois

étoiles, une en chef, deux en flancs; au-dessous de la croix : coupé de gueules avec trois losanges d'or en fasce, moitié sur l'azur, moitié sur les gueules.

Une des plus puissantes de la ville de Ravenne, où elle était connue dès l'an 1300, ainsi qu'à Mulina, cette famille est venue en France en 1385 et s'est distinguée par les grands hommes qu'elle a donnés à l'État et à l'Église. Cette maison a plusieurs représentants : le comte Ludovic de Matharel du Chery, inspecteur général des finances, officier de la Légion d'honneur; le vicomte Victor de Matharel de la Grangefort, chevalier de la Légion d'honneur, commandeur de Saint-Grégoire, trésorier-payeur général du département du Puy-de-Dôme; le marquis Charles de Matharel de Fiennes, au château de Bazeilles, département des Ardennes, qui porte, écartelé : aux 1 et 4 de Matharel; aux 2 et 3 d'argent au lion de sable, armé et lampassé de gueules, qui est de Fiennes.

MATHIEU. *Paris*.

D'argent à la croix ancrée de sable, chargée en cœur d'une étoile d'or.

Cette famille, qui a donné Jean Mathieu, seigneur de Belon, successivement conseiller au Châtelet, conseiller au grand conseil, maître des requêtes, mort en 1567, a trois représentants : Albert Mathieu de la Force, chevalier de la Légion d'honneur, conseiller-général, avocat, à Champs, département du Cantal; Mathieu de Saint-Hilaire, à Paris; Mathieu de Vienne, substitut du procureur de la République, à Paris.

MATHIEU DE MAUVIÈRES. *Ile-de-France*.

Écartelé : au 1 de sinople à la croix ancrée d'or;

au 2 de gueules à la muraille crénelée d'argent; au 3 de gueules à la fasce d'argent, chargée d'un croissant de sable et accompagnée de trois étoiles d'argent, deux en chef et une en pointe; au 4 d'azur à trois chevrons d'or.

L'unique représentant du nom, Mathieu de Mauvières, à sa résidence au château de Mauvières, par Chevreuse, département de Seine-et-Oise, et sa résidence d'hiver, à Paris.

MATHIEU DE LA REDORTE. *Rouergue.*

Burelé d'argent et de sinople; au chef de gueules chargé de trois étoiles d'or.

Cette famille a quatre représentants : le comte Mathieu de la Redorte, chef de nom et d'armes; le vicomte Mathieu de la Redorte et le baron Mathieu de la Redorte, à Paris; Mathieu de la Redorte, lieutenant de cavalerie.

MATHIS. *Artois, Picardie.*

Coupé : au 1 parti A de sinople, au sabre d'argent en bande, accompagné de deux molettes du même; B de gueules à l'épée d'argent; au 2 d'argent au cheval effrayé soutenu de gueules.

Gustave Mathis de Grandseille, chef de nom et d'armes, membre du Conseil général, maire de Blamont, réside au château de Blamont, département de la Moselle; Mathis de Grandseille, réside à Nancy; Mathis de Mabreuil, autre représentant, est agent de la caisse générale des assurances agricoles, à Saverne, département du Bas-Rhin.

MATTY DE LA TOUR (de). *Provence.*

D'azur au phénix d'or sur son bûcher du même,

enflammé de gueules et regardant un soleil aussi d'or, mouvant du flanc dextre de l'écu.— Un casque de chevalier orné de ses lambrequins.

La famille de Matty, suivant la tradition, descend de l'illustre famille espagnole de Matha. Euphême de Matha, père de saint Jean de Matha, fondateur de l'ordre des Trinitaires, qui avait accompagné, dans la conquête de la Provence, Raymond de Bérenger, comte de Barcelonne, reçut au milieu du XIIe siècle la baronnie de Faucon (1), qui fut ainsi le berceau de la famille de Matty. Le nom de Matha ou de Matta fut changé en Matty lors de la conquête de la vallée de Barcelonnette, par Amédée VIII, duc de Savoie, en 1322 (2).

La famille de Matty a donné naissance à trois branches principales : la première est celle de Jean-Antoine-Olivier de Matty, comte de Sénozan, marquis de Rosny, président au Parlement de Paris, Conseiller d'Etat, qui épousa, en 1735, Antoine-Nicole de Lamoignon, fille du chancelier de ce nom. La deuxième branche est celle de Louis-François de Matty, garde de corps du roi, chevalier de Saint-Louis, commandant de la ville et citadelle de Seyne (Basses-Alpes) (3).

La troisième branche, la seule existant aujourd'hui, se détache de la deuxième vers le milieu du XVIe siècle. Louis de Matty, fixé dans la ville de Lorgues (4), vers le commencement du dix-septième, acquit la seigneurie

---

(1) Basses-Alpes, arrondissement de Barcelonnette.

(2) On connaît plusieurs exemples de changements analogues, à cette époque.

(3) Le docteur Doneaud a fait, en 1767, une généalogie détaillée des deux premières branches, à partir du XIVe siècle.

(4) Dans le Var, à deux lieues de Draguignan.

de la Tour (1), dont lui et ses descendants ajoutèrent le nom à celui de Matty.

Cette troisième branche est celle de M. de Matty de la Tour, ancien ingénieur en chef des ponts et chaussées, officier de la Légion d'honneur, lauréat de l'Institut et membre de plusieurs Sociétés savantes. Il a épousé, en 1845, Mlle Amélie, fille de M. Robinot de la Pichardais, inspecteur-général des ponts et chaussées, et petite-fille de M. Guibert, maire de Saint-Servan, à qui cette ville a élevé un tombeau en reconnaissance des services qu'il lui avait rendus.

M. de Matty de la Tour a un fils, Albert-Léon, né en 1846, qui est juge-suppléant au tribunal de Rennes.

MAUBEC. *Dauphiné, Comtat-Venaissin.*

D'or à deux léopards d'azur posés l'un sur l'autre.

Grande terre du Viennois, dans le Dauphiné, avec titre de marquisat, Maubec, la troisième des quatre baronnies anciennes de cette province, qui donnait à ses possesseurs seuls des fauteuils dans les Etats, les autres nobles n'étaient assis que sur des bancs. Divisés en trois branches, dont les deux premières sont éteintes, les Maubec remontent à Hubert de Bocsozel, vivant en 1095. Hugues de Maubec, issu de lui au cinquième degré, continua une descendance qui n'est plus représentée que par la douairière de Maubec, au château de Teyrargues, par Rivières, département du Gard.

MAUBLANC DE BOISBOUCHER. *Bourgogne, Poitou, Bretagne.*

D'azur à trois roses d'or posées 2 et 1.

---

(1) Lieu situé dans la commune de Sieyes, près de Digne (Basses-Alpes).

Remontant à Claude Maublanc, qui reçut des lettres de noblesse à Dijon, en janvier 1530, cette famille a pour unique représentant Louis-Amédée Maublanc de Boisboucher, à Périgueux.

MAUBLANC DE CHISEUIL. *Bourgogne.*

Parti au 1 de sable à quinze mouchetures d'hermine d'argent, posées en fasce sur cinq rangs de 3; au 2 d'azur à 3 glands, 2 et 1, d'or; l'écu timbré d'une couronne de baron.

Cette famille a quatre représentants : le baron de Chiseuil, au château de Chiseuil, près Digoin (Saône-et-Loire); Maublanc de Chiseuil, François, à Moulins (Allier), officier supérieur, chevalier de la Légion d'honneur; Maublanc de Chiseuil, Hyacinthe, ancien député et maire de Paray-le-Monial, officier de la Légion d'honneur; Maublanc de Chiseuil, Victor, chevalier de la Légion d'honneur, à Lyon.

MAUBOU (Chapuis de). *Lyonnais, Forez.*

D'azur à la fasce d'or, accompagnée de trois roses de même.

Chapuis de Maubou, unique représentant du nom, réside au château d'Escolles, par Mâcon, département de Saône-et-Loire.

MAUBUÉ. *Poitou.*

D'azur à trois roses d'argent. — Mi-parti de Maubué et d'argent à six losanges de sable, posées 3, 2 et 1, qui est de Fumée.

De noblesse ancienne, l'unique représentant du nom de Maubué, réside au château d'Appelle-Voisin, par Moncoutant, département des Deux-Sèvres.

MAUDE. *Hainaut.*

D'argent au sautoir de sinople, accompagné en pointe d'un croissant du même.

Devise : *Semprè spero.*

Jadis vicomte de Maude, près d'Ath, cette famille a pour unique représentant Armand-Gustave-Alexandre de Maude, membre de la Société archéologique du Vendômois, chevalier de l'ordre de Saint-Sylvestre, à Paris.

MAUDET DE PENHOUET. *Bretagne.*

Losangé d'or et de gueules.

De Maudet de Penhouet, unique représentant du nom, réside à Angers, département de Maine-et-Loire.

MAUDUIT. *Normandie, Bretagne, Normandie.*

NORMANDIE. De sable à un Agnus Dei d'argent.

BRETAGNE, NORMANDIE. D'or au chevron d'azur accompagné de trois étoiles de gueules. — D'or au chevron d'azur accompagné de trois molettes de sable.

On retrouve encore pour unique représentants du nom : de Mauduit, au château d'Azy, par Saint-Pierre-le-Moutier, département de la Nièvre.

MAUGE DU BOIS DES ENTES. *Brie.*

L'or au chevron de gueules accompagné en chef de deux grappes de raisin et en pointe d'un écureuil.

L'unique représentant du nom, de Mauge Du Bois des Entes, chevalier de la Légion d'honneur, est conseiller de cour d'appel, à Orléans.

MAUGER. *Normandie.*

De gueules à six billettes d'argent. — D'argent à la croix de gueules cantonnée aux 1 et 4 de deux chevrons de sable ; aux 3 et 4 au lion du même.

De Mauger, unique représentant du nom, est avocat, à Paris.

MAULMONT ou **MAUMONT**. *Limousin.*

D'azur au sautoir engrelé d'or, cantonné de quatre tours bastillées d'argent, maçonnés de sable. — D'azur à deux fasces d'or. — D'azur à la croix alésée d'or, accompagnée de trois étoiles d'argent.

Cette famille, qui a donné Gérard de Maumont, chanoine de Saint-Pierre-en-Velay, auquel Emery, vicomte de Rochechouart, assigne une rente de quatre-vingts livres, par accord fait entre eux en 1269, est représentée par de Maulmont, chevalier de la Légion d'honneur, au château de Laribeyrie, par Château-Neuf, département de la Haute-Vienne.

MAULNE. *Touraine.*

D'azur à la bande d'or chargée de trois sautoirs de gueules et accompagnée de trois étoiles d'argent.

L'unique représentant du nom, de Maulne, réside au château de Landeronde, par Bécon, département de Maine-et-Loire.

MAUMIGNY. *Nivernais.*

D'argent au chevron de sable, accompagné en pointe d'une étoile de gueules; au chef cousu d'or. Couronne : de comte. Tenants : deux sauvages.

Devise : *Retrocedere nescit.*

La maison de Maumigny ou Maulmigny, en Nivernais, a pris son nom de la terre de Maumigny, située dans la paroisse de Verneuil, canton de Decize.

Elle a fait ses preuves à diverses époques, notamment au siècle dernier, pour l'ordre de Malte et les **pages du roi.**

Sa filiation est littéralement établie depuis 1412, ainsi qu'il conste du mémoire des commissaires de l'ordre de Malte et de la généalogie dressée sur titres encore existants dans ses archives par Lainé et détaillée au tome VI des *Archives généalogiques de la Noblesse de France;* mais antérieurement on trouve :

Hugues de Maumigny, qui se croisa en 1146 à l'assemblée de Vézelay (V. *Histoire du Morvan*, par l'abbé Baudiau, t. I, p. 474); Hugon de Maumigny, croisé en 1249 (V. le *Livre d'or de la Noblesse*, par de Magny, t. I, p. 23); Jeannot de Roche, fils du défunt Guyot de Maumigny qui rendit hommage pour sa maison de Roche mouvante de Champvert, en 1335 (V. *Inventaire des Titres de Nevers*, t. II, fol. 1352); Jean de Maumigny, qui épousa, vers 1340, Agnès de Boux, dame de Boux, au nom de laquelle il fit hommage pour des biens situés dans la paroisse de Taix (V. *Inventaire des Titres de Nevers*. t. II, fol. 1209); Guyot de Maumigny qui, en 1371, possédait un fief dans la paroisse de Verneuil; un autre Guyot de Maumigny, écuyer et gendre de Jean du Boschet, écuyer, seigneur de Nuerre, maître d'hôtel de la duchesse de Bourgogne, donne quittance audit Jean, par acte du pénultième jour d'avril 1429 (*Inventaire des Titres de Nevers*, de l'abbé de Marolles, publié par le comte de Soultrait, p. 727).

La filiation littérale commence à Guyot de Maumigny, qui suit, I.

I. Guyot de Maumigny, seigneur de Boux et de Maumigny, écuyer d'honneur du roi Charles VI, ainsi qu'il conste d'un brevet de ce prince, en date du 9 janvier 1412, eut deux fils, savoir :

A. Guy de Maumigny, seigneur de Boux et de Maumigny, conseiller et premier maître d'hôtel de Charles de Bourgogne, comte de Nevers ; il reçut procuration, avec plusieurs autres seigneurs, pour se trouver le 8 juin 1455 en la ville de la Charité, à l'effet de traiter de mariage de Charles de Bourgogne, comte de Nevers, avec Marie d'Albret (V. *Titres de Nevers*, t. IV, fol. 2893).

B. Guyot, qui suit, II.

II. Guyot de Maumigny, IIe du nom, co-seigneur de Maumigny et de Boux, écuyer d'écurie du même prince, ainsi qualifié dans son ordonnance du 6 février 1436, qui fixe les limites de la justice de Boux, et qualifié d'écuyer-conseiller et maître d'hôtel du même prince dans son ordonnance du 22 janvier 1443, qui permet audit seigneur de reconstruire et fortifier sa maison forte de Boux, épousa, le 12 juin 1419, Philiberte de Chevenon, dont deux fils, savoir :

A. Philibert de Maumigny, seigneur de Boux, écuyer de Jehan de Bourgogne, ainsi qu'il conste de l'hommage qu'il fit, le 3 septembre 1469, de la maison forte de Boux.

B. Huguenin, qui suit, III.

III. Huguenin de Maumigny, seigneur de Maumigny, épousa, le 25 mai 1473, Jeanne du Verne, dont Philibert, religieux, et Esmond, qui suit, IV.

IV. Esmond de Maumigny, seigneur de Maumigny, puis de Boux et de la Boue, épousa, le 10 novembre 1500, Marie de la Perrière, dont, entre autres enfants, un fils, Antoine, qui suit, V.

V. Antoine de Maumigny, seigneur de Maumigny, de la Boue et de Saint-Michel-en-Longue-Salle, épousa, le 12 juin 1526, Claude Lamoignon, qui survécut jusqu'en 1573 à ses quatre frères, morts sans postérité, et hérita de leurs seigneuries (voir, sur la maison de Lamoignon, Moréri, l'*Armorial général de France*, et Blanchard).

Antoine de Maumigny eut de son mariage, entre autres enfants, un fils, François, qui suit, VI.

VI. François de Maumigny, seigneur de la Boue, de Rivière, de Chevannes, de Champromain, de la Mothe, puis de Maumigny; après la mort de son frère Philibert, épousa le 10 avril 1581, Nicole d'Ymonville, dont entre autres enfants, il eut deux fils, savoir :

A. Jean de Maumigny, seigneur de Maumigny, épousa le 21 avril 1619, Anne du Four, dont une fille unique et héritière, Françoise de Maumigny, qui épousa Georges de Bongards, seigneur de Grosbois et lui porta la terre de Maumigny, qui sortit ainsi de la famille.

B. Charles, qui suit, VII.

VII. Charles de Maumigny, seigneur de Rivière, de Chevannes, de Villecray, de Riéjot et de Morand, épousa, le 21 juin 1621, Gabrielle de Reugny, dont plusieurs enfants, entre autres deux qui suivent, savoir :

A. Hugues, qui suit, VIII.

B. Catherine de Maumigny, épousa le 29 avril 1662, François-Léonard de Bonnay, chevalier. Son fils hérita de ses trois oncles : Gilbert de Bonnay, seigneur des Augères; Louis de Bonnay, seigneur de Verneuil; Jean de Bonnay, chanoine et comte de Lyon, et de Marguerite de Bonnay, leur sœur. Catherine de Maumigny survécut à son fils, mort sans postérité et hérita de la terre de Verneuil, qui passa à Paul de Maumigny, son neveu.

VIII. Hugues de Maumigny, seigneur de Chevannes, de Villecray et de Rivière, tué au combat de Leuze, le 19 septembre 1691, épousa, le 30 juillet 1675, Marguerite de Girard, dont entre autres enfants, il eut un fils, Paul, qui suit, IX.

IX. Paul de Maumigny, seigneur de Riéjot, de Villecray de Morand et de Verneuil, épousa, le 28 juillet 1699, Claude de Las, dont plusieurs enfants, entre autres un fils, Paul-Jean, qui suit, X.

X. Paul-Jean de Maumigny, seigneur et marquis de Verneuil, seigneur de Riéjot, de Villecray, de Selinnes-sur-Loire et de Patinges, page de la grande écurie du roi, épousa, le 10 juin 1733, Françoise-Marie-Bouzitat de Selines, dont entre autres enfants, il eut un fils :

A. Paul-Marie-François, qui suit, XI.

B. Louis-François de Maumigny, lieutenant-colonel et chevalier de Saint-Louis, mort sans avoir été marié.

XI. Paul-Marie-François, comte de Maumigny, seigneur de Riéjot, de Villecray, de Morand, de Fontjudas, maréchal des camps et armées du roi, chevalier de Saint-Louis, fut page de la grande écurie du roi. Il épousa, le 1er juillet 1765, Marie-Madeleine-Charlotte Barentin de Montchal, dont six enfants, savoir :

A. Balthazar-François-Bruno de Maumigny, reçu page de la grande écurie du roi, le 26 mars 1783, tué au combat de Trouvroy, le 19 mai 1794.

B. Charles-Paul-Nicolas-Claude, qui suit, XII.

C. Louis-François-Marie de Maumigny, reçu chevalier de Malte, de minorité, par bref du 28 novembre 1778, admis aux pages des grandes écuries du roi, le 12 avril 1785, mort sans alliance, le 7 août 1802.

D. Louis-Auguste-Marie de Maumigny, mort en bas âge.

E. Charles-Jean-Louis-Gui de Maumigny, reçu chevalier de l'ordre de Malte, de minorité, le 11 janvier 1779, mort enfant.

F. Charlotte-Pauline-Madeleine, épousa : 1° Martial-Louis, comte de Marsanges ; 2° Martial de Loyac, de la Bachellerie de Châteauneuf.

XII. Charles-Paul-Nicolas-Claude, comte de Maumigny, chevalier de Saint-Louis, admis aux pages de la petite écurie du roi, le 22 mars 1783, épousa, le 6 juin 1803, Marguerite-Thérèse-Louise-Gabrielle-Henriette des Maisons du Paland, qui porta dans la maison de Maumigny la baronnie de Peyrat. Elle était fille et héritière de messire Joseph-Guillaume des Maisons du Paland, baron de Peyrat, et de dame Marguerite-Louise de Barbançois, dont cinq enfants, savoir :

A. Marie-Joseph-Victor, qui suit, XIII.

B. Paul-Genest de Maumigny.

C. Louise-Gabrielle de Maumigny, épousa, le 6 octobre 1828, Joseph-Nicolas-Hippolyte du Pré de Saint-Maur, fils de Georges-Bourges du Pré de Saint-Maur et de Marie-Anne-Hermine de Vigny.

D. Marie-Charlotte de Maumigny, épousa, le 9 février 1834, Joseph-Amédée-Amand de Caissac, fils de François-Antoine, comte de Caissac et de Charlotte-Henriette de la Rochelambert.

E. Marie-Gabrielle-Thérèse-Sophie de Maumigny, épousa, le 11 avril 1837, Charles-Philippe-Marie, marquis de Falaizeau.

XIII. Marie-Joseph-Victor, comte de Maumigny, chef de nom et d'armes de sa famille, épousa, le 14 octobre 1834, Geneviève-Claudine-Zoé de Bouillé, fille de Claude-François-René-Amour-Albert, vicomte de Bouillé et de Rosalie-Pierrette-Adélaïde de Forestier, dont sept enfants, savoir :

A. Paul-Pierre-Gabriel-Albert-Louis de Maumigny, né le 27 juillet 1835, chef d'escadron d'état-major, chevalier de la Légion d'honneur, ex-capitaine à la légion romaine, officier d'ordonnance du général Kansler, à Mentana, où il fut nommé chevalier de Pie IX.

B. René-Charles-Henri-Joseph de Maumigny, religieux-jésuite, né le 20 janvier 1837.

C. Marie-Pauline, morte enfant.

D. Marie-Pauline-Philomène de Maumigny, née le 31 mai 1843, épousa, le 9 novembre 1865, Joseph-Marie, comte de Cordon, ancien capitaine aux zouaves pontificaux, chevalier de l'ordre de Saint-Georges de Naples et de la Légion d'honneur, fils de Jean-Jacques-Sallamand, comte de Cordon, et de Pauline-Françoise de Thoire.

E. Marie-Thérèse-Louise, morte enfant.

F. Charles-Marie-Roger, mort enfant.

G. Jean-Marie-Paul de Maumigny, né le 26 décembre 1856.

MAUNOIR DE LA MASSE. *Bretagne.*

D'or à trois pommes de sable, tigées et feuillées de sinople, posées 2 et 1 ; au chef dentelé d'azur, chargé de trois perles d'argent.

De Maunoir de la Masse, chevalier de la Légion d'honneur, unique représentant du nom, est juge honoraire, à Château-Gontier, département de la Mayenne.

MAUPAS (AGARD DE). *Berri.*

D'azur au chevron d'or, accompagné en chef de deux étoiles d'argent et en pointe d'une tête de léopard de même.

Erigée en marquisat avec union de celles de Morogues et de Parassis, près Bourges, par lettres du mois de mars 1725, en faveur de Pierre-Antoine Agard de

Morogues, la terre et seigneurie de Maupas, a donné son nom à une famille qui a pour chef de nom et d'armes, Théophile-Marie-Alexis Agard de Maupas, au château de Maupas, par Aix-d'Anguillon, département du Cher. Il a un fils, Henri-Marie-Stephen Agard de Maupas.

MAUPÉOU. *Ile-de-France.*

D'argent au porc-épic de sable.

Distinguée dans la robe et dans les armes, cette famille, qui s'est divisée en trois branches et qui remonte à Pierre de Maupeau, anobli en janvier 1586, trésorier d'Anne, duc de Joyeuse, amiral de France, et dont le nom est illustre dans la magistrature, a pour chef de nom et d'armes Auguste-René, marquis de Maupéou, descendant direct des marquis de Maupéou de la Sablonnière, colonels, successivement, du régiment de Bigore ; le comte de Maupéou, son fils, est maire de Berthecourt, département de l'Oise ; de Maupéou d'Ableiges, réside au château de Davière, par Bonnétable, département de la Sarthe.

MAUPETIT. *Bretagne.*

D'azur à la tour crénelée de trois pièces d'or, ouverte, ajourée, maçonnée de sable, adextrée d'un soleil rayonnant d'or, cantonné en chef ; au franc quartier à senestre des barons militaires, qui est de gueules à l'épée haute de sable, montée d'argent, brochant au neuvième de l'écu.

Neveu du général baron Maupetit, un des officiers de cavalerie les plus distingués du premier empire, l'unique représentant du nom, Christophe, baron Maupetit, président du conseil d'arrondissement de Nantua, réside à Injurieux, département de l'Ain. Il a un fils, Amédée Maupetit.

MAUPETIT. *Bretagne.*

D'azur à la tour d'or portillée de gueules.

De même souche et origine que la précédente, cette famille n'a également qu'un représentant mâle ; de Maupetit, au château de Maison-Neuve, par Château-Gontier, département de la Mayenne.

MAUPOINT DE VANDEUL. *Tournaisis.*

Ecartelé : aux 1 et 4 cinq points d'or équipollés à quatre d'azur, chaque point chargé d'une étoile de l'un en l'autre ; aux 2 et 2 de sinople, au lion d'or.

Cette famille est représentée par de Maupoint de Vendeul, juge d'instruction, à Draguignan, département du Var.

MAURAIGE. *Cambrésis.*

Échiqueté d'or et de sable.

Cette famille a plusieurs représentants : Christophe Théodore de Mauraige, directeur retraité des contributions directes, à Maubeuge, et ses quatre fils : Christophe-Amédée, ancien officier de cavalerie ; Christophe-Charles, receveur particulier ; Eugène, capitaine de cavalerie en retraite et Jules, chef de station des lignes télégraphiques, à Versailles. L'aîné seul a un fils.

MAUREL. *Provence, Languedoc.*

Provence. D'or au cheval effaré de sable ; au chef d'azur chargé de trois étoiles du champ.

Languedoc. D'azur au chevron d'argent, accompagné de trois étoiles du même.

Maurel, en Provence, dont il est parlé dans l'*État de la Provence*, par l'abbé Robert de Briançon, remonte à Antoine Maurel, qualifié écuyer, dans son contrat de mariage avec Catherine d'Arnaud, l'an 1551.

Cette famille a trois représentants : Maurel de Lapommerède, chevalier de la Légion d'honneur, médecin-major au 30ᵉ de ligne ; Maurel de Nevrezé, au château de Montpeiroux, par Puy-Guillaume, département du Puy-de-Dôme ; Maurel de Rochebelle, chevalier de la Légion d'honneur, conseiller honoraire de la cour d'appel, à Grenoble, département de l'Isère.

MAURIN DE BRIGNAC. *Normandie.*

D'azur à trois coquilles d'argent liées du même. — D'azur au lion d'or armé et lampassé du même ; à la bande de gueules chargée de trois croisettes d'or brochant sur le tout.

Cette famille, dont était Catherine de Maurin de Pardaillan, née en 1663, reçue à Saint-Cyr, en mars 1686, après avoir prouvé qu'elle descendait de Jean Maurin de Pardaillan, qui fit hommage au roi, à la Chambre des comptes de Paris, le 4 novembre 1483, des terres et seigneuries de Pardaillan, l'Épignan, le Tournel, Azillan-le-Cantal, mouvantes du comté de Carcassonne, a trois représentants : Félix Maurin de Brignac, officier de la Légion d'honneur, capitaine de frégate, à Toulon, département du Var ; Maurin de Brignac, ingénieur, à Montpellier, département de l'Hérault ; Maurin de Brignac, à Beaulieu, même département.

MAUSSABRÉ. *Berry, Touraine.*

D'azur au lambel d'or à trois pendants en chef.

D'ancienne noblesse militaire, possédant depuis le

douzième siècle les seigneuries de Châteauvieux, de la Sabardière en Blaisois et d'Heugnes, près Buzançais. Cette famille, qui a donné Guillaume de Maussabré, écuyer, capitaine du château de Loches, seigneur du Bois-Saint-Père, de la Sabardière et de Châteauvieux, vivant en 1380, se divise aujourd'hui en trois branches : la première est représentée par le marquis de Maussabré-Beufvier, secrétaire d'ambassade, officier des ordres de Pie IX et de Saint-Stanislas de Russie, membre du conseil général des Deux-Sèvres, qui a deux fils ; la seconde est représentée par le comte de Maussabré, au château de Puy-Barbeau, près Sainte-Sévère, département de l'Indre, qui a deux fils ; la troisième a pour représentant le vicomte Abel de Maussabré, chevalier de Malte, au château de la Motte-Feuilly, près Lachâtre, département de l'Indre, qui a un fils, le vicomte Raymond de Maussabré.

MAUSSAC. *Languedoc, Limousin.*

LANGUEDOC. Écartelé : aux 1 et 4 de gueules à trois pals d'or ; aux 2 et 3 d'argent à trois oiseaux de sable, posés 2 et 1.

LIMOUSIN. D'or au chevron de gueules accompagné de trois étoiles d'argent.

Le comte de Maussac, chef de nom et d'armes, est maire à Pazayac, par Terrasson, département de la Dordogne ; de Maussac, autre représentant, réside à Orléans.

MAUSSION. *Anjou, Paris.*

D'azur au chevron d'or, accompagné en chef de deux étoiles d'argent, et en pointe d'un pin fruité de sinople sur une montagne du même. (*Alias*, d'un peuplier d'argent. — Bibliothèque nationale).

Devise : *De mau scion bon scion*.

Cette famille, dont la filiation est établie depuis Daniel de Maussion, chevalier, secrétaire du roi François Ier, a donné plusieurs magistrats distingués, deux intendants de province, des officiers aux armées de terre et de mer, deux députés, un préfet, etc. Thomas de Maussion, chevalier, secrétaire du roi, receveur-général d'Alençon, eut pour fils, Thomas de Maussion, chevalier, seigneur de Candé, né en 1696, conseiller, puis doyen du grand conseil, grand rapporteur des chancelleries de France; ses descendants furent conseillers au Parlement de Paris et à la cour des aydes, l'un, Etienne de Maussion, fut intendant-général à Rouen, jusqu'en 1790.

Les principaux représentants actuels sont :

Le comte de Maussion, chevalier de la Légion d'honneur, ancien diplomate, marié à demoiselle Choiseul-Gouffier, au château de Frémainville (Seine-et-Oise); l'amiral de Maussion de Candé, grand-officier de la Légion d'honneur, commandant des ordres du Bain, de Medjidieh, etc., ancien gouverneur de la Martinique, marié à demoiselle de Bizemont, au château de Frileuse, près Blois; Léonce de Maussion de Candé, substitut du procureur, à Châtellerault; Xavier de Maussion de Candé, lieutenant au 3e de zouaves, en Algérie; Ludovic de Maussion, maire de Coulommiers; le général Ernest de Maussion, commandeur de la Légion d'honneur, à Lyon; Thomy de Maussion, ancien colonel du 50e de ligne, chevalier de Saint-Louis, commandeur de la Légion d'honneur, maire, conseiller-général, au château de Féricy (Seine-et-Oise; Gaétan de Maussion, conservateur à la bibliothèque du Louvre.

Principales alliances : familles de Tourny, de Mandat,

de Grancey, de Beaumont d'Autichamp, de Tanlay, de Saint-Simon, de Viry, de Thellusson, de Chaumont de la Galaizière, de Vatan, Séguier, le Peletier d'Aunay, de Cauviguy, de Sade, de Saint-Vallier, de la Tour du Pin, de Blécour, de Bizemont, d'Escayrac, de Breteuil. de Choiseul, de Montmorency, etc.

Cette famille, qui a donné Thomas-Maussion, receveur général des finances, à Alençon, secrétaire du roi, dont le fils Thomas-Urbain Maussion, seigneur de Candé, né le 23 septembre 1696, conseiller au grand conseil et grand rapporteur de la chancellerie, a cinq représentants : le comte de Maussion, commandeur de la Légion d'honneur, maire, conseiller-général, au château de Ferry, par le Châtelet, département de Seine-et-Marne, le comte de Maussion, au château de Frémainville, département de Seine-et-Oise ; de Maussion de Candé, au château de Frileuse, par les Montils, département de Loir-et-Cher ; Maussion de Candé, substitut du procureur impérial, à Châtellerault, déparde la Vienne ; Maussion de Candé, ancien officier de cavalerie, à Blois, département de Loir-et-Cher.

MAUVISE. *Bourbonnais, Berry.*

D'argent à la croix ancrée de sable, accompagnée en chef de deux croissants de gueules.

Cette famille qui remonte à un chevalier de Malte, vivant en 1300 et qui a donné Blaise de Mauvise, premier du nom, seigneur de Mauvière et de Puyroux, capitaine du Bouchet, qualifié chevalier dans son contrat de mariage avec Georgette de Menard, en 1450, a deux représentants : Louis-Claude-Ferdinand de Mauvise, au château de Thilhoux, à Sauzette, près du

Blanc, département de l'Indre; de Mauvise, officier de la Légion d'honneur, lieutenant-colonel en retraite.

MAY. *Bourbonnais, Poitou, La Marche.*

D'azur à la fasce d'or, accompagnée de trois roses d'argent.

De May de Fontafré, réside au Peuc, par Saint-Georges-les-Baillargeaux, département de la Vienne; de May proprement dit, réside à Nice.

MAYER. *Limousin.*

D'azur à la flèche d'or en pal, la pointe en bas, sommée d'un croissant renversé du même.

L'unique représentant du nom, de Mayer, chevalier de la Légion d'honneur, réside à Limoges, département de la Haute-Vienne.

MAYERHOFFER. *Alsace.*

De gueules, coupé d'azur, à un lion d'or tenant un javelot d'argent, brochant sur le tout.

Les trois représentants du nom exercent des fonctions publiques, savoir : de Mayerhoffer, receveur des douanes, à Langny, département de la Moselle; de Mayerhoffer, percepteur, à Pusilange, même département; de Mayerhoffer, receveur des contributions indirectes, à Gray, département de la Haute-Saône.

MAZADE. *Languedoc.*

D'azur au chevron d'or, accompagné en pointe d'un lion de même, armé et lampassé de gueules; au chef cousu de gueules, chargé d'un croissant d'argent accosté de deux étoiles d'or.

L'Armorial de France, registre II, partie II, fait mention de cette famille dont était Étienne Mazade, écuyer, conseiller, secrétaire du roi, le 27 octobre 1719, contrôleur en la Chambre établie près la Cour des comptes, aides et finances de Montpellier, mort le 27 octobre 1728. Elle a deux représentants : Louis de Mazade, ancien Maire à Beaumont-sur-Oise, département de l'Oise ; Mazade de Noura, à Saint-Marcel-les-Valence, département de la Drôme.

MAZENOD. *Provence.*

D'azur à trois molettes d'éperon d'or ; au chef cousu de gueules, chargé de trois bandes d'or. Alias : d'azur à trois molettes d'éperon d'argent ; au chef d'or chargé de trois bandes de gueules.

Charles Mazenod, de la ville de Lyon, établi en Provence, obtint de Louis XIV des lettres de noblesse en 1653. Sa descendance est nombreuse et donne quatre représentants : monseigneur de Mazenod, officier de la Légion d'honneur, au château de Saint-Laurent, à Quinson, département des Basses-Alpes ; Félix de Mazenod, à Saint-Marcellin, par Sury, département de la Loire, qui a trois enfants : de Mazenod, au château de Plessis-aux-Chats, par Donnemarie, département de Seine-et-Marne ; de Mazenod, aumônier des sœurs des pauvres, à Nevers, département de la Nièvre.

MAZIÈRE *Dauphiné.*

D'argent au cœur de gueules ; au chef d'azur chargé de trois étoiles d'argent.

Originaire de Pontoise, puis divisée en deux branches.

Cette famille ne peut remonter qu'à Louis de

Mazière, écuyer, maire perpétuel de la ville et des faubourgs de Pontoise, où il mourut de la peste, à un âge fort avancé, en 1638. On voit par un acte authentique des officiers municipaux de Pontoise, donné le 9 décembre 1707, que les meubles, papiers et titres de cette famille furent pillés ou brûlés en ces temps de calamité. Elle a pour représentant unique, de Mazière, au château de Rousselle, par Neuvic, département de de la Corrèze.

MAZIS (des). *Flandre, Beauce.*

De gueules à la fasce d'or, chargée de trois molettes d'éperon de sable.

Cette famille, qui a obtenu une réception à Saint-Cyr, a donné plusieurs chevaliers de Saint-Louis, des chevaliers de Malte, des chevaliers de la Légion d'honneur, des officiers supérieurs d'artillerie, s'honore de belles alliances. Elle a plusieurs représentants : Gabriel-Henri des Mazis, chevalier de la Légion d'honneur, inspecteur-général honoraire des haras, membre du Conseil général de la Somme, à Abbeville. Il a cinq enfants, deux fils et trois filles. Il a aussi un frère, Joseph-Alexandre-Charles des Mazis et deux sœurs.

Cette famille a quatre autres représentants : le comte des Mazis, au château de Primart, par Anet, département d'Eure-et-Loir ; le baron des Mazis ; des Mazis, préfet à Senlis, département de l'Oise ; des Mazis, maire à Semallé, par Alençon, département de l'Orne.

MEAUDRE DE SUGNY. *France.*

D'azur à un chevron sommé d'une trangle et de trois étoiles rangées en chef ; le tout d'or.

L'unique représentant du nom, de Meaudre de

Sugny, chevalier de la Légion d'honneur, conseiller général, réside à Nervieux, département de la Loire.

MEAUSSÉ. *Maine, Anjou.*

D'argent à trois chevrons de sable.

Le comte de Meaussé, unique représentant du nom, réside au château de Halier, par la Ferté-Vidame, département d'Eure-et-Loire.

MEAUX. *Brie.*

D'argent à cinq couronnes d'épines posées 2, 2 et 1.

Le chef de cette maison étant avec Saint-Louis en Palestine, apporta en France, par ordre de ce prince, en 1248, la couronne d'épines de Notre-Seigneur Jésus-Christ. Elle fut déposée dans la Sainte-Chapelle de Paris, où elle est depuis ce temps et c'est en mémoire de cet événement que ceux de la maison abandonnèrent les armoiries qu'ils portaient, de sable à une jumelle d'argent, pour le blason qu'ils ont depuis ce temps.

Le vicomte de Meaux, unique représentant, réside au château d'Ecotay, par Montbrison, département de la Loire.

MEAUX. *Brie.*

D'azur au chevron d'or, accompagné en chef de deux étoiles et en pointe d'un trèfle, le tout d'or.

De Meaux, unique représentant, est percepteur, à Rumigny, département des Ardennes.

MECFLET. *Normandie.*

D'azur à deux chevrons d'hermines ; au chef denché d'or.

Cette noble et ancienne famille dont était Robert de Mecflet, écuyer, seigneur d'Asseville, est représentée par le marquis de Mecflet, à Paris.

MECKENHEIM. *Prusse rhénane, Champagne.*

D'azur à deux sceptres d'or, fleurdelisé en leur pointe et passés en sautoir. Cimier : les sceptres de l'écu supportés par une couronne de tournois.

Originaire du lieu qui porte son nom, près Bonn, dans l'électorat de Cologne, cette famille a donné des chevaliers de l'ordre teutonique, de Malte, de Saint-Louis, etc. Elle a pour chef de nom et d'armes, Jacques-Constantin, baron de Meckenheim, garde du corps du roi Charles X, à Dijon. Il a deux fils, cinq neveux, une sœur et trois nièces.

A cette souche appartient encore de Mecquenem, chevalier de la Légion d'honneur, conservateur des forêts, à Metz, dont le nom primitif a été altéré, mais qui porte les mêmes armes.

MEDEMANCHE (JANNART DE). *Picardie, Angoumois.*

D'argent à deux chevrons d'azur, accompagnés en chef, à dextre d'un croissant de gueules, à senestre d'une étoile d'azur, et en pointe d'une tête de léopard de gueules.

Jannart de Medemanche, dont nous ne connaissons que le nom et les armes, unique représentant, réside au château de Douges, par Chabanais, département de la Charente.

MÉDINE. *Normandie.*

Ecartelé en sautoir : au 1 d'azur à la fleur de lis d'or ; aux 2 et 3 d'argent au lion de sable, armé et lampassé de gueules, celui du second contourné; au 4 d'argent à l'arbre de sinople, traversé d'un loup passant de sable.

Maintenue dans sa noblesse, le 12 avril 1669, originaire d'Espagne, cette famille qui a donné Pierre de Médine, conseiller au Parlement de Rouen, en 1543, est représentée par de Médine, à Lisieux, département du Calvados.

MEDRANO. *Toulouse.*

D'argent à la fasce de sable, accompagnée en chef d'une aiglette du même, tenant en son bec une banderolle d'azur, chargée des mots *Ave ora* d'argent; en pointe d'or à la croix tréflée de gueules; l'écu à la bordure d'azur, chargée de tours crénelées d'or posées en orle.

C'est encore dans la contrée dont elle est originaire, qu'on trouve les deux représentants de cette famille; de Medrano, à Toulouse, département de la Haute-Garonne; de Medrano, au château de Loubedat, par Nogaro, département du Gers.

MEFFRAY. *Dauphiné.*

De gueules au griffon volant d'or.

D'ancienne noblesse, titrée de marquis de Césargues, cette famille subsiste encore dans deux représentants : de Meffray, au château de son nom, par Moirans, département de l'Isère; de Meffray, au château de Maubec, par la Verpillière, même département.

MEILHAC DE FOUGEOLLES. *Limousin.*

D'azur à trois canettes d'argent.

Meilhac de Fougeolles, unique représentant, est adjoint au maire, à Sainte-Anne, par Eymoutiers, département de la Haute-Vienne.

MEILLAN. *Bourgogne.*

D'argent à la bande d'azur chargée de trois croissants du champ.

De Meillan, unique représentant du nom, réside au château de la Piconnière, par Nantes, département de la Loire-Inférieure.

MEJEAN. *France.*

D'or au peuplier de sinople, terrassé du même, soutenu d'une rivière d'argent où nage un poisson d'azur; sur le tout d'azur au caducée d'or.

Le dernier hoir mâle du nom, comte de Méjean, officier de la Légion d'honneur, est consul de France, à Taïti, Océanie.

MELFORT (DRUMMOND DE). *Paris.*

Ecartelé : aux 1 et 4 d'or à trois fasces ondées de gueules ; aux 2 et 3 d'azur au lion d'argent enclos d'un double trécheur contrefleuré du même.

Distinguée par ses titres, cette famille a pour chef de nom et d'armes le duc Drummond de Melfort, à Paris; le comte Drummond de Melfort, réside également à Paris.

MELIER DE LABARTHE. *Languedoc.*

De gueules au lion d'or; à la bordure componée de gueules et de sable.

Citée dans l'*Armorial manuscrit* de d'Hozier et grandement alliée, cette famille est représentée par Léopold de Melier de Labarthe, capitaine commandant au 18ᵉ dragons.

MELLET. *Guyenne.*

D'azur à trois ruches d'or.

Eteinte dans sa postérité masculine, cette famille est représentée par la demoiselle de Mellet, à Neuvic, département de la Dordogne.

MELLEVILLE (Le Doulx de). *Normandie.*

D'azur à trois têtes de perdrix d'or, buquées et allumées de gueules ; au lambel d'argent.

Le Doulx de Melleville, unique représentant du nom, réside au château de Boissay, par Londinières, département de la Seine-Inférieure.

MELLON. *Bretagne.*

D'azur à trois croix pattées d'argent.

De Mellon, unique représentant du nom, réside au château de Villcotherel, par Montauban, département d'Ille-et-Vilaine.

MELOREL DE LA HAICHOIS (le). *Bretagne.*

Ecartelé : aux 1 et 4 de gueules à la fasce d'argent, chargée de trois abeilles de sable ; aux 2 et 3 d'azur à la fasce d'hermines, accompagnée de trois étoiles d'argent.

L'unique représentant du nom, le Melorel de la Haichois, officier de la Légion d'honneur, ancien député du Morbihan, réside à Paris.

MELUN. *Brie.*

D'azur à sept besants d'or posés 3, 3 et 1 ; au chef d'or.

Des plus anciennes et des plus illustres, cette maison, dont la splendeur et l'éclat, l'importance des fiefs régaliens, les alliances avec les souverains de l'Europe, la grandeur des emplois militaires, l'importance des dignités ecclésiastiques, les hautes charges dans l'État, les grands faits ont placé au rang le plus élevé de la hiérarchie sociale et sont constatés par tous les historiens, a deux représentants qui ont siégé à l'Assemblée législative de 1849 à 1851 : Anatole, comte de Melun, chevalier de l'ordre de Léopold, ancien officier d'artillerie, à Lille, qui a un fils, Guillaume ; Armand, vicomte de Melun, officier de la Légion d'honneur, à Paris.

MENARD. *Berri, Normandie, Languedoc.*

D'argent au lion rampant de gueules.

D'ancienne noblesse et remontant à Guillaume Menard, chambellan du roi, son bailli d'épée de Cotentin, cité dans deux actes passés devant lui aux assises d'Avranches, le 16 avril 1385 et le 16 septembre 1390, cette famille a trois représentants : de Menard, à Toulouse ; de Menard, au château de Canouges, par Villasavary, département de l'Aude ; de Menard de Langain, au château d'Airoux, par la Bastide-d'Anjou, même département.

MENARD DE MARSAIN. *Paris.*

D'or à trois macles d'azur.

L'unique représentant du nom, de Ménard de Marsain, officier de la Légion d'honneur, réside à Paris,

MENCHE DE LOISNE. *Flandre.*

D'azur au chevron d'or, accompagné en chef de deux étoiles et en pointe d'un croissant aussi d'or.

Cette famille a trois représentants : Menche de Loisne, chevalier de la Légion d'honneur, ancien préfet, à Mende, département de la Lozère ; Menche de Loisne, ingénieur à Lille, qui a un fils ; Menche de Loisne, secrétaire général de la préfecture, à Bordeaux.

MENEVAL. *Paris.*

Ecartelé : au 1 d'argent à trois étoiles d'azur ; au 2 de gueules au portique ouvert de deux colonnes, surmontées d'un fronton d'argent, accompagné des lettres D A de même ; au 3 d'argent à l'arbre arraché de sinople ; au 4 d'argent au chevron de gueules, chargé de trois annelets du champ.

Entré dans les ordres, le dernier hoir mâle du nom, l'abbé de Meneval, est vicaire de la paroisse Saint-Philippe-du-Roule, à Paris.

MENGIN. *Lorraine. Gascogne.*

D'azur à la fasce d'or ; au griffon naissant du même en chef. Cimier : le griffon de l'écu.

D'ancienne noblesse de la Lorraine allemande, où est située la baronnie de Mengin ou Mengin, sur la Sarre, dont les barons ont été reconnus chevaliers libres dès le douzième siècle, cette famille, qui remonte à Henri de Mengin, mentionné dans la fondation de Vernesville de l'an 1180, a trois représentants : le comte de Mengin de Fondragon, chef de nom et d'armes, à Paris ; le baron de Mengin, au château d'Autreville, par Juzennecourt, département de la Haute-Marne, et banquier, à Chaumont, même département.

MENGIN DE BIONVAL. *France.*

Ecartelé ; aux 1 et 4 d'argent à une tour cantonnée de trois croissants, un en chef, deux en flancs ; aux 3 et 4 d'azur à un chevron sommé d'une gerbe, accompagné en chef de deux merlettes affrontées et en pointe d'un croissant, le tout d'or.

Hippolyte-Marie Mangin de Bionval, unique représentant du nom, est procureur général à la Cour d'appel de Douai.

MENIOLLE. *Soissonnais*

D'azur au chevron d'argent accompagné de trois étoiles d'or.

Cette famille a deux représentants : Meniolle de Cizancourt, chevalier de la Légion d'honneur, ingénieur ordinaire des mines, à Montpellier, département de l'Hérault ; Meniolle de Cizancourt, conseiller municipal, à Noyon, département de l'Oise.

MENISSON. *Champagne.*

D'or à la croix ancrée de sable.

L'unique représentant du nom, de Menisson, réside à Saint-Dizier, département de la Haute-Marne.

MENJOT DE DAMARTIN. *Ile-de-France.*

D'azur au lion d'or, accompagné de trois roses d'argent.

Cette famille a trois représentants : le vicomte Menjot de Damartin ; Menjot de Damartin et Menjot de Damartin, avocat, tous trois à Paris.

MENON. *Écosse.*

D'or à trois croissants de gueules posés 2 et 1; à la tige de chardon de sinople, fleurie de pourpre, issants du croissant de la pointe des feuilles, surmontées de deux croissants en chef.

Devise : *ni deuil ni joie.*

Le premier de cette maison qui vint en France sous le roi Philippe-Auguste, mourut le dernier de janvier 1249.

Sa descendance est représentée par de Juffrey, comte de Menon Saint-Tropez de Ville, à Paris.

MENONVILLE. *Lorraine.*

D'or au chevron de gueules, accompagné de trois merlettes de sable.

Cette famille est représentée par de Menonville, à Rambervillers, département des Vosges.

MENOU. *Perche, Touraine, Orléanais, Berri, Nivernais, Maine.*

De gueules à la bande d'or.

Connue dans le Perche dès l'an 1055 et transplantée en Touraine, où la branche aînée a possédé la terre de Boussay depuis le commencement du quatorzième siècle, cette famille, distinguée dans les armes, a donné trente-six officiers du même nom et dans le même temps, dont plusieurs ont été tués au service. Elle remonte à Jean, sire de Menou, qui rendit foi et hommage, en 1055, d'un fief qu'il possédait dans le Perche et qui était qualifié de chevalier.

Cette famille compte aujourd'hui cinq représentants: le marquis de Menou, au château de Boussay, par Preuilly, département d'Indre-et-Loire ; le comte de

Menou, au château de Ravenoville, par Sainte-Mère-Eglise, département de la Manche ; de Menou, au château de Mée, par Eceuillé, département de l'Indre ; Frédéric de Menou, à Mansle, département de la Manche ; de Menou, ancien médecin-major au 83e de ligne.

MENOUVRIER DE LA FRESNE. *Bourges.*

D'or au lion de gueules.

Thomas Menouvrier de la Fresne, unique représentant du nom, est sous-commissaire de la marine, à l'Ile-d'Oléron.

MERCEY (L'HOMME DE). *France.*

De gueules à trois têtes de Turc d'argent ; au chef d'or chargé d'une aigle naissante de sable.

Cette famille a deux représentants : L'Homme de Mercey, au château de Grondcourt, par Etang-Arnoux, département de Saône-et-Loire ; L'Homme de Mercey, au château de la Falloise, par Breteuil, département de la Somme.

MERCKEL. *Alsace.*

D'or à deux fleurs de lis de gueules l'une sur l'autre, et entre les deux une plume d'azur arrondie, en fasce. — D'or à trois merlettes de sable posées 2 et 1.

Eteinte dans les hoirs mâles, cette famille n'est plus représentée que par la demoiselle de Merckel, directrice des postes, à Drulingen, département du Bas-Rhin.

MERCOYROL DE BEAULIEU. *Languedoc, Vivarais.*

D'or à trois fasces de gueules et à dix billettes du même posées en orle.

Connue en Languedoc dès l'an 1414, établie en Vivarais en 1565, cette famille est représentée par Jacques-Clair-Louis-Numa de Mercoyrol de Beaulieu, à Viviers, département de l'Ardèche. Il a trois fils : Roger, Numa et Henri.

MERCY. *Lorraine, Liége.*

LORRAINE. D'or à la croix d'azur.

LIÉGE. Ecartelé : aux 1 et 4 d'azur à la croix d'or, chargée de cinq coquilles de gueules et cantonnée de vingt croisettes recroisettées au pied fiché d'or, cinq à chaque canton, qui est d'Argenteau ; aux 2 et 3 d'or, à la croix d'azur, qui est de Mercy.

Cette belle famille tire son nom des terres et seigneuries de Xévry-le-Franc, Mercy-le-Haut, Mercy-le-Bas, Boudrezy et Igny, dans le duché de Bar, érigées en comté par le duc Léopold, le 19 avril 1719. Elle a donné Florimond-Claude, maréchal des armées impériales, tué le 29 juin 1734, à la bataille de Parme, et qui, n'ayant point été marié, laissa ses biens de Hongrie au comte d'Argenteau, son cousin, à la charge de prendre le nom et les armes de Mercy.

Elle compte plusieurs représentants : le comte de Mercy, au château de Villers-aux-Corneilles, par Châlons, département de la Marne ; Monseigneur le comte de Mercy-d'Argenteau, ancien officier supérieur d'état-major, archevêque de Tyr, *in partibus infidelium*, à Liége, Belgique ; le comte Arthur de Mercy-d'Argenteau, à Paris ; Charles de Mercy-d'Argenteau, à Paris.

MÉREDIEU. *Guyenne.*

D'or à la croix de gueules. — D'azur à la montagne de pourpre dans une mer d'argent, accompagnée de trois étoiles d'or, une en chef et deux en flancs.

Cette famille dont nous n'avons que les armes a deux représentants : de Méredieu, à Pezuls, par Bergerac, département de la Dordogne ; de Méredieu, avoué, à Bordeaux.

MÉRI DE LA CANORGUE. *Provence, Guyenne.*

D'argent au dauphin de sable. — D'argent au dauphin de sable, au-dessus d'une mer de sinople ; au chef d'azur chargé de trois étoiles d'or.

Originaire d'Italie, établie vers le commencement du XVIe siècle dans le comtat-Venaissin, cette famille à trois représentants : Xavier, vicomte Méri de Canorgue, à Carpentras, département de Vaucluse ; Victor Méri de la Canorgue, à Aix, département des Bouches-du-Rhône; le vicomte Méri de la Canorgue, à Orléans.

MERENDOL. *Provence, Colonies françaises.*

D'azur à l'hirondelle d'argent volante en bande.

Merindol, aujourd'hui Merendol, s'attribue une illustre origine et prétend appartenir à la même souche que le célèbre Jean Pic de la Mirandole, comte de Concordia.

Cette famille compte six représentants, dont cinq fils de Joseph de Merendol, chef de bureau de première classe, à la division de l'intérieur, à la Guadeloupe, mort le 23 novembre 1865. Ils sont établis à la Cochinchine et à la Basse-Terre.

Le sixième représentant, de Merendol, est architecte à Poitiers, département de la Vienne.

MÉRITENS. *Languedoc, Béarn.*

D'azur à l'arbre arraché au naturel, sénestre d'un lévrier d'argent grimpant contre l'arbre.

De Méritens, unique représentant du nom, est juge de paix, à Mauléons-Barrouse, département des Hautes-Pyrénées.

MERLE DE BEAUFOND (LE). *Normandie, Martinique.*

De gueules à trois quintefeuilles d'argent posées 2 et 1 et en abîme un merle d'argent tenant en son bec une branche de laurier de sinople, posé sur un rocher de trois coupeaux d'argent. Couronne : de comte. Supports : deux lions.

Ancienne et illustre, cette maison, qui tire son nom de la baronnie de Merle-Raoul, entre Largenton et Laigle, remonte à Roger du Merle qui épousa en 1050, Emme Giroye, fille de Gerouin Giroye, baron d'Echaufour et de Gillette de Bertrand.

Elle a plusieurs représentants : le comte le Merle de Beaufond et son fils, à Paris; le vicomte Louis le Merle de Beaufond, commandeur de la Légion d'honneur, commissaire général de la marine, en retraite, à Paris, qui a trois fils et une fille; le baron le Merle de Beaufond, à Fleury-sur-Andelle, département de l'Eure, qui a deux fils et une fille; le colonel le Merle de Beaufond, officier de la Légion d'honneur et du Medjidié.

MERLE (DU). *Normandie.*

De gueules à trois quintefeuilles d'argent.

Du Merle, sans fonctions et sans titre, à Cordebugles, par Lisieux, département du Calvados, est aujourd'hui l'unique représentant de cette famille.

MERLE DE LA BRUYÈRE. *France.*

Coupé : au 1 parti *A* d'argent au chevron de gueules accompagné en pointe d'une tête de lion arrachée de même, surmontée d'un comble d'azur à trois étoiles d'or; *B* de gueules au signe des barons militaires; au 2 de gueules à la boucle d'or, chargée d'un merle de sable et accompagnée de deux molettes d'argent.

Cette famille d'épée a deux représentants : le général de division, baron de Merle de la Bruyère, grand officier de la légion d'honneur, à Paris; Ferdinand de Merle de la Bruyère, ancien officier supérieur d'infanterie, à Beaumont, par Chesniers, département de la Creuse.

MERLE. *Montpellier, Montauban, Paris.*

MONTPELLIER, MONTAUBAN. Ecartelé : aux 1 et 4 d'or à un merle de sable; aux 2 et 3 de sable à un coq d'argent, crêté, barbé et onglé de gueules. — D'argent à trois merlettes de sable.

PARIS. D'or à un cerisier de sinople fruité de gueules, sommé d'un merle de sable.

Cette famille a trois représentants : Merle de Massonneau, chevalier de la Légion d'honneur, à Aiguillon, département de Lot-et-Garonne. Il a un fils, Merle de Massonneau, à Anguillon; Merle des Isles, à Saint-Charles, Algérie.

MERLEMONT (LE BAILLET DE). *Bourgogne.*

D'azur à une voile en poupe, attachée par trois ou cinq anneaux à une antenne posée en fasce, le tout d'or.

Le Baillet de Merlemont, unique représentant du

nom en France, est maire de Montreuil, par Noailles, département de l'Oise.

MERLEN (von). *Alsace.*

Écartelé : au 1 d'or à un merle au naturel; au 2 de gueules à l'épée d'argent garnie d'or; au 3 de gueules à trois chandeliers d'or; au 4 d'argent à une tour de sable; sur le tout d'azur à une bande d'or.

L'unique représentant du nom, von Merlen, réside à Strasbourg.

MERLES. *Beaujolais, Forez, Dauphiné.*

D'azur à la bande d'argent chargée de trois merles de sable, becqués et membrés d'or.

Une des plus anciennes maisons de la Provence, Merula ou Merulus, en latin, Merles, qui subsiste dès le xiiie siècle, a donné ou emprunté son nom à une forêt, dans la principauté de Dombes. En Beaujolais, elle a possédé les seigneuries de Bébé, de Beauchamp de Chevenoux et de Varennes; en Dauphiné ; celle d'Aulsanne.

Cette maison, qui descend comme troisième branche de la race des de Merles de Bébé (première branche) et de celle des de Merles de Beauchamp (deuxième), a donné le fondateur de la maison de charité et les recteurs de l'hospice de Malaucène (Vaucluse); un docteur en droit, co-seigneur de Venasque, Saint-Didier, Loriol, etc.; Pierre-Paul de Merles, nommé chevalier de Saint-Louis, après avoir servi son pays pendant vingt-sept ans, comme mousquetaire, garde du corps et comme lieutenant des maréchaux de France.

Elle est représentée par Alphonse de Merles, chevalier de la Légion d'honneur, ancien conseiller général du département de Vaucluse, ancien magistrat, auteur de plusieurs ouvrages littéraires, à Malaucène (Vaucluse).

MERLET DU GRAVAT. *Normandie.*

D'argent au chef de gueules chargé de trois coquilles d'or posées en bande.

De l'élection de Carentan et de Conches, cette famille dont était Jeanne Merlet, mariée par contrat du 2 décembre 1659, avec Nicolas de Loncelles, écuyer, seigneur de Mauny, de Brouxeville, etc., est représentée par Merlet du Gravat, au château de Lasalle, par Sauveterre, département de la Gironde.

MERLIN. *France.*

D'hermines mantelé d'azur. — D'hermines mantelé d'argent au chevron de gueules brochant sur le tout; au canton de gueules chargée d'une épée d'argent.

Cette famille a deux représentants : François, comte de Merlin, officier de la Légion d'honneur, colonel du génie, attaché militaire à l'ambassade de France, à Vienne, qui a sa résidence à Paris; Gonsalve, vicomte de Merlin, capitaine d'artillerie, à Paris.

MERLIN DE MAINGOVAL. *Flandre.*

D'azur à trois haches d'or.

Cette famille dont nous ne connaissons que les armes a trois représentants : Félix, baron Merlin de Maingoval, à Paris; Merlin de Maingoval, ancien capitaine, à Douai, département du Nord; Fortuné Merlin de Maingoval, à Paris.

MÉRODE. *Belgique.*

D'or à quatre pals de gueules. — Les branches cadettes brisent d'une bordure engrelée de gueules.

Cette grande famille, dont nous avons longuement parlé dans nos précédents ouvrages, la *Noblesse belge* et la *Belgique héraldique*, compte en France deux représentants, fils de Werner, comte de Mérode, sénateur belge ; le comte de Mérode, chevalier de la Légion d'honneur, à Paris ; le comte de Mérode, au château de Maiche, département du Doubs.

MEROT. *Bretagne.*

D'azur chargé en chef d'un croissant, en fasce de deux étoiles et en pointe d'une mer ondée, le tout d'argent.

Cette famille a pour représentants : Louis Merot du Barré, ex-garde du corps du roi Charles X (compagnie de Grammont), ancien officier de cavalerie, chevalier de la Légion d'honneur, et son fils Henry Merot du Barré, résidant à Nantes ; Alexis Merot des Granges, au château de la Galotière, par Derval, département de la Loire-Inférieure.

MERSEMAN. *Flandre.*

D'argent à trois mâles d'azur.

L'unique représentant du nom, de Merseman, est receveur particulier, à Beaume-les-Dames, département du Doubs.

MERVEILLEUX. *Aunis et Saintonge.*

D'azur à la sirène d'argent tenant de ses deux mains ses deux queues de poisson.

Cette famille se divise en plusieurs branches : de Mortafond, de Gibourne, du Vignaux, etc.

Merveilleux du Vignaux, président de la Cour d'appel de Poitiers est le chef de sa branche qui compte encore d'autres représentants.

MERVILLE (DE LA). *Ile-de-France, Limousin.*
De gueules au pal de vair.

Cette famille, qui tire son nom de la seigneurie de Merville dans l'élection de Bayeux, a deux représentants : le comte de la Merville, à Paris ; le comte Louis de la Merville, au château de Saint-Denis-de-Palin, par Dun-le-Roy, département du Cher.

MERY. *Ile-de-France, Soissonnais.*
ILE-DE-FRANCE. D'azur à la croix d'argent.
SOISSONNAIS. De gueules à trois bandes d'or.

La terre et seigneurie de Mery, dans l'élection de Pontoise, fut érigée en marquisat, en novembre 1695, en faveur de Saint-Chamans, seigneur de Mery, dont la descendance est aujourd'hui représentée par le marquis de Mery, à Paris.

MÉRY. *Comtat-Venaissin, Provence, Bretagne.*
D'argent au dauphin de sable, surmontant une mer de sinople ; au chef d'azur chargé de trois étoiles d'or.

Transplantée dans les colonies, cette famille a deux représentants : de Méry d'Arcy, juge de paix, à Saint-Martin, Guadeloupe ; de Méry, officier de santé, à Sainte-Marie, Martinique.

MESCHINET. *Poitou.*
D'azur à la croix ancrée d'argent ; à cinq bandes du même.

Cette famille a trois représentants : de Meschinet,

au château de Souché, par Niort, département des Deux-Sèvres; de Meschinet, à Montlieu, département de la Charente-Inférieure; de Meschinet, chevalier de la Légion d'honneur, médecin, à Niort.

MESENGE. *Normandie.*

De gueules à trois merlettes d'or.

Maintenue dans sa noblesse le 24 juin 1667, cette famille est représentée par de Mesenge de Beaurepaire, au château de Beaurepaire, par Ecouché, département de l'Orne.

MESGRIGNY. *Champagne, Aunis, Poitou, Nivernais, Bourgogne.*

D'argent au lion de sable, couronné et lampassé d'or.

Originaire de Champagne, cette famille, qui remonte à Pierre de Mesgrigny, nommé parmi les nobles de cette province dans les comptes du domaine, en 1349, a deux représentants : le marquis de Mesgrigny, chevalier de la Légion d'honneur, conseiller général, à Lusigny, département de l'Aube; le comte de Mesgrigny, au château de Briel, par Bar-sur-Seine, même département.

MESLE. *Touraine.*

De gueules à une aigle d'argent.

Eteinte dans les mâles, cette famille n'est plus représentée que par la douairière de Mesle, à Besançon, département du Doubs.

MESLIER DE ROCAN. *Angoumois.*

D'azur à la bande cousue de gueules, accompagnée

en chef d'une tête de lion arrachée d'or, et en pointe d'une épée d'argent, montée d'or, mise en pal, accostée de deux roses aussi d'or. L'écu timbré d'un casque taré de profil, orné de ses lambrequins.

Cette famille est représentée par M. Meslier de Rocan, chevalier de la Légion d'honneur, inspecteur des forêts, à Lunéville, département de la Meurthe et par Meslier de Rocan, receveur des douanes, à la Calle, Algérie.

MESLON. *Bretagne.*

D'argent à deux fasces de gueules.

De Meslon, chevalier de la Légion d'honneur, unique représentant du nom, est juge de paix, à Libourne, département de la Gironde.

MESNAGE DE CAGNY. *Normandie.*

De sable, au lion d'or; au chef de gueules chargé de trois coquilles d'argent.

Cette famille, qui a donné Jacques Mesnage, écuyer, seigneur de Cagny, conseiller au parlement de Rouen, ambassadeur de France près de Charles-Quint, en 1545, et ensuite auprès du roi d'Angleterre, subsiste dans Louis Mesnage de Cagny, au château de Cagny, par Argences, département du Calvados.

MESNARD. *Poitou.*

D'argent fretté d'azur.

Charles-Ferdinand, comte de Mesnard, unique représentant du nom, réside au château de Mesnard-la-Barotière, par les Herbiers, département de la Vendée.

MESNIL DU BUISSON (du). *Normandie.*

De sable au lion coupé d'or et d'argent, armé et lampassé de gueules.

Cette famille, qui a possédé les seigneuries du Buisson, de Mellay et de Saint-Denis, est connue dès le xiv° siècle pour ses services militaires contre les Anglais. Elle fut anoblie au mois d'avril 1449, par le roi Charles VII. Ce qui est constaté par un certificat de d'Hozier, déposé à la Bibliothèque nationale de France, et délivré à Louis Jacques du Mesnil du Buisson pour être écuyer de Madame, sœur du roi. Elle compte parmi ses membres des lieutenants-généraux, des chevaliers de Saint-Louis et de la Légion d'honneur.

La famille a été maintenue en 1467, lors de la recherche de Montfaut, et le 12 novembre 1666, par jugement de M. de Marle, intendant départi pour la généralité d'Alençon. Gabriel-Jacques du Mesnil du Buisson fit, le 30 septembre 1775, ses preuves pour être admis au nombre des gentilhommes élevés au collége de la Flèche. Louis-Jacques du Mesnil du Buisson, pour être écuyer de Madame, sœur du roi, fit ses preuves de noblesse d'extraction depuis l'an 1449.

Auteurs à consulter : *Histoire de l'abbaye de Saint-Denis*, par Félibien ; *Manuscrits de d'Hozier, et imprimés de la Bibliothèque nationale.* — *Livre d'or de la noblesse*, par le comte de Givodan. — *Noblesse de Normandie et science du blason*, par le vicomte de Magny. — *Annales historiques* de Baour-Lormian et Tisseran, etc.

Marc-Antoine du Mesnil, seigneur du Buisson et de Meslay, lieutenant-général de Charleville, reçut le 8 mai 1705, le titre héréditaire de comte du prince Charles de Mantoue.

Son arrière-petit-fils, le comte Charles du Mesnil du

Buisson, ancien officier supérieur aux gardes, chevalier de la Légion d'honneur, président du conseil général du Calvados, est mort en 1837.

La famille est maintenant représentée comme suit :

1° Félix-Émile, comte du Mesnil du Buisson, ancien secrétaire d'ambassade, commandeur et chevalier de plusieurs ordres, marié à mademoiselle Berthe de Costart, dont trois enfants, savoir :

Marie-Auguste-Léon du Mesnil du Buisson ;

Marie-Marguerite du Mesnil du Buisson ;

Marie-Constance-Isabelle du Mesnil du Buisson ;

2° Victor Charles, vicomte du Mesnil du Buisson, marié à mademoiselle Marie-Marguerite Césarée de Forbin des Issarts.

MESNIL (JOBARD DU). *Bourgogne.*

D'azur à la bande d'argent chargée de trois quintefeuilles de gueules, accostée en chef d'une étoile du second et en pointe d'un cygne nageant, aussi d'argent.

Le baron Eugène du Mesnil, chef de nom et d'armes réside au château du Mesnil, par Saint-Jean-de-Losne, département de la Côte-d'Or, il a un frère, du Mesnil-Marigny, à Paris.

MESNIL (DU). *Normandie.*

De sable fretté d'argent. — D'or à trois molettes de gueules. — D'argent à trois lions de gueules. — De gueules à trois croissants d'argent.

La Chenaye-Desbois distingue quatre familles différentes du nom de du Mesnil, en Normandie : deux dans l'élection d'Avranches, une dans l'élection de Mortain et la quatrième dans l'élection de Valognes.

L'on retrouve aujourd'hui cinq représentants du nom :

du Mesnil, au château de Frelonnière, par Ballon, département de la Sarthe ; du Mesnil, chef de division de ministère, à Paris ; du Mesnil, à Damigny, département de l'Orne ; du Mesnil de Villiers, attaché à l'administration des lignes télégraphiques, à Paris ; du Mesnil-Haton du Perche, à Alençon, département de l'Orne.

MESNILDOT. *Normandie.*

D'azur au chevron d'or bordé de gueules, accompagné de croisettes d'or posées 2 et 1.

Cette famille ancienne qui a possédé les seigneuries de Vierville, Rideauville, Champeaux, etc., est représentée par de Mesnildot, à Valognes, département de la Manche.

MESSEY. *Bourgogne, Touraine.*

D'azur au sautoir d'or.

Cette famille a deux représentants : le comte de Messey, au château de Beaupré, par Gondecourt, département de la Meuse ; de Messey, au château de Fenardière, par Laval, département de la Mayenne.

METAER DE LA RAVILLAIS (LE). *Bretagne.*

D'argent à trois merlettes de sable posées 2 et 1.

Cette ancienne famille qui a donné Jean Le Metaer, capitaine des francs-archers de l'évêché de Saint-Brieuc, lieutenant du prévôt des maréchaux, vivant en 1484, est représentée par Le Metaer de la Ravillais, au château de La Ravillais, par Ploubalay, département des Côtes-du-Nord.

METIVIER. *Languedoc.*

De gueules à une anille d'or.

L'unique représentant du nom, de Metivier, est conseiller à la Cour d'appel, à Agen, département de Lot-et-Garonne.

METZ. *Lorraine, Paris.*

Lorraine. D'azur au monde d'or.

Paris. D'azur à trois épis d'or mis en fasce, tigés et feuillés du même et une anille d'argent en pointe.

On compte en France quatre représentants du nom : le comte de Metz, à Paris ; le baron de Metz, chevalier de la Légion d'honneur, secrétaire de la préfecture, à Lyon, département du Rhône ; de Metz, à Paris.

MEVOLHON. *Provence.*

D'hermines chapé de gueules.

Cette famille est représentée par Louis de Mevolhon, à Nevers, département de la Nièvre. Il a un fils, Pierre-Louis de Mevolhon, attaché à l'administration des lignes télégraphiques, à Marseille.

MEY. *Flandre.*

D'azur au cerf courant d'or, accompagné en chef d'une tour d'argent.

L'unique représentant du nom, de Mey, réside au château de Haute-Tour, à Saint-Gervais-les-Bains, département de la Haute-Savoie.

MEYER. *Alsace.*

D'azur à une flèche d'or, la pointe en bas, mise en pal, surmontée d'un croissant renversé du même.

Cette famille est représentée par de Meyer, à Boulogne-sur-Mer, département du Pas-de-Calais.

MEYRAN DE LA GOY. *Provence.*

Palé et contre-palé de cinq pièces d'argent et d'azur; à une fasce d'or brochant sur le tout.

L'abbé Robert de Briançon, *Etat de la Provence dans sa noblesse*, fait mention de cette famille dont deux branches, anoblies à des époques différentes, ont formé ainsi des familles distinctes. L'une tire son origine de Jean-Baptiste Meyran, de la ville d'Arles, auquel le roi René, comte de Provence, avait inféodé la seigneurie de Carqueirane et qui fut témoin au testament de Charles d'Anjou, neveu et successeur du roi René, fait à Marseille, le 10 décembre 1481.

L'autre famille de Meyran prit les mêmes armes en vertu d'une transaction faite avec la première en 1667. Elle descend d'Etienne de Meyran, anobli par lettres patentes d'Henri III, en date du mois de juillet 1582.

Auguste-Edmond, marquis de Meyran de la Goy, unique représentant du nom, réside à Aix, département des Bouches-du-Rhône. Il y a, de son mariage avec Siffrénie des Isnards, une fille unique.

MEYRONNET. *Comtat-Venaissin, Provence.*

D'azur au rocher d'argent sortant d'une mer de même et accompagné en chef de deux croissants, aussi d'argent.

Ancienne et distinguée dans l'épée et dans la robe, cette famille, qui obtint érection en marquisat de sa terre de Châteauneuf, en mai 1727, a deux représentants : le marquis de Meyronnet, chef de nom et d'armes, au château de Puelle-Montier, par Montiérender, département de l'Orne; le comte de Meyronnet, au château de Fuligny, par Soulaines, département de l'Aube.

MEZANGE. *Normandie.*

D'azur à la bande d'argent accostée de deux étoiles du même.

Cette famille a deux représentants : de Mezange, président du tribunal civil, à Mortain, département de la Manche; de Mortain de Saint-André, commandeur de la Légion d'honneur, général de brigade, au château de Coquerel, par Saint-Hilaire de Harcourt, même département.

MEZEMACKER. *Brabant.*

D'or au chevron de sable, accompagné de trois merlettes du même; au chef du second.

Cette famille flamande, qui subsiste dans la contrée dont elle est originaire, a pour unique représentant, en France, de Mezemacker, à Marseille.

MÉZIÈRE. *Normandie.*

D'or au lion de sable, couronné du même, armé et lampassé de gueules.

Cette famille, dont était Anne de Mézière, née en 1762, reçue à Saint-Cyr, en juillet 1686, après avoir prouvé que Jean de Mézière, seigneur de Socance, vivant en 1500, était son cinquième aïeul, est représentée par de Mézière, au château de Saint-Martin-de-Sallen, par Harcourt, département du Calvados.

MICHAUD. *France.*

De gueules au croissant d'argent, surmonté d'une tige à trois feuilles de sinople; au franc quartier des barons militaires.

Le baron Michaud, chevalier de la Légion d'honneur, unique représentant du nom, est consul général de France, en Suède.

MICHAUD DE COURCELLES. *Bourgogne.*

D'or à trois sautoirs de gueules; au chef d'azur chargé d'un lion passant d'or, lampassé de gueules (1).

Cette famille est originaire de la Savoie et ces armes ont été enregistrées à l'*Armorial général* de d'Hozier, *Généralité de Bourgogne*, tome I, page 8. Elle a donné Hugues Michaud, sire de Courcelles, comte palatin par lettres patentes de l'empereur Charles-Quint, en date du 15 février 1549 (2).

« Michaud de Courcelles (comte Hugue), diplomate savoyard, né en Savoie en 1505, mort à Chambéry en 1572. Allié aux plus nobles maisons de la Savoie, il fut élevé à la cour du duc Charles III, dit le Bon, qui le prit pour son secrétaire intime. Michaud de Courcelles rendit de grands services à son maître dans les guerres qu'il eut à soutenir contre le roi de France, François Ier, contre l'empereur Charles-Quint et contre les Suisses. Michaud ne put empêcher Genève et Lausanne de secouer l'autorité de son maître, ni les Valaisiens de s'emparer du Chablais; mais il réussit à faire une paix avantageuse avec François Ier et obtint de Charles-Quint la cession d'Aoste. Charles III donna à son fils, le prince de Piémont, Emmanuel-Philibert III, *Tête de fer*, Michaud pour gouverneur. Tous deux se rendirent à la cour de Charles-Quint qu'ils suivirent dans les campagnes des Pays-Bas. L'empereur fut si content des services du sire de Courcelles, que le 15 février 1549, il le créa comte Palatin. Michaud se distingua à la bataille de Saint-Quentin (10 août 1557) et lorsque Emmanuel-Philibert rentra dans ses États à la suite

---

(1) *Armorial général, généralité de Bourgogne*, t. I, p. 8.
(2) *Nouvelle biographie universelle*, t. XXXV.

du traité de Cateau-Cambrésis (1559) Michaud reçut le gouvernement de la Bresse et du Bugey.

Il mourut conseiller-maître des comptes (ministre des finances) de la Savoie. Il avait épousé en 1564 Nicolle de Molettes dont il laissa plusieurs enfants qui créèrent les branches des Michaud de Nice, des Michaud de Mognard et des Michaud d'Albéas. (1) »

MICHAUD DE BEAURETOUR. *Savoie, Nice.*

Coupé : au 1 d'or et d'argent, l'or chargé de trois fleurs de lis d'azur, posées 2 et 1 ; l'argent d'un chêne de sinople arraché et d'une barre denchée de gueules, brochante ; au 2 d'azur à un croissant d'argent.

Cette branche est représentée par le comte Michaud de Beauretour, ancien chargé d'affaires de Sardaigne, officier des ordres des saints Maurice et Lazare et de Léopold de Belgique.

Michaud d'Albéras, en Savoie, est représenté par le baron Alexandre Michaud, consul général de France à Trieste, officier de la Légion d'honneur, etc.

MICHEL DE MONTHUCHON, D'ANNOVILLE, DE LÉPINAY ET DE VIEILLES. *Normandie.*

D'azur à la croix d'or cantonnée de quatre coquilles du même. — Tenants : Deux anges armés de lances.

Devise : *Quis ut Deus?*

Stanislas Michel de Monthuchon et son fils Louis Michel de Monthuchon, au château de Monthuchon, par Coutances, département de la Manche ; Louis Michel d'Annoville, à Cherbourg ; Pierre Michel d'Annoville, au château d'Annoville, près Montmartin, département

---

(1) *Nouvelle biographie universelle* t. XXXV.

de la Manche; Charles Michel de Lépinay, maire de Sainte-Cécile, département de la Manche et Alphonse Michel de Vieilles, au château de la Haye-Saint-Sylvestre, département de l'Eure, représentent aujourd'hui les trois branches de la famille.

MICHEL. *Bretayne, Languedoc*

BRETAGNE. D'argent à la tête de more de sable tortillée du champ. — D'or à deux chevrons de gueules chargés d'une épée romaine d'argent posée en pal, entourée d'un serpent de sinople; les chevrons accompagnés en chef de deux étoiles d'azur. — Tiercé en fasce : au 1 d'azur à la toque de sable bordée d'or; au 2 de gueules chargé du signe des chevaliers; au 3 d'azur à la lance d'or chargée sur les plateaux d'une épée d'argent à la poignée d'or. — Écartelé : au 1 et 4 de sable à neuf macles d'argent posés 3, 3 et 3; aux 2 et 3 d'or à la coquille de gueules.

LANGUEDOC. D'azur au roc d'argent, surmonté d'une croix d'or.

Commun à plusieurs familles nobles de la France, en Normandie, Bretagne, Dauphiné, Provence, Languedoc et ailleurs, le nom de Michel, éteint dans plusieurs provinces dont il est originaire, compte encore six représentants : le comte Michel, officier de la Légion d'honneur; le baron Michel de Kerhorre, au château de Kerhorre, par Saint-Pol-de-Léon, département du Finistère; le baron Michel de Tretaigne, commandeur de la Légion d'honneur, ancien maire, à Paris; Michel, chevalier de la Légion d'honneur, receveur particulier, à Alais; Michel de Loqui, avoué, à Aix, département des Bouches-du-Rhône; Michel de la Morvonnais, conseiller honoraire de la cour d'appel, à Rennes, département d'Ille-et-Vilaine ; André Michel Wallon, chevalier de la Légion d'honneur, ancien conseiller-général de l'Oise, au château de Saint-Germer, département de l'Oise.

MICHELS (DES) *Provence.*

D'azur au cor de chasse d'or, surmonté à dextre d'une croix de Lorraine du même et à senestre d'une épée d'argent.

Cette famille a deux représentants : le baron des Michels, secrétaire de l'ambassade de France, à Florence ; des Michels, ancien maître des requêtes au conseil d'État, à Paris.

MICHON DU MARAIS. *Forez.*

D'azur à la fasce d'or, accompagnée de trois besants d'argent.

Cette famille a deux représentants : Antoine, baron Michon du Marais, chevalier de la Légion d'honneur, ancien officier de marine, receveur des finances, à Roanne ; Léon Michon du Marais, conseiller de préfecture, à Lyon, a deux fils en bas âge.

MIEGEVILLE. *Toulouse, Montauban.*

D'or à un chevron rompu de sinople.

De Miegeville, unique représentant du nom, réside à Toulouse.

MIÈRE (LE) *Normandie.*

D'argent à deux lions affrontés de gueules ; au chef d'azur chargé d'un croissant d'or.

Cette famille n'a qu'un représentant, le Mière, au château de Chapelle, par Croissanville, département du Calvados.

MIETTE DE LOUBRY. *Normandie*

De gueules à trois moutons d'argent posés 2 et 1.

L'unique représentant du nom, Georges de Miette de Loubry, a un fils et une fille.

MIEULET DE LA RIVIÈRE *Toulouse, Montauban.*

D'azur a trois ruches à miel d'or, deux en chef et une en pointe et trois mouches à miel du même, deux entre les ruches et la troisième en cœur.

Cette famille a deux représentants : Mieulet de la Rivière, à Castel-Sarrasin, département de Tarn-et-Garonne ; Mieulet de la Rivière, à Toulouse.

MIGIEU. *Bugey.*

De sable à trois étoiles d'argent.

Cette famille de robe et d'épée, noblement alliée a pour chef de nom et d'armes Joseph de Migieu, colonel en retraite, à Monaco.

MIGNON DE MAINVILLE. *Bourges.*

D'azur à un chevron abaissé d'or, surmonté d'une aigle du même, accompagné en chef de deux étoiles du même, et en pointe d'un croissant du même.

Cette famille qui n'a plus d'hoir mâle est représentée par la douairière Mignon de Mainville, à Orléans.

MIGNOT DE LA MARTINIÈRE. *Bretagne.*

Parti : au 1 d'azur à trois épées d'or ; au 2 d'or à trois palmes de sinople.

Charles-Edouard, baron Mignot de la Martinière, commandeur de la Légion d'honneur, est général de brigade, à Compiègne, département de l'Oise.

MIGNY (GAUTHIER DE). *Touraine.*

D'azur au chevron d'or accompagné de trois croissants du même.

Armand Gauthier de Migny, unique représentant du nom, réside au château de Migny, par Châtillon, département de l'Indre.

MILAN D'ASTIS. *La Rochelle.*

De gueules à un milan d'argent posé sur un rocher du même.

De Milan d'Astis, unique représentant du nom, réside au château de la Sybillière, par Châtellerault, département de la Vienne.

MILHAU. *Rouergue, Languedoc.*

D'azur à trois épis de mil effeuillés d'or, accompagnés en pointe d'un croissant d'argent; au chef cousu de gueules, chargé de trois étoiles d'argent.

Le comte de Milhau, chef de nom et d'armes de cette famille nombreuse, réside au château de Saint-Amond-Valtorry, département du Tarn, et à Paris.

MILHET DE CASTOROS DE BESSETTES. *Touraine.*

D'azur à une plante de millet d'or, accostée de deux épis d'orge; le tout surmonté de trois étoiles rangées en chef, aussi d'or.

Alexandre Milhet de Castoros de Bessettes, unique représentant du nom, maire de Chastanier, réside au château de Bessettes, par Chastanier, département de la Lozère.

MILLERET. *Milanais, Picardie, Paris.*

Coupé : au 1 d'or à une aigle de sable au vol éployé; au 2 d'azur à un château d'argent, donjonné du même, maçonné de sable, posé sur une montagne à trois coupeaux, mouvant de la pointe de l'écu et accosté de deux étoiles, le tout d'argent.

Devise : *Nil sine vide.*

Venue du Milanais vers l'an 1580, cette famille est représentée par de Milleret, au château d'Amiécourt, par Nesle, département de la Somme.

MILLET. *France.*

Écartelé : au 1 d'azur à deux étoiles d'argent posées en fasce ; au 2 des barons militaires ; au 3 de gueules au lion grimpant d'or ; au 4 de sable au casque d'or.

De noblesse militaire du premier empire, cette famille a trois représentants : le baron Millet, chevalier de la Légion d'honneur, receveur particulier, à Morlaix, département du Finistère; Millet de Faverges, chevalier de la Légion d'honneur, ancien sous-préfet, à Saint-Jean-de-Maurienne, département de la Savoie; Millet de la Turtaudière, à Angers, département de Maine-et-Loire.

MILLEVILLE. *Normandie.*

De gueules au sautoir d'argent, cantonné de quatre glands d'or.

De l'élection d'Arques (juillet 1510), l'origine de cette famille se perd dans les temps les plus reculés. Sa possession de noblesse est prouvée par arrêts du conseil d'État du roi, en date du 4 août 1668 et du 18 janvier 1774. Elle a donné dans les temps anciens Juan de Milleville, commandeur de Repentigny, en 1463. La branche aînée compte aujourd'hui sept représentants, dont le chef était Edmond - Pierre - Gabriel de Milleville (décédé), ayant laissé quatre fils, au château de Boissay, près Loudinières (Seine-Inférieure). Le chef de la branche cadette est Marie-Adrien-Octave de Milleville, au château de Paviau, par Fleury-sur-Audelle (Eure), portant mêmes armes que la branche aînée.

MILLIN DE GRANDMAISON. *Ile-de-France.*

D'azur au chevron d'or accompagné en chef de deux étoiles d'argent et en pointe d'un croissant du même.

Millin de Grandmaison, unique représentant du nom, réside au château de Souches, par Mennetou, département de Loir-et-Cher.

MILLON DE VILLEROY. *Bretagne.*

D'azur à trois têtes de levrier, coupées d'argent, posées 2 et 1, accolées de gueules et bouclées d'or.

Cette famille est représentée par Antoine Millon de Villeroy, à Guérande.

MILLY. *Picardie, Beaujolais, Mâconnais.*

PICARDIE. De sable au chef denché d'argent.

PICARDIE, BEAUJOLAIS, MACONNAIS. De gueules au chef denché d'argent.

Cette ancienne et illustre maison, qui a donné un grand-maître à l'ordre de Saint-Jean-de-Jérusalem, remonte à Richard de Milly, damoiseau de Villars, seigneur de Vau et de Lugeac, qui prenait aussi la qualité de *Miles*, chevalier, en 1298. Elle a deux représentants : de Milly, au château de Caneux, par Labouheyre, département des Landes ; de Milly, officier de la Légion d'honneur, au château de Boisettes, par Melun, département de Seine-et-Marne.

MILON. *Champagne, Beauce, Normandie, Anjou.*

CHAMPAGNE. D'argent à quatre fusées et demi d'azur, posés en fasce ; au chef de gueules.

Beauce, Normandie, Anjou. De gueules à la fasce d'argent, chargée d'une merlette de sable et accompagnée de trois croissants d'or.

Cette famille noble a possédé, pendant plusieurs siècles, la terre et seigneurie de Milon, en Anjou, dite la Fontaine-Milon, et lui a donné son nom. Distinguée dans la robe, elle a donné un prévôt de Paris, des conseillers au parlement, des maîtres de comptes, des trésoriers-généraux des finances, des conseillers au grand-conseil, des conseillers d'Etat, des maîtres des requêtes, un grand-maître des eaux et forêts, des aumôniers du roi et des évêques.

Jean Milon, premier du nom, fut en telle considération, sous Philippe de Valois, qu'il mérita d'exercer la place de prévôt de la ville de Paris, et l'occupa depuis le 19 novembre 1330 jusqu'au 30 avril 1334. Sa descendance est représentée par le baron de Milon de Verailhon, à Nice, et par Milon de Peillon, à Nice.

MIMEREL DE ROUBAIX. *France.*

Écartelé : au 1 de gueules, à la tour crénelée d'argent; au 2 d'argent, au navire équipé, flottant sur la mer, le tout de sable ; au 3 d'or, à la roue de sable ; au 4 de sinople, au canal courant d'argent, mis en fasce; au franc-quartier de sénateur.

Le comte Mimerel de Roubaix, grand officier de la Légion d'honneur, ancien sénateur, réside à Paris. Il a un fils et un petit-fils.

MINET DE PELLERIN. *Alençon, Paris.*

Alençon. De sable à trois oiseaux d'argent, posés 2 et 1.

Paris. D'azur à une croix de Malte d'or, fichée et entée d'un croissant d'argent.

Minet de Pellerin, unique représentant du nom, sans fonctions et sans titre, réside à Paris.

MINGRE DE NORAS. *Orléanais.*

D'azur au chevron d'argent, accompagné de trois roses du même, deux en chef et une en pointe, et surmonté d'une étoile également d'argent.

Établie en Orléanais, dès l'an 1620, cette famille a pour unique représentant Benjamin-Charles-Paulin Mingre de Noras, à Orléans, département du Loiret.

MINIAC. *Bretagne.*

De gueules à l'aigle impériale d'argent, accompagnée de sept billettes du même, quatre en chef, trois en pointe.

Déclarée noble d'extraction, par arrêt de la chambre de la Réformation de Rennes, le 7 juin 1670, cette famille a pour unique représentant de Miniac, commandeur de la Légion d'honneur, capitaine de vaisseau.

MINJOLLAT DE LA PORTE. *Dauphiné, Languedoc.*

De gueules à la croix d'or chargée en cœur d'un écu d'azur, au cheval gai d'argent, surmonté en chef de trois étoiles d'or. Supports : deux griffons. Couronne : de marquis.

Cri de guerre : *Saint-Mayeul! Ternay.*

Originaire de Ternay-sur-Rhône, en Viennois, cette famille est représentée par Joseph-Etienne Minjollat de la Porte, docteur en médecine, ex-chirurgien à bord des navires pêchant la morue à Terre-Neuve, marié; retiré à Agde (Hérault) l'été et à Fréjus l'hiver. Dont :

1° Angletine-Lyonnette-Olga-Eudoxie Minjollat de la Porte, à la maison mère des Religieuses Trinitaires de St-Martin-en-Haut (congrégation enseignante et hospitalière, fondée en 1800, par le vénérable abbé Animé, docteur en Sorbonne, approuvée par décret, en 1855) ; 2° un fils en bas-âge, Arbogaste ; 3° Anatole, décédé.

Mlle Marie-Thérèse Minjollat de la Porte, sœur du docteur, en religion Marie-Eustoquie, appartient à la congrégation des dames de Sainte-Marthe (fondée en 1815, approuvée par décret en 1826), à Romans (Drôme); sa mère, veuve, réside en Dauphiné.

MINTIER (LE). *Bretagne.*
De gueules à la croix engrelée d'argent.

Reconnue noble d'ancienne extraction, par arrêt de la chambre de Réformation du 14 février 1669, cette famille a trois représentants : Le Mintier de Lehellec, chef de nom et d'armes, au château de Limoges, par Vannes, département du Morbihan; Le Mintier de la Motte-Basse, au château de Gouray, par Colinée, département des Côtes-du-Nord ; Albert Le Mintier de Saint-André, chevalier de la Légion d'honneur, lieutenant de vaisseau.

MINVIELLE. *Guyenne.*
D'azur à une tour d'or posée sur un rocher du même.

De Mainvielle, chef de nom et d'armes, réside au château de Madère, par Ferté-Saint-Aubin, département du Loiret; de Mainvielle, autre représentant, réside à Condom, département du Gers.

MIOLIS. *Provence, Bretagne.*
D'azur au chevron d'or accompagné de trois lis de jardin d'argent.

Cette famille a trois représentants : de Miolis, au château de Missiriac-la-Morlaix, par Malestroit, département du Morbihan ; de Miolis, au château de Kersaliou, par Saint-Pol-de-Léon, département du Finistère ; de Miolis, juge au tribunal civil, à Angoulême, département de la Charente.

MIORCEC DE KARDANET. *Bretagne.*

D'azur au hérisson d'or ; au chef d'argent, chargé de trois hermines de sable.

Cette famille a deux représentants : Miorcec de Kardanet, avocat, à Chateaubriant, département de la Loire-Inférieure ; Miorcec de Kardanet, à Lesneven, même département.

MIRAL (Rudel du). *Auvergne.*

De sable au lion d'or, armé et lampassé de gueules ; au chef d'argent, chargé d'une étoile de gueules. — Couronne : de comte. Supports : deux aigles.

Légende : *Fortis in arduis lucens.*

La famille Rudel du Miral, fort ancienne en Auvergne, est issue, suivant les traditions, de la même souche que le célèbre troubadour Elie-Geoffroy Rudel, sire de Blaye, qui suivit Richard Cœur-de-Lion en Palestine, et composa plusieurs poésies en l'honneur de la princesse de Tripoli.

Renaud Rudel, de la même maison, lieutenant-général en Poitou et Saintonge, chassa les Anglais de Cognac, Saint-Maixent, Marennes, Royan et autres places, au temps du roi Charles V. Son fils puîné, autre Renaud Rudel, époux de Marie de Montchenu, dame de Guercheville, eut, entre autres enfants, Pons de Rudel, qui alla à Rome, où il épousa secrètement la fille d'un gentilhomme romain. De cette union est issu Lorenzo ou Laurent Rudel, qui vint en France avec Catherine de Médicis et s'établit en Auvergne, dans le territoire de Chauriat, où il acheta de grandes propriétés qui ne sont plus sorties de la famille. C'est à lui que commence la filiation authentique, établie degré par degré.

Cette famille est représentée actuellement par :

1º Annet-Psalmet-Geoffroy-Thélis Rudel du Miral, chevalier, né le 20 mars 1804, chevalier de l'ordre d'Isabelle-la-Catholique, élève de l'école royale de Saumur, maréchal-des-logis au 2ᵉ chasseurs, démissionnaire en 1830; maire d'Orléat depuis 1844; fils du chevalier François-Joseph Rudel du Miral, colonel de cavalerie, maréchal-des-logis des gendarmes de la garde du roi (Maison-Rouge), chevalier de la Légion d'honneur, etc., etc...; — et de Psalmette-Annette du Cheyrou de Bonneson, des comtes du Cheyrou, du Limousin; — marié, le 31 mai 1832, à Caroline-Hortense Fournier de Tony, fille d'Antoine Fournier de Tony, seigneur de la Ramas, en Bourbonnais, secrétaire de Louis XVI en la grande chancellerie de Versailles, auteur des *Nymphes de Dyctime,* poëme en neuf chants, et d'une traduction de l'*Aminte*, du Tasse; et de Sophie Navier.

2º Psalmet-Amable-Elie Rudel du Miral de Tony, fils du précédent, né le 5 août 1838; marié, le 30 avril 1867, à Antoinette-Marie d'Alegambe-Auweghem, d'une famille comtale de Belgique, originaire d'Espagne.

3º Charlemagne-Godefroi-Francisque Rudel du Miral, né à Clermont, le 11 avril 1812, ancien magistrat, ancien député du Puy-de-Dôme, et vice-président du Corps législatif, président du conseil général de la Creuse, commandeur de la Légion d'honneur, etc., etc..., propriétaire des terres et châteaux de Chauriat, en Auvergne; de la Villeneuve, en Marche; d'Ydagne, en Bourbonnais. Fils de Pierre Rudel du Miral, officier au régiment de Poitou-Infanterie, et de Rose-Jeudi du Monteix; il a épousé, en 1843, Louise Furgot, d'une ancienne famille de magistrature de la Marche, dont il n'a pas d'enfants.

MIRAMON. *Rouergue.*

D'azur au lion d'or, armé et lampassé de gueules; à la cotice du même brochante sur le tout.

Le marquis de Cassagnes de Miramon, unique représentant du nom, réside au Puy, département de la Haute-Loire.

MIRANDOL. *Guyenne.*

D'argent à une aigle à deux têtes de sable, becquée et onglée de gueules; au chef d'azur, chargé de trois étoiles d'or.

Le comte de Mirandol, chef de nom et d'armes, réside à Terrasson, département de la Dordogne; de Mirandol, autre représentant du nom, est notaire, à Roquecourbe, département de Tarn-et-Garonne.

MIREMONT. *Languedoc.*

D'azur au lion d'or, couronné du même, lampassé de gueules; écartelé de sable à trois besants d'or; au chef cousu de gueules.

De Miremont, unique représentant du nom, sans fonctions et sans titre, réside à Paris.

MIRIBEL. *Dauphiné.*

Écartelé d'or et de gueules; à la cotice d'hermines brochante sur le tout.

Cette famille, dont était Hugues de Miribel, seigneur d'Ornacieu, en Dauphiné, vivant en 1330, est représentée par de Miribel, au château de Vors, département de l'Isère.

MIRLEAU D'ILLIERS. *France.*

De gueules au cygne nageant sur une rivière, surmonté en chef de deux étoiles, le tout d'argent.

Cette famille a trois représentants : Louis-Marie, dit Léon Mirleau d'Illiers, à Sargé, département de Loir-et-Cher; Louis-Stanislas Mirleau des Radrets d'Illiers, à Vendôme; Xavier-Louis-Stanislas des Radrets d'Illiers, au 5e régiment de dragons.

MIRMAN ou **MIRMAND.** *Montpellier, Montauban.*

D'or, au lion de gueules; au chef d'azur chargé de deux étoiles d'or.

Le comte de Mirman, ou Mirmand, unique représentant du nom, réside au château de Saint-Georges-d'Orques, département de l'Hérault.

MIRON D'AUSSY. *Catalogne.*

De gueules au miroir arrondi d'argent, pommeté et cerclé d'or.

Cette famille, a donné des magistrats célèbres, un évêque d'Angers, Charles Miron, fils de Marc Miron, premier médecin du roi Henri III, plus tard archevêque de Lyon et le plus ancien des prélats de France. L'unique représentant du nom, Miron d'Aussy, réside à Orléans.

MIRVILLE (Eudes de Catteville de). *Normandie.*

D'or au lion coupé d'azur et de gueules.

Jean-Eudes de Catteville, chevalier de Malte,

en 1717, fit ses preuves jusqu'à Regnault Eudes, escuyer vivant en 1380. Depuis cette date, les membres de cette famille ont rempli des charges militaires importantes dans la province et à la cour. Les quatre derniers représentants sont :

1° Jacques Eudes, marquis de Catteville, seigneur de Mirville, marié, en 1732, à Louise Chardon de Fillières ;

2° Alexandre-Charles Eudes de Catteville, marquis de Mirville, né en 1735, page de la Petite-Écurie, maréchal de camp en 1784, marié, en 1762, à Louise de Frémeur ;

3° Alexandre-Pierre Eudes, marquis de Mirville, chevalier de Saint-Louis, maréchal-de-camp, en 1825, marié, en 1795, à Agathe de Bouthillier-Chavigny ;

4° Jules Eudes, marquis de Mirville, seul et dernier représentant du nom et des armes, épousa, en 1832, Mathilde de la Pallu. Sa fille unique, Blanche-Sophie, mariée, en 1864, à Henri, vicomte Hocquart de Turtot, capitaine de frégate ; il réside au château de Fillières (Seine-Inférieure).

MISSOLZ. *Montpellier, Montauban.*

D'argent au cerf passant, accompagné à dextre d'une branche de chêne et à senestre d'une branche d'olivier de sinople.

De Missolz, unique représentant du nom, réside au château d'Anty, par Annonay, département de l'Ardèche.

MISSY. *Normandie.*

D'azur à une aigle à deux têtes d'or, couronné du même.

Cette famille, qui emprunte son nom à la seigneurie de Missy, en Normandie, relevant de la châtellenie de Montfreville, bailliage de Bayeux, est aujourd'hui représentée par de Missy, officier de la Légion d'honneur, intendant militaire à Constantine, Algérie.

MITOUFLET DE MONTGON. *France.*

D'azur au lion d'or; au chef d'argent, chargé de trois mouches de sable.

Mitouflet de Montgon, unique représentant du nom, réside à Paris.

MITRY. *Lorraine,*

D'or à trois besans de gueules, posés 2 et 1.

Une des plus illustres de la Lorraine, cette famille, qui remonte à Thibault de Mitry, maître échevin de Metz, en 1343, a pour unique représentant le comte de Mitry, au château de Ménil-Mitry, par Nancy, département de la Meurthe.

MOERS. *France.*

Écartelé : aux 1 et 4 coupé, *A* d'or à une branche de chêne de sinople en pal; *B* d'azur à deux poissons nageant d'argent l'un sur l'autre; dans le premier quartier le poisson est contourné, et dans le quatrième quartier le deuxième poisson; aux 2 et 3 d'or à trois fasces de sable.

De Moers, unique représentant du nom, est représentant de la verrerie de Folembray, à Reims, département de la Marne.

MOGES. *Normandie, Bretagne.*

De gueules à trois aiglettes éployées d'argent, le vol abaissé.

Cette famille remonte à Pierre de Moges, écuyer, seigneur de Buron, vivant l'an 1500 avec sa femme, Catherine Bernière. Elle n'a plus d'hoir mâle et elle est uniquement représentée par la marquise douairière de Moges, qui a sa résidence d'été au château de Boussay, par Preuilly, et sa résidence d'hiver à Paris.

MOINE DE LA BORDERIE (LE). *Bretagne.*

D'or à trois chicots écotés d'azur; au chef du même chargé de trois alérions d'or.

Le Moine de la Borderie, unique représentant du nom, réside au château de Bois-Blin, par Vitré, département d'Ille-et-Vilaine.

MOINE DES MARES (LE). *Normandie.*

D'or fretté de sable. — De gueules au chevron d'or, accompagné de trois roses d'argent.

Le Moine des Mares, unique représentant du nom, est conseiller général, président du tribunal civil, à Avranches, département de la Manche.

MOIRIA. *Lyonnais.*

D'or à une bande d'azur, accompagnée de six billettes du même, trois en chef et trois en pointe.

L'unique représentant du nom, de Moiria, sans fonctions et sans titre, réside à Lyon.

MOISON (FOUCHER DE). *France.*

De gueules au lion d'argent, armé, lampassé et couronné d'or.

Foucher de Moison, unique hoir mâle du nom, sans fonctions et sans titre, vit dans ses terres, au château de Moison, par Ivoy-le-Pré, département du Cher.

MOISSAC. *Provence.*

D'azur à un chevron d'or, accompagné de trois roses d'argent, deux en chef, une en pointe.

Cette famille ancienne, destinée à s'éteindre dans son dernier hoir mâle entré dans les ordres, de Moissac, chanoine honoraire, à Poitiers, département de la Vienne.

MOISSON DES ROCHES. *Paris.*

D'azur à trois fasces d'or; accolées d'or à un chevron d'azur, accompagné en chef de deux trèfles du même et en pointe d'une écrevisse de gueules.

Cette famille semble être la même que celle de Moisson, de l'élection de Vire, en Normandie, dont les membres, seigneurs de Précorbin, portaient le titre d'écuyer. Elle est représentée par de Moisson des Roches, ancien ingénieur des mines, à Paris.

MOITIÉ DE COULOMMIERS. *Guyenne.*

D'azur au lion d'or, lampassé de gueules; au chef du même, soutenu d'une fasce en devise, crénelée de trois pièces d'argent et chargée de deux roses d'or.

Moitié de Coulommiers, unique représentant du nom, est architecte à Paris.

MOLÉ. *Champagne.*

Écartelé : aux 1 et 4 de gueules, au chevron d'or, accompagné en chef de deux étoiles du même et en pointe d'un croissant d'argent; aux 2 et 3 d'argent, au lion de sable, couronné et lampassé d'or; qui est de Mesgrigny.

Cette famille, dont il est parlé dans l'*Histoire des grands officiers de la couronne*, tome VI, pages 571 et suivantes, a donné un garde des sceaux de France et un évêque de Bayeux, trésorier de la Sainte-Chapelle, à Paris. Elle remonte à Guillaume Molé, originaire de Troyes qui, aidé de Jean Lesguisé, évêque de Troyes, son beau-frère, chassa les Anglais de cette ville et mourut en 1459.

Mathieu Molé, chevalier, seigneur de Lassy et de Champlastreux, né en 1584, successivement conseiller au Parlement de Paris, président aux requêtes du Palais, procureur général au même Parlement, premier président au Parlement, garde des sceaux de France, du 3 avril 1651, jusqu'à la date de sa mort, le 3 janvier 1656, sous Louis XIV, a laissé des souvenirs impérissables de probité, d'activité, d'intelligence et de savoir. Sa descendance est représentée par le baron de Molé, à Paris.

MOLEMBAIX (du Sart de). *Hainaut.*

D'azur et de sable, à la fasce d'argent, chargée de trois merlettes de sable et posée sur le coupé; accompagnée en chef d'une aigle éployée d'argent, languée et membrée de gueules, et en pointe d'un lion léopardé d'or, armé et lampassé de gueules.

En renom dans les provinces Wallonnes des Pays-Bas, cette famille a pour unique représentant en France, Victor, baron du Sart de Molembaix, au château de Bellignies, département du Nord.

MOLETTE DE MORANGIES. *France.*

D'azur au cor de chasse d'argent, lié de gueules et accompagné de trois molettes d'éperon d'or.

Cette famille a trois représentants : Charles de Molette de Morangies, attaché à l'administration des lignes télégraphiques, à Villefort, département de la Lozère; de Molette de Morangies, conservateur des hypothèques, à Montauban, département de Tarn-et-Garonne; de Molette de Morangies, à Nice.

MOLIÈRE. *Provence.*

De gueules au lion d'or et une fasce d'azur brochante sur le tout, chargée de trois molettes d'argent.

De Molière, unique représentant du nom, réside au château d'Espanel, par Monclar, département de Tarn-et-Garonne.

MOLITOR. *France.*

De gueules à la colonne d'or, adextrée et sénestrée d'une épée en pal d'argent; à la garde d'or, surmontée de cinq branches de laurier formant l'étoile de sinople; au franc-quartier d'azur, à l'épée haute en pal, montée d'or.

De noblesse d'empire, cette famille a trois représentants : le comte de Molitor, au château de Tomblaine, par Nancy, département de la Meurthe; le vicomte de Molitor, à Paris; le baron de Molitor, à Paris.

MOLLES. *Montpellier, Montauban.*

De gueules à un château d'argent, ouvert et maçonné de sable, posé sur un rocher aussi d'argent.

De Molles, unique représentant du nom, sans fonctions et sans titre, réside à Paris.

MOLLEVILLE (BERTRAND DE). *Languedoc.*

D'azur au cerf passant d'or; au chef d'argent.

De Bertrand de Molleville, unique représentant du

nom, réside au château de Molleville, par Salles, département de l'Aude.

MOLLIEN. *Normandie.*

Parti : au 1 d'azur à la gerbe d'or ; au 2 d'azur à trois chevrons d'or, surmontés de trois étoiles du même posés en fasce ; au franc-quartier à la tête de lion d'or.

Éteinte dans les mâles, cette famille n'est plus représentée que par la comtesse douairière de Mollien, à Paris.

MOLLIÈRES (des). *Quercy, Toulouse, Montauban.*

Écartelé : aux 1 et 4 d'azur à trois besants d'or ; aux 2 et 3 de gueules à trois cloches d'argent bataillées de sable.

A l'avantage d'une ancienne extraction noble, cette famille, qui joint celui d'avoir des alliances avec des familles d'une noblesse reconnue dans la province de Quercy, est représentée par de Mollières, conseiller au Conseil privé, à Saint-Denis, Ile de la Réunion.

MOLON. *Bresse, Paris.*

Bresse. Palé d'or et d'azur de six pièces.

Paris. Coupé d'or sur argent ; au lion coupé de gueules sur l'or et d'azur sur l'argent.

Molon, en Bresse, d'ancienne noblesse, florissait déjà du temps de Guillaume de Molon, chevalier, né vers l'an 1300, capitaine du château de Mirebel, en 1334.

Le dernier hoir mâle du nom dont on constate l'existence d'après les anciens auteurs, Guillaume de Molon, seigneur de Montberthod, vivant en 1576, n'eut de son mariage avec Claudine de Grillet qu'une fille unique, Jeanne. Elle épousa François de Bussy, seigneur de la Crépinière et lui porta en dot sa terre et seigneurie de Montberthon.

Nous retrouvons cependant deux représentants du nom revendiquant cette origine : de Molon, à Paris; de Molon, au château de Grande-Rivière, par Parame, département d'Ille-et-Vilaine.

MOLSHEIM. *Alsace.*

D'azur à un croissant d'or, surmonté de trois étoiles rangées en chef.

L'unique représentant du nom, de Molsheim, réside à Baehrenthal, par Goetzenbruck, département de la Moselle.

MOLY. *Rouergue.*

D'azur à trois meules de moulin d'or, percées du même; au chef cousu de gueules, chargé de trois étoiles d'or.

De Moly, unique représentant du nom, est procureur de la République, à Saint-Girons, département de l'Ariége.

MONBADON. *Guyenne.*

Coupé : au 1 d'or à trois étoiles rangées de sinople; au 2 d'azur au léopard lionné d'or.

Éteinte dans les mâles, cette famille n'est plus représentée que par la comtesse douairière la Faurie de Monbadon, au château de Sautonne, par Martaizé, département de la Vienne.

MONCEAU. *Bretagne.*

D'azur à trois trèfles d'or.

De Monceau, unique représentant du nom, sans

fonctions et sans titre, réside à Napoléonville, département du Morbihan.

MONCEL (DU). *Normandie.*

De gueules à trois losanges d'argent.

L'une des plus considérables de la province par son ancienneté, ses services militaires et ses alliances, comme il est dit dans le diplôme de l'empereur Léopold, lorsqu'après la bataille de Saint-Godard, il créa chevalier du Saint-Empire Romain Théodore du Moncel, grâce qu'il n'accorda qu'aux Français de noble et ancienne extraction, qui s'étaient distingués pendant cette bataille ; cette famille remonte à Raoul du Moncel, mort en 1178.

Elle est représentée aujourd'hui par le comte du Moncel, officier de la Légion d'honneur, à Octeville, département de la Manche.

MONCHEAUX. *Artois.*

D'argent fretté de sinople.

L'unique représentant du nom de Moncheaux réside à Saint-Amand, département du Nord.

MONCHY. *Picardie.*

De gueules à trois maillets d'or posés 2 et 1.

Cette famille, qui date du douzième siècle, a donné un maréchal de France, deux prévôts de l'hôtel du roi et deux chevaliers de ses ordres. Elle remonte à Dorion, seigneur de Monchy, qui accompagna en 1146 le roi Louis le Jeune au voyage de la Terre Sainte, et elle est aujourd'hui représentée par de Monchy, sans fonctions et sans titre, à Paris.

MONCORPS. *Bourbonnais.*

D'argent à sept mouchetures d'hermines de sable, posés 3, 3 et 1. Supports : deux lions d'or lampassés de gueules.

Originaire du Bourbonnais, où elle possédait dès le quatorzième siècle les fiefs de Beauvais et des Bruères, près Valigny, cette maison, qui remonte à Henri de Moncorps, écuyer, seigneur de Beauvais et des Bruères, gouverneur de Saint-Malo, en 1380, est représentée par le comte de Moncorps, au château de Fretolot, par Nevers, département de la Nièvre.

MONCUIT DE BOISCUILLÉ. *Bretagne.*

Parti : au 1 de gueules à sept étoiles d'argent posées 2, 2, 2 et 1, alternées de six croissants du même ; au 2 d'argent à sept mouchetures d'hermines de sable posées 2, 3 et 2.

Cette famille a pour chef de nom et d'armes le baron Frédéric de Moncuit de Boiscuillé, au château de Cuillé, par Rennes, département d'Ille-et-Vilaine.

MONDÉSIR (MÉNAGE DE). *Ile-de-France.*

D'azur au chevron d'or, accompagné en chef de deux croissants d'argent, et en pointe d'une tour d'or.

Cette famille a trois représentants : Paul Ménage de Mondésir, chevalier de la Légion d'honneur, ingénieur, à Paris ; Ménage de Mondésir, à Versailles ; autre Ménage de Mondésir, à Versailles.

MONDINI. *Toulouse, Languedoc.*

De gueules, au cerf passant d'argent, surmonté de trois étoiles d'or.

Cette famille a deux représentants : de Mondion, au château d'Artigny, par Loudun, département de la Vienne ; de Mondion, au château de Falaise, par Orme-sur-Vienne, même département.

MONDION. *Normandie.*

Fascé d'or et d'azur de six pièces ; à trois roses de gueules posées en chef.

Maintenue dans sa noblesse le 9 février 1667, cette famille est représentée par de Mondion, au château d'Artigny, par Loudun, département de la Vienne et par de Mondion, au château de Falaise, près d'Orme-en-Vienne, département de la Vienne.

MONDOLOT. *Paris.*

De sable à une tige de lis fleurie et boutonnée d'argent, tigée et feuillée du même, mouvante du milieu d'un buisson de sinople.

De Mondolot, unique représentant du nom, sans fonctions et sans titre, réside à Angers, département de Maine-et-Loire.

MONDOT DE LAGORCE ET DE BEAUJOUR. *Guyenne, Limousin.*

D'azur au lion d'or ; au chef cousu de sable, chargé de trois étoiles d'argent.

Devise : *Age rectum, time Deum.*

Cette famille, qui a donné son nom au vignoble de Mondot, est représentée par André-Joseph-Jules Mondot de Lagorce et de Beaujour, chevalier de la Légion d'honneur, ancien ingénieur en chef des ponts et chaussées de la Martinique et des départements du Cantal et de la Haute-Garonne, de ceux du Rhône et de l'Yonne, à Auxerre, département de l'Yonne.

MONET DE LA MARCK DE BAZENTIN. *France.*

Ecartelé : aux 1 et 4 de gueules au lion d'or ; aux 2 et 3 d'azur à trois tours d'or maçonnées de sable, accompagnées de trois étoiles d'argent rangées en chef.

Cette famille a deux représentants : le comte Monet de la Marck de Bazentin, chef de nom et d'armes, à Versailles ; Monet de la Marck de Bazentin, à Paris.

MONGEOT. *Champagne.*

D'azur à trois glands d'or posés 2 et 1 et à une coquille du même en chef.

Cette famille, dont il est parlé dans l'*Armorial de France,* registre II, partie II, est représentée par de Mongeot, officier de la Légion d'honneur, ancien chef de division au ministère de la Maison de l'Empereur et des Beaux-Arts, à Paris.

MONGIN DE MONTROL. *Paris. Bourgogne.*

PARIS. D'or à une aigle d'empire naissante de sable, becquée de gueules ; coupé de sinople à un rocher à trois pointes d'or. — De gueules à la tour d'argent.

BOURGOGNE. D'azur à trois roues de Sainte-Catherine d'or, posées 2 et 1.

Cette famille a trois représentants : Mongin de Montrol, conseiller à la Cour d'appel, à Paris ; Mongin de Montrol, au château de Juzennecourt, département de la Haute-Marne ; Mongin de Montrol, chevalier de la Légion d'honneur, médecin à Langres, même département.

MONGON (AVICE DE). *Bretagne. Normandie.*

D'azur à neuf pommes de pin d'or, posées 3, 3 et 3 ; à l'épée haute en pal d'argent en cœur.

Le comte Avice de Mongon, unique représentant du nom, réside au château de Plaçamen, par Pontaven, département du Finistère.

MONICAULT. *Bourges.*

D'argent à deux palmes de sinople, *alias* de gueules, posées en sautoir et accompagnées de quatre têtes de léopard de gueules.

Cette famille a cinq représentants : de Monicault, au château de Vernouillet, par Mormant, département de Seine-et-Marne ; de Monicault, au château de Fontgrand, par Livron, département de la Drôme ; de Monicault, notaire à Saint-Laurent-lez-Mâcon, par Mâcon, département de l'Ain ; de Monicault, officier de la Légion d'honneur, à Paris ; de Monicault, inspecteur des postes à Privas, département de l'Ardèche.

MONIER. *Provence.*

D'azur au chevron d'or, accompagné en pointe d'une vache du même, sommée d'une étoile aussi d'or, posée entre les cornes. — De gueules au chevron d'or, accompagné de trois têtes d'aigles d'argent. — D'azur au griffon d'or, accompagné de trois croissants mal ordonnés d'argent.

Monier ou Monyer, en Provence, remonte à noble Antoine, écuyer de la ville de Moustier. Il eut un fils, Honoré, qui était déjà marié en 1485.

Cette famille a quatre représentants : Monier d'Arnaud, à Marseille ; Monier de la Sizeranne, officier de la Légion d'honneur, qui a sa résidence d'été au château de Margès, par Saint-Donnat, département de la Drôme, et sa résidence d'hiver à Paris ; Monier des Taillades, juge à Avignon, département de Vaucluse ; Monier des Taillades, médecin à Lyon, département du Rhône.

MONLÉON. *Poitou.*

De gueules au lion passant d'argent, armé et compassé de gueules.

Cette famille, qui emprunte son nom aux château et seigneurie situés dans la ville de Chauvigny, que les vieux titres latins désignent sous le nom de *Mons Leonis*, a donné Guy, chevalier, seigneur de Monléon, vivant sous les règnes de saint Louis et de Philippe III, son fils. Elle est représentée par de Monléon, chevalier de la Légion d'honneur, à Menton, département des Alpes-Maritimes, et par de Monléon, receveur particulier, à Largentière, département de l'Ardèche.

MONNERAYE (DE LA). *Bretagne.*

D'or à la bande de gueules, chargée de trois têtes de lion arrachées d'argent et accostée de deux serpents volants d'azur.

Anoblie en 1661, maintenue par arrêt rendu en la Chambre de la Réformation du 3 avril 1669, cette famille a trois représentants : Louis de la Monneraye, au château de Fresne, par Malestroit, département du Morbihan, de la Monneraye, au château de Clio, par Malestroit ; de la Monneraye, au château de Lammerson, par Lesneven, département du Finistère.

MONNIER DE LORIÈRE (LE). *Maine.*

D'azur au sanglier d'or accompagné de trois gerbes de blé du même. — Originaire de Laval.

René le Monnier épousa en 1615 Jeanne Poisson, de

la famille de Poisson de Bourvalais, financier célèbre sous la minorité de Louis XIV.

Pierre-François le Monnier, seigneur de la Jourdonnière, était grand chantre au chapitre de Saint-Thugal, à Laval, en 1750.

Louise le Monnier de Lorière, née en 1778, mariée à M. de Berset, dont postérité.

Le chef actuel de cette maison, Edouard le Monnier de Lorière, chevalier de la Légion d'honneur, réside au château de Moulinvieux, près Sablé (Sarthe), et a de son mariage avec Clotilde-Anne-Renée Guillet de Préau les quatre enfants qui suivent :

1° Gustave, chevalier d'Isabelle la Catholique, marié à Valérie de Monfrand, dont postérité ;

2° Léon, membre du Conseil général de la Mayenne, marié à Marie de Montfrand, dont postérité ;

3° Pauline, mariée au marquis de Beauchesne, dont postérité ;

4° Théonie, mariée au comte de Gastines, dont postérité.

MONNIER (LE). *Normandie.*

D'azur à trois anilles ou fers de moulin d'argent. — De gueules au lion d'or.

Cette famille a quatre représentants : le Monnier d'Availles, conseiller général à Saint-Maixent, département des Deux-Sèvres ; le Monnier de la Croix, ingénieur à Fort-de-France (Martinique) ; Charles le Monnier de la Croix, au 4° régiment d'infanterie de marine; le Monnier de Gourville, juge au tribunal civil, à Saint-Lô, département de la Manche.

MONS. *Normandie.*

D'azur à l'aigle de gueules, membrée et becquée d'or. — Coticé d'or et de sable de huit pièces.

D'ancienne noblesse, citée par l'*Echiquier* de l'an 1341, cette famille a trois représentants : le comte de Mons, à la Côte-Saint-André, département de l'Isère ; le vicomte de Mons, à la Côte-Saint-André ; de Mons, au château de Montchatou, département de la Manche.

MONS D'HÉDICOURT. *Picardie.*

D'azur au chevron d'or, accompagné en chef de deux molettes d'éperon et en pointe d'une rose du même.

Maintenue dans sa noblesse par arrêt de la Cour des Aides du 7 juillet 1663, sur ses preuves remontant à Drieu de Mons, écuyer, vivant en 1458, cette famille a deux représentants : de Mons d'Hédicourt, qui a sa résidence d'été au château de Saint-Sauveur, par Amiens, département de la Somme, et sa résidence d'hiver à Amiens ; le chevalier de Mons d'Hédicourt, à Abbeville, même département.

MONSEIGNAT. *Soissonnais.*

D'azur au cygne d'argent, becqué de sable, posé sur une terrasse de sinople et surmontée de trois étoiles d'or rangées en chef.

Cette famille a deux représentants : Eugène de Monseignat, officier de la Légion d'honneur, sous-directeur de la Caisse d'amortissement, à Paris ; de Monseignat, chevalier de la Légion d'honneur, à la Salvetat, département de l'Aveyron.

MONSPEY. *Beaujolais, Bresse.*

D'argent à deux chevrons de sable ; au chef d'azur.

Cimier : un néflier d'argent. Supports : deux lévriers d'argent accolés d'azur.

Devise : *J'en rejoindrai les pièces.*

Originaire d'Angleterre, cette famille remonte à Georges de Monspey, damoiseau, qui s'établit en Bresse, sous le règne d'Edouard, baron de Baugé, comte de Bresse et de Savoie, l'an 1319. Elle a cinq représentants : le marquis de Monspey, chef de nom et d'armes, au château de la Vallière, par Saint-Georges, département du Rhône ; le comte de Monspey, au château de Montchervet, par Saint-Georges ; de Monspey, au château de Monset, par Saint-Martin-Auxigny, département du Cher ; de Monspey, à Lyon, département du Rhône ; de Monspey, au château d'Arigny, par Charentenay, même département.

MONSTIERS OU MONTIER DE MÉRINVILLE (DES). *Poitou, Savoie.*

Ecartelé : aux 1 et 4 d'azur à deux lions passants l'un sur l'autre ; aux 2 et 3 d'argent à trois fasces de gueules.

Cette famille a trois représentants : le marquis Monstier de Mérinville, chef de nom et d'armes, conseiller général, à Mézières, département de la Haute-Vienne, qui a sa résidence d'hiver à Paris ; le comte Adrien Monstier de Mérinville, qui a sa résidence d'été au château de Châtillon, par Airvault, département des Deux-Sèvres, et sa résidence d'hiver à Paris ; le comte de Monstier de Mérinville, qui réside l'été à son château de Sannat, par Bellac, département de la Haute-Vienne, et l'hiver à Paris.

MONSTRON D'ESCOULOMBRE. *Toulouse.*

D'azur à trois fasces d'or ; écartelé d'argent au lion rampant de gueules.

De Monstron d'Escouloubre, unique représentant du nom, vit éloigné de toute fonction publique, à Toulouse.

MONT. *Bresse.*

De gueules au chevron d'or.

Cette famille, qui a donné Jean, seigneur de Mont, lequel épousa, le 19 mars 1506, Perrette de Choudée, veuve de Jean de la Garde, seigneur de la Franchise et fille d'Oclet, seigneur de la Tour, est représentée par de Mont, au château de Lupcourt, par Saint-Nicolas-du-Port, département de la Meurthe-et-Moselle.

MONTAGNAC. *Limousin, Auvergne, Languedoc, Lorraine.*

De sable au sautoir d'argent cantonné de quatre molettes d'éperon de même.

Originaire du Limousin, où est située la terre de son nom, entre Brives et Tulle, cette famille se divise en plusieurs branches, dont celle de Lorraine a pour chef de nom et d'armes, André-Joseph-Elysée, baron de Montagnac, officier de la Légion d'honneur, membre du Conseil général des Ardennes, ancien député au Corps législatif, qui a son domicile d'été au château de Lamécourt, par Sedan, département des Ardennes et sa résidence d'hiver à Sedan et à Paris. Il a deux fils Elysée-Louis de Montagnac, membre de la Société des gens de lettres de Paris et Lucien de Montagnac. Il a aussi une fille, Jeanne, qui épousa Charles-Albert, comte de Vitry.

MONTAGU. *Ile-de-France, Bourgogne, Dauphiné, Quercy, Guyenne.*

Ile-de-France. D'argent à la croix d'azur, cantonné de quatre aiglettes du même, le vol abaissé.

Bourgogne, Dauphiné. D'azur à trois têtes de lion d'or, arrachées de gueules, lampassées de sable.

Quercy, Guyenne. Ecartelé d'or et d'azur.

Montagu, en Quercy, descend des anciens ducs de Bourgogne, dont une branche portait le nom de Montagu. Cette maison remonte à Simon de Montagu, frère de Montagu, grand-prieur de l'ordre de Saint-Jean de Jérusalem. Il fit le voyage de la Terre-Sainte et épousa, en 1212, Julienne de Châtillon.

Nous retrouvons en France quatre représentants du nom : le marquis de Montagu, au château de Mardore, par Couches, département de Saône-et-Loire; le marquis de Montagu, à Paris; de Montagu, officier supérieur en retraite, à Versailles ; de Montagu, à Valencin par Saint-Florentin, département du Cher.

MONTAGUT. *Languedoc.*

D'argent au tourteau de gueules; au chef denché d'azur de trois pièces.

Cette famille est représentée par de Montagut, au château de Mont, par Marciac, département du Gers.

MONTAGU-MONTAIGU. *Anjou, Auvergne.*

D'azur à deux lions d'or couronnés d'azur.

Cette famille a deux représentants : le comte Alfred de Montaigu, commandeur de la Légion d'honneur, général de cavalerie; le marquis de Montaigu, son frère aîné, au château de Bretèche, par Missillac, département de la Loire-Inférieure, et son fils, le comte de Montaigu, chevalier de la Légion d'honneur, marié en 1872 à Mlle de Wendel.

MONTAIGNAC. *Limousin.*

De sable au sautoir d'argent cantonné de quatre molettes d'éperon d'or, *alias* d'argent.

Le comte de Montaignac de Chauvance, lauréat de la prime d'honneur d'agriculture au château de la Couture, Creuze; le marquis de Montaignac de Chauvance, contre-amiral, grand-officier de la Légion d'honneur et d'Isabelle-la-Catholique, grand'croix de Saint-Grégoire-le-Grand, membre de l'Assemblée nationale, à Paris; le marquis de Montaignac de Cluys, en Berry; le comte de Montaignac, ancien député des Ardennes, à Sedan, représentent cette famille.

MONTAINARD. *Languedoc.*

De vair au chef de gueules chargé d'un lion issant d'or. Supports : deux lions. Cimier : un bonnet vairé, surmonté d'un lion d'or.

Cri : *Plutôt mourir!*
Devise : *Pro Deo, Fide et Rege.*

L'une des plus anciennes de France, possédant dès l'an 965, la terre de Montainard, dont elle prit le nom dans le quinzième siècle en abandonnant son nom primitif des Ainards, cette famille n'a plus qu'un seul représentant : de Montainard, receveur particulier des finances, à Melle, département des Deux-Sèvres.

MONTAL. *Languedoc, Auvergne, Dauphiné.*

LANGUEDOC. De gueules à trois léopards d'or l'un sur l'autre.

AUVERGNE, DAUPHINÉ. De gueules fretté d'or, semé de coquilles du même dans les claires-voies.

Cette famille a quatre représentants : de Montal,

chevalier de la Légion d'honneur, à Geoire, par La Tour-du-Pin, département de l'Isère; de Montal, au château de Rivière, par Tullins, même département; de Montal, au château de Ribauts, par Béziers, département de l'Hérault; de Montal, à Valence, département de la Drôme.

MONTALEMBERT. *Poitou, Saintonge, Ile-de-France, Bretagne, Angoumois, Limousin.*

D'argent à la croix ancrée de sable.

Originaire du Poitou, où étaient situées la terre et la paroisse de son nom, cette famille, dont l'illustration est grande, a des titres qui la font remonter à l'an 1050 et une filiation complète et suivie depuis l'an 1251. Elle a quatre représentants : le marquis de Montalembert d'Essé, chef de nom et d'armes, à Paris; Arthur, comte de Montalembert, à Paris; le comte de Montalembert, à la Roche-en-Breuil, département de la Côte-d'Or ; de Montalembert, receveur particulier des finances à Marennes, département de la Charente-Inférieure.

MONTALET-ALAIS. *Languedoc.*

Parti : de gueules au demi-vol d'argent, qui est de Montalet-Alais, et d'azur, au sautoir d'or, cantonné de quatre têtes de léopard d'or, qui est de Suffren. Tenants : Deux sauvages de carnation.

Devise : *Donec dent sidera sedem.*

Cette famille, dont on ne peut retrouver l'origine et dont la filiation suivie, prouvée par titre, remonte à l'an 1180, est représentée par le marquis de Montalet-Alais, au château de Potelières, par Saint-Ambroix, département du Gard.

MONTANGON. *Champagne.*

Gironné d'or et d'azur de douze pièces.

D'ancienne noblesse militaire, cette famille, qui tire son nom d'une terre et seigneurie, près de Troyes, passée depuis dans la maison de Montmorency-Luxembourg, remonte par titres à Nicolas de Montangon, écuyer, seigneur de Crespy et de Rouvroy, qui fit un contrat d'assensement le 28 décembre 1470. Elle a trois représentants : le comte de Montangon, au château de Crespy, à Soulaines, département de l'Aube; de Montangon, au château d'Ormoy-sur-Aube; de Montangon, au château de Belval à Corbery, par Laon, département de l'Aisne.

MONTARAND. *Orléanais.*

D'azur à une fasce d'or chargée d'un rustre de sable.

Le baron de Montarand, unique représentant du nom, réside à Orléans.

MONTARBY. *Champagne.*

De gueules au chevron d'argent.

D'ancienne noblesse de Champagne, cette famille, dont la filiation suivie remonte à Gillet de Montarby, écuyer, vivant en 1375, a trois représentants : Tony de Montarby, officier de la Légion d'honneur, général de brigade de cavalerie, qui épousa N... de Crussols, dont cinq enfants et dont la résidence en France est fixée au château de Dampierre, par Rolampont, département de la Haute-Marne; Charles, comte de Montarby, chevalier de la Légion d'honneur, capitaine d'état-major; Tony de Montarby, à Versailles.

MONTARDAT. *Ile-de-France.*

D'or au chevron d'azur, accompagnée de trois croisettes pattées du même. — D'or au chevron d'azur, accompagné en chef de deux têtes de loups de sable, et en pointe d'une rose de gueules.

L'unique représentant du nom, Danès de Montardat de Saint-Massens de la Maillerie, chevalier de la Légion d'honneur, est capitaine au 59e de ligne.

MONTAUBAN. *France.*

D'azur semé de fleurs de lis d'argent. — De gueules au chevron d'or,

Élevé à la dignité de sénateur, de Montauban, commandeur de la Légion d'honneur, unique représentant du nom, réside à Lille.

MONTAUDOIN. *Orléanais.*

D'azur à une montagne de six coupeaux d'argent.

L'unique représentant du nom, de Montaudouin, sans fonctions et sans titre, réside à Orléans.

MONTAULT. *Languedoc, Gascogne, Normandie.*

Losangé d'argent et d'azur.

Cette famille a trois représentants : le marquis de Montault, chef de nom et d'armes, au château de Baclair, à Nointot, par Bolbecq, département de la Seine; le marquis et le comte de Montault, à Paris.

MONTAUT. *Gascogne, Languedoc.*

D'azur à deux pierriers ou mortiers de guerre d'argent, allumés de gueules, posés en pal.

La branche de Montaut-Bressac porte : d'or au pin de sinople, arraché et accosté de deux vautours ou faucons de sable sur un anneau du même.

Seigneurs et barons de Montaut, de Noé, de Barnac, ducs de Novailles, etc., ceux de cette ancienne et illustre maison qui a donné des ducs et pairs, un maréchal de France, chevalier de l'ordre du Saint-Esprit, ont pour auteur certain, Armand Pons de Noé, deuxième du nom, fils de Bernard Pons de Noé et de Montaut, en Toulousain et de dame de Dias, son épouse. Il eut en partage la terre de Montaut, près Noé, souscrivit et scella de son sceau la charte de donation de l'église de Noé, faite par son père à la cathédrale de Toulouse, en 1143.

Elle a formé les branches des seigneurs de Saint-Sivié et de Montaut, des seigneurs de Malartie, en Armagnac, depuis vicomtes de Saumont, en Condomois, des seigneurs de Hauterive, de Puy-Daniel, de Brassac et de Labat, terres qui donnèrent entrée aux états du pays de Foix, des seigneurs de Montaut, sortie de la maison de Noé.

Cette famille n'est plus représentée que par de Montaut-Brassac, au château de Xaintrailles, par Gimont, département du Gers, qui a deux fils.

MONTAZET. *Toulouse.*

D'azur à trois coquilles d'or, posées 2 et 1.

De Montazet, unique représentant du nom, réside au château de Mauriac, par Gaillac, département du Tarn.

MONTBEILLARD (Gueneau de). *France.*

D'argent au chef d'azur chargé de trois étoiles d'or.

Gueneau de Montbeillard, unique représentant du nom, est intendant militaire.

MONTBEL. *Savoie, Dauphiné.*

D'or au lion de sable, armé et lampassé de gueules;

à la bande componée d'hermines et de gueules, brochante sur le tout.

Cette maison, qui a donné ou emprunté son nom à une terre située à trois lieues d'Yenne, a une illustre origine. Ses mémoires portent que Robert, fils puîné de Baudouin, comte de Flandres, revenant des guerres d'Italie en 1047, épousa Alix, fille et héritière de Rodolphe, seigneur souverain de Montbel et d'Entremonts. Rodolphe descendait lui-même d'Astolphe, roi de Lombardie.

Guichenon donne une autre origine à cette maison qu'il dit issue d'un seigneur de Montbel, vivant en 1020, sous Berold, marquis d'Italie.

Quoi qu'il en soit, sa généalogie est certaine depuis Philippe, seigneur de Montbel, qui fit le voyage de la Terre Sainte en 1096 et fut tué à l'assaut de la ville d'Antioche. Il avait épousé Lucrèce de Lascaris, dont un fils, Hugues, seigneur de Montbel, qui fit aussi le voyage de la Terre Sainte, en 1100.

Le dernier représentant du nom, Louis-Joseph, comte de Montbel, propriétaire des châteaux de Poirier et de Palluau en Berry et du Port-Joulain en Anjou, est mort en 1860. Il avait eu un fils décédé avant lui, dont la fille unique a épousé le comte Arthur de Larochefoucault d'Estissac, et trois filles : la seconde ne s'est pas mariée ; l'aînée a épousé le marquis de Courcy ; la troisième, le vicomte de Vélard, résidant tous deux dans le Loiret.

MONTBELLET (Giraud de). *Lyonnais.*

De gueules au mors de cheval renversé d'argent ; à la bordure dentelée d'or.

Le baron Giraud de Montbellet, unique représentant,

au château de Saint-Try, par Anse, département du Rhône.

MONTBOISSIER. *Auvergne*.

D'or semé de croisettes de sable ; au lion rampant de même.

Une des plus anciennes et des plus illustres maisons de France, Montboissier, qui a donné un chevalier des ordres du roi, est connu depuis le dixième siècle par Pierre-Maurice, seigneur de Montboissier, fondateur en 966 de l'abbaye de Saint-Michel de la Cluse, en Piémont, à laquelle il annexa les prieurés de Cuntrac et d'Arlent, en Auvergne, également fondés par lui.

Divisée en deux branches, au dix-septième siècle, il ne reste plus aujourd'hui qu'un seul représentant de la branche aînée, le marquis de Montboissier, à Paris.

MONTBOURCHER. *Bretagne*.

D'or à trois chaînes de gueules, posées 2 et 1.

Une des plus anciennes de Bretagne, distinguée par ses alliances et ses services militaires, cette maison, au témoignage de Le Laboureur, qui en a dressé la généalogie, descend des anciens souverains de Bretagne, par la maison de Vitré, dont il prétend que le seigneur de Montbourcher était puîné, second fils de Tristan, baron de Vitré, et d'Henoques de Fougères. Simon de Montbourcher, leur fils, vivait en 1130, suivant des titres authentiques, et continua la lignée dont l'unique représentant, aujourd'hui, est de Montbourcher, à Paris.

MOMBRET (Coquebert de). *Champagne*.

L'unique représentant du nom, Coquebert de Montbert, réside au château de Romain, par Fismes, département de la Marne.

Les branches de Coquebert de Neuville et de Touly sont distinctes de la précédente.

MONTBRETON (Marquet de). *Ile-de-France.*

D'argent à la fasce d'azur, accompagnée en chef d'un croissant versé de gueules et en pointe d'un lionceau du même.

Cette famille a deux représentants : le comte Marquet de Montbrun, à Crépy-en-Laonais, département de l'Aisne ; le vicomte Marquet de Montbrun, au château de Corcy, par Villers-Cotterets, département de l'Aisne.

MONTBRIAL. *Auvergne.*

Ecartelé : Aux 1 et 4 d'azur à un mont d'or ; aux 2 et 3 d'argent à trois mouchetures d'hermines de sable posées 1 et 2.

Cette famille, dont étaient Robert et Jean de Montbrial, cités dans le *Rôle militaire de la noblesse* de 1550, a deux représentants : François-Charles de Montbrial, juge de paix du canton de Serrières, département de l'Ardèche ; Adolphe-Philippe de Montbrial, à Lamartine.

MONTBRON. *Limousin.*

Fascé d'argent et d'azur de huit pièces.

Cette famille, qui emprunte son nom à une terre, seigneurie et baronnie unie au fief de la Grillière et érigée en marquisat par lettres du mois de février 1620, est représentée par de Montbron, chanoine honoraire à Poitiers, département de la Nièvre.

MONTBRUN (Dixmude de). *Picardie, Flandre.*

Burelé d'or et d'azur de huit pièces ; au sautoir de gueules. *Alias*, au canton de gueules, chargé d'un croissant d'argent.

Dixmude de Montbrun, unique représentant du nom, réside au château de Recques, par Etaples, département du Pas-de-Calais.

MONTBRUN. *Dauphiné, Normandie. Ile-de-France, Languedoc.*

Dauphiné. D'azur à la bande d'or, chargée de trois mouchetures d'hermines de sable.

Normandie. D'or à la bande d'hermines.

Ile-de-France, Languedoc. D'azur au lévrier courant d'argent, colleté du même, bouclé d'or.

Cette famille a quatre représentants : de Montbrun, au château de Boulon, par Bretteville, département du Calvados ; de Montbrun, sous-préfet à Montargis, département du Loiret ; de Montbrun, géomètre à Constantine (Algérie); de Montbrun, au château de Montbrun, par Lalinde, département de la Dordogne.

MONTCALM-GOZON. *Rouergue.*

Ecartelé : aux 1 et 4 d'azur à trois colombes d'argent, posées 2 et 1 ; aux 2 et 3 de sable à la tour d'argent, qui est de Montcalm : sur le tout de gueules à la bande d'argent bordée d'azur, et une bordure crénelée d'argent, qui est de Gozon.

Distinguée dans l'épée et dans la robe, connue depuis la fin du xiie siècle par une filiation suivie, cette famille, qui remontait à Simon de Montcalm, seigneur de Viala et de Cornus, dans le diocèse de Vabres, dont le fils, Heyral de Montcalm, seigneur de Viala, épousa au mois de mars 1302 Reveillade de Chavanon, a quatre représentants : le marquis de Montcalm, au château de Saint-Pierre-Camaris , département de l'Aveyron ; le marquis de Montcalm, à Avèze, par le Vigan, département du Gard ; le comte de Montcalm, à Paris, fils du chef de nom et d'armes de la famille.

MONTCEAU (Ranfer de). *Bourgogne.*

Ecartelé : aux 1 et 4 d'azur à la fasce d'argent accompagnée en chef d'un croissant du même ; au 2 et 3 d'azur à l'ancre d'argent, la trabe d'or ; à la fasce de gueules chargée de trois étoiles d'or, brochant sur le tout.

Les représentants actuels du nom de Ranfer de Montceau, habitent Dijon et Besançon. La famille est originaire de Beauce et son chef porte le titre de baron de la Brétinière.

MONTCHALIN (Lombard de). *Lyonnais, Bourgogne.*

Voyez de Lombard, originaire d'Autun : 1° Bourgogne ; 2° Lyonnais ; 3° Bugey (Ain) ; 4° Dauphiné.

D'argent au chevron de gueules accompagné de trois fleurs de lis de sable ; au chef de gueules.

Cette famille a deux représentants : le comte Charles de Lombard de Montchalin, à Primarette, par Beaurepaire (Isère) ; le vicomte Joseph de Lombard de Montchalin, à Courtenay, par Morestel, département de l'Isère.

Les titres en la possession des représentants susnommés établissent par sentence des Etats de Vezelay (1462), une filiation *en ligne directe* jusqu'à Hugues de Lombard, homme noble jouissant de tous les priviléges de l'ancienne noblesse du royaume, vivant en 1330.

Le petit-fils d'Hugues, Simon de Lombard, fut escuyer du duc de Bourgogne, Charles le Téméraire (21 mai 1472). Presque tous les représentants de cette famille ont suivi la carrière des armes comme chevaliers. Elle est arrivée en Dauphiné par le mariage de Charles de Lombard, seigneur de Montgrillet, avec Marie-Françoise Guigonne de la Balme, dame de Courtenay et de Montchalin (10 août 1711).

MONTCHENU. *Dauphiné.*

De gueules à une bande engrelée d'argent. Cimier : un griffon d'or armé, avec ses ailes éployées, naissant de la cime d'un casque ouvert, accompagné de deux grandes lances de gueules, appointées d'azur, l'une à dextre, l'autre à sénestre. Supports : deux griffons d'or armés de gueules.

Cri : *Montchenu.*

Devise : *La droite voie.*

Cette famille a donné ou emprunté son nom à la terre de Montchenu, en Dauphiné, à une époque tellement reculée qu'on ne saurait la déterminer. Elle a des titres antérieurs au xe siècle, remonte par preuves authentiques et par une filiation non interrompue à Amédée de Montchenu, cité dans les cartulaires de l'église de Vienne de l'an 1119, par rapport à ses différends avec l'archevêque Guy, depuis élu pape sous le nom de Calixte II.

Elle est représentée par le marquis Scipion de Montchenu, au château de Montchenu, par Saint-Donat, département de la Drôme.

MONTCLAR. *Paris.*

D'azur à trois losanges d'or mis en pal.

Cette famille a trois représentants : le marquis de Montelar, chef de nom et d'armes, à Paris ; de Montclar, procureur de la République, à Mont-de-Marsan, département des Landes ; de Montclar, ecclésiastique, attaché à la paroisse de Saint-Sulpice, à Paris.

MONTDRAGON. *Dauphiné.*

Ecartelé : aux 1 et 4 de gueules au lion d'or, aux 2 et 3 d'or au dragon ailé de gueules.

De cette famille était Christophe de Montdragon, chevalier, seigneur de Remereicourt, Luz et Gussainville, gouverneur de Dampviller, colonel d'infanterie, conseiller d'Etat de Sa Majesté catholique, gouverneur des châteaux de Gand et d'Anvers, qui épousa en 1560 Guillemette du Châtelet, déjà deux fois veuve.

Elle est représentée par de Montdragon, au château de Bauché, par Pendœuvres-en-Bresnes, département de l'Indre.

MONTEBISE. *France.*

D'azur à la licorne passante d'argent.

Le marquis de Montebise, unique représentant du nom, réside au château de Montebise, par Jouarre, département de Seine-et-Marne.

MONTECLER. *Maine, Anjou.*

De gueules au lion d'or, armé, lampassé et couronné de gueules.

Cette famille, qui emprunte son nom au marquisat de Montecler, érigé en 1616, est représenté par de Montecler, au château de son nom, par Evron, département de la Mayenne.

MONTÉGUT. *Toulouse.*

D'azur à quatre losanges posés 2 et 2 ; les 1 et 4 d'or, les 2 et 3 d'argent.

Cette famille a trois représentants : de Montégut, chanoine titulaire à Montauban ; de Montégut, inspecteur de colonisation à Blidah (Algérie) ; de Montégut-Lamorelie, au château de Vaunac, par Thiviers, département de la Dordogne.

MONTEIL. *Languedoc.*

D'azur au griffon d'argent, armé et lampassé de gueules ; *alias*, d'or à trois bandes d'azur, qui est de Monteil ; écartelé d'azur au griffon passant d'argent, armé, becqué et onglé de gueules, qui est du Port. — De gueules à deux chevrons d'argent accompagnés d'un croissant du même en pointe ; au chef d'or, chargé de deux molettes d'éperon de gueules.

Connue en Dauphiné dès le dixième siècle et par un acte du 16 décembre 1095, cette famille, dont la filiation suivie remonte à Roland de Monteil, qui reçut en 1369, avec Guillaume, son père, reconnaissance de leurs vassaux, à d'autres actes des années 1219, 1263, 1287 et 1312. Elle a cinq représentants : de Monteil, maire à Villetoureix, par Ribérac, département de la Dordogne ; Alexandre de Monteil, garde général, à Marmande, département de Lot-et-Garonne ; de Monteil de Bruget, à Jaujac, par Thueyls, département de l'Ardèche ; de Montel de Charpal, juge, à Mende, département de la Lozère ; de Monteil de Charpal, notaire, à Mende.

MONTENAY DE MINHY. *Normandie, Poitou.*

D'or à deux fasces d'azur accompagnées de onze

coquilles de gueules posées 4 4 et 3. — Lachenaye Desbois dit neuf coquilles posées, 4 2 et 3.

La tige de cette famille est Nicolas, sire de Montenay, chevalier banneret, qui eut en don de Philippe-Auguste, en 1190, plusieurs fiefs situés en Normandie. Il est compris dans le rôle des chevaliers-bannerets de 1214, avec Enguerrand de Montenay, et fut un des seigneurs normands qui déposèrent dans l'enquête faite, en 1215, sur les droits des ducs et seigneurs normands, à l'égard des patronages et autres droits de laïcs sur le clergé, du temps des ducs de Normandie, roi d'Angleterre. Sa descendance est encore représentée.

MONTENDRE. *Bretagne.*

D'or à l'aigle de sable.

Cette branche de la maison de Rochefoucault a deux représentants : le comte de Montendre, à Paris ; de Montendre, au château de Fedry, par Lavoncourt, département de la Haute-Saône.

MONTÉPIN (AYMON DE). *Bourgogne, Bresse.*

D'azur à un besant d'or.

Cette famille a trois représentants : le comte Aymon de Montépin, chevalier de la Légion d'honneur, à Paris ; autre comte Aymon de Montépin, chevalier de la Légion d'honneur, à Paris ; Aymon de Montépin, employé au département des finances, à Paris.

MONTESQUIOU. *Fezensac, Armagnac.*

Parti : au 1 de gueules plein ; au 2 d'or à deux tourteaux de gueules mis en pal qui est de Montesquiou.

La terre et baronnie de Montesquiou, démembrée dans le onzième siècle du comté de Fezensac, fut donnée en partage à Raymond Aimery de Fezensac, frère d'Astanove, comte de Fezensac suivant acte du cartulaire de Sainte-Marie d'Auch. Raymond Aimery de Fezensac descendait d'Eudes, duc d'Aquitaine, dont le frère Boggis, aussi duc d'Aquitaine, était second fils de Charibert, roi de Toulouse, frère du roi Dagobert et fils de Clotaire II, qui avait pour père Chilpéric, pour aïeul Clotaire Ier, et pour bisaïeul le Roi Clovis.

Les descendants de Raymond Aimery de Fezensac, connus sous le nom de Montesquiou-Fezensac, ont le rare privilége d'avoir une filiation directe bien prouvée et sans interruption depuis Garcie-Sanche, dit le Courbé, duc de Gascogne, en 900, et peuvent se glorifier d'avoir pour aïeux les premiers monarques français.

Cette illustre maison ne compte plus que deux branches, *celle de Marsan* et *celle d'Artagnan*.

La première est représentée uniquement par Philippe, duc de Fezensac. Tous les autres Montesquiou appartiennent à la seconde. Celle-ci a été la plus illustrée dans l'histoire. Elle a fourni trois maréchaux de France, deux cardinaux et un prince souverain de Cambrai. Elle compte aujourd'hui trente membres, son aîné est le marquis de Montesquiou-Fezensac (Eugène). Le doyen est le comte de Montesquiou-Fezensac (Anatole), grand d'Espagne de 1re classe, avec le titre de marquis, aide de camp de l'Empereur Napoléon Ier, général de brigade, député, pair de France, chevalier d'honneur de la reine Marie-Amélie, grand officier de la Légion d'honneur, grand cordon de Léopold de Belgique, etc., etc., etc.

Le possesseur de la terre et baronnie de Montesquiou

a le droit de siéger dans le chœur de la cathédrale d'Auch, après les dignitaires et avant les autres chanoines en qualité de fils et chanoine de l'église d'Auch, qualité qu'Arsieu de Montesquiou acquit pour lui et sa postérité, le 5 des ides de septembre 1226, au moyen de certaines dîmes qu'il céda au chapitre de l'église. C'est le général comte de Montesquiou, ci-dessus mentionné, qui est en possession de ce droit.

MONTESSON. *Maine.*

D'argent à trois quintefeuilles d'azur.

A cette ancienne famille appartenait Jean-Baptiste, comte de Montesson, lieutenant-général, mort le 26 avril 1731, à l'âge de quatre-vingt-cinq ans, et Jean-Baptiste, marquis de Montesson, brigadier des armées du roi, mort à Paris, le 30 juillet 1769, à l'âge de quatre-vingt-treize ans.

On compte encore trois représentants du nom : le marquis de Montesson, chef de nom et d'armes, capitaine adjudant-major au 5e régiment de chasseurs à cheval ; Robert, comte de Montesson, au Mans (Sarthe) ; Charles de Montesson, au château de Montauban, par le Mans.

MONTEYNARD. *Dauphiné, Languedoc.*

De vair ; au chef de gueules, au lion naissant d'or.

Cette famille a sept représentants : Henri Raymond, marquis de Monteynard, chef de nom et d'armes, au château de Tencin, près Grenoble, département de l'Isère ; son fils aîné, le comte de Monteynard, au château de la Quentinière, près Vibraye, département de la Sarthe ; le comte Albert de Monteynard, frère du précédent, à Lyon ; le vicomte de Monteynard, frère du marquis, à Paris; le comte Hugues de Monteynard, fils aîné du vicomte, au château de Saint-Jullins, près Crémieu, département de l'Isère; le comte Louis de Monteynard, frère du précédent, au château de Montélier, près Valence, département de la Drôme; le comte Eynard de Monteynard, fils de feu le comte Charles, frère cadet du marquis et du vicomte, au château de Montfrin, près Nîmes, département du Gard.

MONFALCON. *Dauphiné, Buguy.*

Ecartelé : aux 1 et 4 d'argent à une aigle de sable, membrée et becquée d'or; aux 2 et 3 losangé d'hermines et de gueules.

Pierre de Montfalcon, seigneur de Bourgoing, en Dauphiné, qui testa en 1310, descendait des comtes de Montbelliard, du nom de Montfalcon et sa race, a pour unique représentant, le comte de Montfalcon, à Paris.

MONTFAUCON. *Languedoc.*

Écartelé : aux 1 et 4 de gueules, au faucon d'argent posé sur une montagne du même; aux 2 et 3 de gueules à trois chevrons d'or posés l'un sur l'autre.

Cette famille, dont il est parlé dans l'*Armorial de France*, Registre I, partie I, page 391, remonte par preuves à Jacques de Montfaucon, damoiseau, seigneur de Roquetaillade, qui épousa, en 1480, Isabeau de Bruers, fille de Jean de Bruers, seigneur de Rogles.

Elle est représentée par de Montfaucon, à Toulouse.

MONTFERRAND. *Bugey. Franche-Comté.*

Bugey. Palé d'argent et de sable de six pièces; au chef de gueules.

Franche-Comté. De sable au lion d'or.

Sortie de la maison de Montferrand, en Guyenne, Montferrand en Bugey remonte à Berlio de Montferrand, chevalier, qui fit plusieurs dons à l'abbaye de Saint-Sulpice, en Bugey, et qui vivait encore en 1216.

Montferrand, en Franche-Comté, remonte son origine à Jean, sire de Montferrand, chevalier, qui fonda, en 1207, l'hôpital du Saint-Esprit, à Besançon.

On retrouve deux représentants du nom : de Montferrand, maire à Saint-Germain-des-Prés, par Châteaurenard, département du Loiret; de Montferrand de Méry, au château de Méry, département de Seine-et-Marne.

MONTFERRAND. (Faubournet de), *Périgord.*

D'or à quatre pals de gueules.

L'unique représentant du nom, de Montferrand, réside au château de Montréal, par Mussidan, département de la Dordogne.

MONTFERRÉ. *France.*

Fascé d'or et d'argent.

Cette famille, qui n'a plus d'hoir mâle, est représentée par la comtesse douairière de Montferré, au château de Champfleury, par Château-Gontier, département de la Mayenne.

MONTFLEURY. *France.*

D'azur à la bande d'or, accompagnée de deux étoiles d'argent

Cette famille est représentée par de Montfleury, à Versailles, qui a un fils unique.

MONTFLEURY (Gajot de). *Provence.*

D'argent au citronnier de sinople, fruité d'or de

trois pièces; au chef d'azur chargé de trois étoiles d'or.

Cette famille est représentée par Gajot de Montfleury, avoué, à Paris, et par Stéphane Gajot de Montfleury, à Paris.

MONTFORT. *France, Toulouse, Montauban, Provence, Normandie, Franche-Comté, Bretagne.*

France. Écartelé : aux 1 et 4 d'azur à la tour d'argent maçonnée de sable; aux 2 et 3 d'or à trois pals d'azur.

Toulouse, Montauban. D'argent à trois corneilles de sable.

Provence. D'azur à un lévrier rampant d'argent; au collier de sable bordé d'or.

Normandie. D'argent à trois trèfles de gueules. — D'argent à trois molettes d'éperon de gueules; à un lionceau d'azur en cœur.

Franche-Comté. D'argent à trois losanges d'or, bordés de sable.

Bretagne. D'argent à la croix de gueules vivrée d'or.

Il existe un grand nombre de familles du nom de Montfort, et, dans la noblesse de France, nous retrouvons neuf représentants du nom : le baron de Montfort, au château de Lestange, par Créon, département de la Gironde; le baron de Montfort, maire à Joncquières, département de Vaucluse; de Montfort, maire à Basoches, département de l'Orne; de Montfort, au château de Motte, par Putanges, même département; de Montfort, au château de Saint-Euphraise, par Ville-en-Tardenois, département de la Marne; de Montfort, sous-inspecteur des forêts, à Bourges, département du Cher;

e Montfort, capitaine d'artillerie, à Paris.

MONTGAILLARD. *Guyenne.*

D'azur à trois glands d'or posés 2 et 1.

Originaire d'Angleterre, passée en Guyenne avec le prince de Galles, depuis roi sous le nom d'Édouard IV, et possédant en Gascogne, depuis le quinzième siècle, de mâle en mâle, la seigneurie de Seran de Montgaillard, cette famille a pour unique représentant de Montgaillard, au château de Gourgue, par Aspet, département de la Haute-Garonne.

MONTGAZON (GANNES DE). *France.*

D'argent à la bande de gueules, chargée de trois coquilles d'or et côtoyée de deux cotices de sable.

L'unique représentant du nom, Gannes de Montgazon, est président de la Chambre d'agriculture, à Parthenay, département des Deux-Sèvres.

MONTGERMONT. *Bretagne.*

Losangé d'or et de gueules ; à la fasce d'azur frettée d'argent.

Cette famille, qui est éteinte dans les mâles, est représentée par une dame : la douairière de Montgermont, au château de Brignac, par Malestroit, département du Morbihan.

MONTGOLFIER. *Lyonnais, Bourgogne.*

D'argent à une montgolfière ailée de gueules, couronnée d'or, planant sur des monts de sinople formant un golfe d'azur ondé d'argent.

Cette famille, à laquelle appartenait l'inventeur des ascensions aériennes, a quatre représentants : de Montgolfier, maire à Saint-Marcel, par Annonay, département de l'Ardèche ; de Montgolfier, juge, à Annonay; Raymond de Montgolfier, conseiller général, à Montbard, département de la Côte-d'Or; Achille de Montgolfier, à Saint-Vallier, département de la Drôme.

MONTGOMMERY. *Normandie.*

Écartelé : aux 1 et 4 de gueules à trois coquilles d'or sans oreilles; aux 2 et 3 de France, quelquefois les trois fleurs de lys sur champ de gueules. — D'azur au lion d'or, armé et lampassé de gueules.

Mentionnée dans l'*Histoire des grands officiers de la Couronne*, le *Dictionnaire des Gaules*, etc., cette maison, une des plus considérables de la Normandie, a donné son nom à un comté du pays d'Auge composé de plusieurs baronnies, dont les fiefs et arrière-fiefs, très-nombreux, composaient la plus grande partie du bailliage d'Argentan et le vicomté de Trun, les bailliages d'Alençon, Caen et Falaise. La terre de Montgommery dont relevaient près de cent cinquante fiefs et arrière-fiefs, donnait séance à l'échiquier.

Issue des comtes d'Exmes ou de Hiesmes, dont étaient saint Godegrand, évêque de Séez, et sainte Opportune, sa sœur, vivants au temps du roi Pepin et de l'empereur Charlemagne, en 760, cette illustre maison, dont était aussi Guillaume de Montgommery, un des plus grands seigneurs de France, possesseur de trente-quatre châteaux en Normandie, mort en 1171, qui fit le voyage de la Terre Sainte à ses frais et dépens, a pour chef de nom et d'armes le comte de Montgommery, à Paris. Elle est aussi représentée par de Montgommery, à Paris.

MONTGRAND. *Vivarais, Provence.*

D'azur au rocher d'or, dont la cime est enveloppée d'un nuage d'argent qui le surmonte.

Cette famille emprunte son nom à une terre et seigneurie qu'elle possède depuis le treizième siècle. Elle descend de Guillaume de Montgrand, qualifié damoiseau dans un titre de l'an 1275. Elle a trois représentants : Marie-Joseph-Godefroy, comte de Montgrand, à Marseille ; le marquis de Montgrand, à Marseille, qui a deux fils et une fille ; le comte de Montgrand, au château de Véry, par Avignon, département de Vaucluse.

MONTGUERS (GUICHARD DE). *Dauphiné.*

D'or au chevron de sinople ; au chef d'azur chargé de trois étoiles d'or.

Guichard de Montguers, unique représentant du nom, est maire à Antouillet, par Montfort, département de Seine-et-Oise.

MONTGUYON. *Champagne, Picardie.*

D'argent à trois têtes de maures de sable, tortillées du champ, posées 2 et 1.

L'unique représentant du nom, de Montguyon, réside à Aix, département de Vaucluse.

MONTHEROT. *Bourgogne. Lyonnais.*

De gueules à une aigle au vol abaissé, accompagnée en chef d'un soleil et d'une étoile, et en pointe d'un mont de trois coupeaux, le tout d'argent.

De Montherot, unique représentant du nom, réside au château de Charnoz, par Meximieux, département de l'Ain.

MONTHIERS. *Normandie, Ile-de-France, Beauce.*

D'or à trois chevrons de gueules.

De Monthiers, unique représentant du nom, est

maire à Betterocourt, par Blangy, département de la Seine-Inférieure.

MONTHOLON. *Bourgogne.*

Armes anciennes. D'azur à un mouton passant d'or, surmonté en chef de trois roses aussi d'or.

Armes modernes. D'azur à un mouton d'or, accompagné en chef de trois quintefeuilles d'argent.

Illustre dans la robe, féconde en grands hommes auxquels Montholon, bourg situé en Bourgogne, près d'Autun, a donné son nom, cette maison a donné deux gardes des sceaux de France, un garde des sceaux de Bretagne, un ambassadeur, plusieurs présidents, le fidèle compagnon de l'empereur Napoléon Ier à Sainte-Hélène, etc.

Issue de Jacques de Montholon, seigneur de la terre et châtellerie de Montholon, bienfaiteur de l'église cathédrale d'Autun, en 1213 cette famille a quatre représentants : le marquis de Montholon, commandeur de la Légion d'honneur ; le comte de Montholon, à Paris ; de Montholon, à Versailles ; de Montholon Sermonville, duc d'Ombriano del Precetto.

MONTI. *Toscane, Bretagne.*

Toscane. De gueules papelonné d'argent.

Bretagne. De gueules à la bande d'or, accostée de deux montagnes de six coupeaux du même.

Féconde en grands hommes, cette ancienne maison Toscane, qui a donné le pape Paul III, des cardinaux, des prélats, un grand maître de l'ordre de Malte, des généraux d'armée, etc., et dont l'origine remonte au treizième siècle, s'établit aussi en Bretagne, où elle adopta d'autres armes et compte aujourd'hui dix représentants : le marquis de Monti, au château de Cour de

Boué, par Savenay, département de la Loire-Inférieure; le comte de Monti, au château de Lavau, par Moncoutant, département des Deux-Sèvres; le vicomte de Monti, à Paris; de Monti, au château de la Muletière, par Montaigu, département de la Vendée; de Monti, maire de Château-Thébaud, département de la Loire-Inférieure; de Monti, au château de la Calonnière, par Martigné, département de Saône-et-Loire; de Monti de Rezé, au château de Rezé, par Nantes, département de la Loire-Inférieure; de Monti de Rezé, au château de Fief-Millon, par Pouzanges, département de la Vendée; de Monti, au château de la Bourdinnière, par Nantes; de Monti, au château de Saint-Mars-en-Contois, par Port-Saint-Père, département de la Loire-Inférieure.

MONTIGNY. *Champagne.*

Echiqueté d'azur et d'argent; à la bande de gueules engrelée de sable, brochant sur le tout.

Originaire de Vingeanne, en Champagne, cette famille, qui remonte à Giraud de Montigny, vivant en 1236, a quatre représentants : Paul-Charles-Gaston, marquis de Montigny, au château de Thains, par Cozes, département de la Charente-Inférieure, et ses trois frères, Alfred-Eléonor, comte de Montigny; Ferdinand-Xavier, comte de Montigny, inspecteur général des haras; Palamède-Oscar, baron de Montigny, ancien sous-préfet de Cosne, département de la Nièvre.

MONTIGNY. *Champagne, Bourgogne, Lorraine, Normandie, Bretagne.*

CHAMPAGNE. Fascé d'or et de gueules de quatre pièces.

Bourgogne. De gueules à cinq trangles d'or.

Lorraine. D'azur au lion d'or; a la cotice de gueules brochant sur le tout.

Normandie. Coticée d'or et de gueules; au franc-quartier de gueules, à l'orle de coquilles d'argent.

Bretagne. D'argent au lion de gueules, chargé sur l'épaule gauche d'une étoile d'or, et accompagné de huit coquilles d'azur en forme d'orle, posées 3, 2, 2 et 1.

La Champagne, la Picardie, la Normandie, la Bretagne, l'Ostrevant, le Perche, ont donné des familles distinctes du nom de Montigny. Celles qui survivent ont six représentants : le baron de Montigny, au château de Ladonvillers, par Courcelles-Chaussy, Lorraine allemande ; de Montigny, au château de Guilbaudon, par Seignelay, département de l'Yonne ; de Montigny, à Vesoul, département de la Haute-Saône ; de Montigny, au château de Loges, par Alençon, département de l'Orne ; de Montigny, à Hanvec, par le Faou, département du Finistère ; de Montigny de Pontis, procureur de la République, à la Basse-Terre, Guadeloupe.

MONTILLET. *Savoie, Bugey, Bresse, Dauphiné.*

D'azur au chevron d'argent, surmonté à la pointe d'un croissant du même, qui est de Montillet; écartelé de gueules à deux bandes d'argent ondées, qui est de Grenaud.

Cette famille dont le nom latin est presque toujours écrit Montellieti, dans les actes originaux et qui a donné Louis-Honoré, dit le marquis de Montillet, mestre de camp de cavalerie, le 7 juillet 1754, et dont la terre patrimoniale passa dans la maison de Grenaud, a deux représentants : le baron de Montillet, à Lyon ; le baron de Montillet, à Champ-d'Or, par Nantua, département de l'Ain ; de Montillet de Grenaud, inspecteur des lignes télégraphiques, à Avignon.

MONTJON. *La Rochelle.*

D'azur à une haute montagne d'or sommée de joncs et de roseaux d'argent et côtoyée de deux lions affrontés du même.

De Montjon, unique représentant du nom, est médecin, à Maillé, département de la Vienne.

MONTJUVIN ou **MONTJOUVENT.** *Bresse, Velay.*

Parti : au 1 d'argent, au lion de gueules, à la bande d'or brochant sur le tout ; au 2 de gueules, au sautoir engrelé d'or.

Très-ancienne famille, originaire de la Bresse, généralité de Lyon ; la branche cadette (de Montjuvin, par corruption), se fixa dans le Velay, près d'Yssengeaux, à Lattes. Elle allait disparaître à défaut d'hoir mâle, au siècle dernier, lorsque la dernière survivante s'allia à un Baraillon (ou Barallon) du Lyonnais, d'où les Baraillon de Montjouvent (*alias* Barallon de Montjuvin). Les Montjuvin comptèrent deux chanoines-comtes de Lyon, 1715 et 1738 ; le dernier, Marie-Eugène de Montjuvin, doyen du chapitre de Saint-Jean, en 1775, était abbé d'Hermières, prieur de Chemillay et de Saint-Rambert en Forez, seigneur-mansionnaire de Saint-Symphorien-le-Château. La famille Baraillon ou Barallon dota d'une rente noble et fonds allodiaux du Forez, le Baraillon de Saint-Priest-Boisset. Elle fournit à la ville deux prévôts des marchands de Lyon, Aimé et Gaspard, le premier fut aussi conseiller du roi et trésorier de France (1616). Nicolas, 1669, écuyer, était seigneur de la Combes; il eut un petit-fils qui s'allia aux de Montjuvin dont il prit le nom, qu'il portait en 1789, dont le chevalier de Baraillon, qui prit part en Lyonnais à l'élection pour les états-généraux.

Cette famille est représentée de nos jours par Messire Baraillon de Montjuvin (Barallon de Montjuvent), ordonné prêtre en 1831, curé de Saint-André-la-Côte en l'archiprêtré de Mornant, diocèse de Lyon, antiquaire distingué et dont la riche collection de meubles historiques et l'immense bibliothèque ont été la proie des flammes, vers la fin de 1873.

Sources : 1° sur les Montjouvent (*alias* Monjuvin), consulter les armoriaux ou dictionnaires d'armoiries de tous les temps.

2° *Histoire de la Bresse, Bugey et Valromey.*

3° *Livre d'or lyonnais*, par de Montfalcon; voir le tableau des prévôts des marchands, de la noblesse du Lyonnais et des chanoines-comtes de Lyon.

4° Voir la collection séculaire des *Almanachs de Lyon* (1711 à 1789).

MONTLÉARD. *Champagne, Gâtinais.*

D'azur à trois besants d'argent, posés 2 et 1.

Montléard, ou Montliart, remonte à Dimanche de Montliart, seigneur de Rumont, en Gâtinais, vivant en 1515, et n'est plus représenté aujourd'hui que par de Montléard, au château de Chamoust, par la Ferté-sous-Jouarre, département de Seine-et-Marne.

MONTLEZUN. *France.*

D'argent au lion de sable couronné de gueules, accompagné de neuf corneilles du second, becquées et membrées de gueules rangées en orle, posées quatre en chef, deux et deux en flancs et une en pointe.

L'unique représentant du nom, de Montlezun, réside au château de Granville, par Grenade-sur-Gironde, département de la Haute-Garonne.

MONTLIBERT. *Maine.*

D'argent à une fasce de gueules accompagnée de trois roses du même, posées 2 et 1.

Cette famille a deux représentants : de Montlibert, au château de Thierry, par Montoire, département de Loir-et-Cher; de Montlibert, au Mans, département de la Sarthe.

MONTLUC. *Agenais.*

D'azur au loup ravissant d'or.

De Montluc, unique représentant du nom, jadis porté par une branche éteinte de la maison de Montesquiou, réside au château de Bois-Rigauld, par Sauxillanges, département du Puy-de-Dôme.

MONTLUC DE LA BOURDONNAYE. *Bretagne.*

De gueules, à trois bourdons d'argent en pal.

Cette famille a deux représentants : le comte de Montluc de la Bourdonnaye, au château de Laillé, par Guichen, département d'Ille-et-Vilaine; de Montluc de la Bourdonnaye, au château de Sencray, par Nozay, département de la Loire-Inférieure.

MONTLUC DE LA RIVIÈRE. *Limousin, Bretagne.*

Parti : au 1 de sable au rocher de cinq coupeaux d'or, sommé de trois épis du même; au 2 d'azur à la fasce ondée d'argent.

De Montluc de la Rivière, unique représentant du nom, réside au château de Tersanne, par le Dorat, département de la Haute-Vienne.

MONTMARTIN. *Bourgogne.*

Armes anciennes. Burelé d'argent et de sable de dix pièces.

Armes modernes. D'argent fretté de gueules; au chef échiqueté d'or et de gueules de deux tires, chacune de cinq points.

D'ancienne noblesse, connue, dès le douzième siècle, par Pierre, sire de Montmartin, mentionnée dans l'histoire de Bourgogne, sous l'an 1285, par Etienne et Mathieu, sous l'an 1302, par un autre Mathieu sous l'an 1364, cette famille, qui a donné un bailli général, gouverneur du comté de Bourgogne, un chevalier croisé, un gentilhomme de la bouche du roi catholique, grand-écuyer du comte de Bourgogne, est représentée par de Montmartin, au château de Montmartin, par Mondoubleau, département de Loir-et-Cher.

MONTMORENCY. *Ile-de-France.*

D'or à la croix de gueules, cantonnée de seize alérions d'azur, quatre de chaque canton.

Devises : *Dieu aide au premier baron chrétien.* — Ἄπλανος. — En français : *Qui ne s'égare point.*

Le chef de la maison porte l'écusson en bannière arrondie. La branche de Montmorency-Luxembourg porte sur la croix l'écusson de la maison impériale de Luxembourg, d'argent au lion de gueules, la queue nouée et fourchée en sautoir, couronné d'or.

Cette branche rehausse la couronne de gueules, en forme de bonnet.

Les puînés brisent de cinq coquilles sur la croix.

Montmorency, qui a pour auteur Bouchard, premier du nom, seigneur de Montmorency, d'Ecouen, de Marly et de Bray-sur-Seine, vivant sous le roi Lothaire, vers 954, est placé dans un tel degré de considération que son nom seul fait son éloge. Sa grandeur, qui s'élève sans cesse, son glorieux titre de premier baron de France, qui lui est affecté de temps immémorial, ses alliances avec la plupart des maisons souveraines de l'Europe, la possession des premières dignités de l'Etat, les services rendus à la monarchie pendant plus de huit siècles lui donnent une illustration sans égale.

Elle est représentée par deux frères : Édouard de Montmorency, duc de Beaumont, prince de Montmorency-Luxembourg, pair de France, démissionnaire en 1830, à Paris; Hervé, comte de Montmorency, prince de Tingry, ancien officier de cavalerie dans la garde royale, Paris.

Une autre branche est représentée par le duc de Montmorency, à Courtalain, département d'Eure-et-Loir; le duc de Montmorency, au château de Chaussepot, par Drouet, département de Loir-et-Cher; de Montmorency, sans titre, à Paris.

MONTMORILLON. *Bourgogne.*

D'or à l'aigle éployée de gueules.

Une des premières du duché de Bourgogne. Cette famille, qui a donné Claude de Montmorillon, écuyer, marié, le 18 février 1508, avec Claude la Cour, a deux représentants : le marquis de Montmorillon, au château de Boutton, par Saint-Léger-sous-Beuvray; Saladin de Montmorillon, au château de Lucenier, par Geugnon, département de Saône-et-Loire.

MONTMORT. *Limousin.*

De sable à trois croix d'argent, posées 2 et 1.

Cette famille, qui emprunte son nom à la seigneurie de Montmort, possédée successivement par les maisons de Bourbon-Lancy, Benault, Damas, Dio, Gigault de Bellefonds, et enfin par le président à mortier du parlement de Dijon, Germain-Anne Loppin, est représentée par de Montmort, au château de la Rue, par Gramat, département du Lot.

MONTOUR. *France.*

Ecartelé : aux 1 et 4 d'argent au chevron de gueules, accompagné de trois têtes de maures de sable tortillées d'argent, et d'une étoile de gueules au sommet du chevron; aux 2 et 3 échiqueté d'or et d'azur.

Cette famille a deux représentants : le comte de Montour, officier de la Légion d'honneur, à son château, à Epinal, département des Vosges ; le baron de Montour, officier de la Légion d'honneur, préfet de la Drôme, maître des requêtes, à Valence, département de la Drôme.

MONTPEZAT. *Languedoc, Gascogne.*

Languedoc. Ecartelé : aux 1 et 4 de gueules à deux balances d'or; aux 2 et 3 de gueules au lion d'argent ; sur le tout d'azur au globe d'or, cintré et croisé du même.

Gascogne. De gueules à une balance d'or.

Cette famille, qui emprunte son nom à une terre sur le Gardon, au diocèse d'Uzès, érigée en marquisat, par lettres du mois de juillet 1365, a trois représentants : le marquis de Montpezat, chef de nom et d'armes, à Blois, département de Loir-et-Cher; de

Montpezat, au château de Menigen, par Boulogne, département de la Haute-Garonne; de Montpezat, à Taron, département des Basses-Pyrénées.

MONTPINSON. *Normandie.*

D'azur à trois boutons d'or.

Montpinson ou Montpinçon, de la subdélégation d'Argentan, baronnie qui fit partie du domaine engagé d'Exmes, jadis possédée par le comte d'Eu, a donné son nom et son titre à une famille qui n'est plus représentée que par la baronne de Bourbel de Montpinçon, à Paris.

MONTRATIER DE PARAZOLS. *Toulouse.*

De gueules au lion rampant, accompagné en pointe de quatre losanges d'argent posées en croix, qui est de Montratier; écartelé d'azur à trois pals d'or; au chef cousu d'azur, chargé de trois soleils rayonnants d'or, qui est de Parazols.

L'unique représentant du nom de Montratier de Parazols réside à La Française, département de Tarn-et-Garonne.

MONTRÉAL. *Navarre.*

D'argent à la croix de gueules, chargée d'un lion léopardé d'argent, accosté et assailli de deux griffons affrontés du même.

Le comte de Montréal, unique représentant du nom, réside au château de Troisville, par Tardets, département des Basses-Pyrénées.

MONTBEUIL. *Bourgogne, Maine.*

Bourgogne. D'argent au chevron de gueules accompagné de trois tourteaux de sinople ; au chef vairé d'or et d'azur.

Maine. D'hermines à deux fasces d'azur et au lion de gueules, lampassé et armé d'azur, brochant sur le tout.

Cette famille, qui emprunte son nom à une ancienne baronnie en Champagne, acquise par Gilles d'Ernecourt, seigneur de Neuville-au-Bois, en Champagne, et de Remicourt, en Lorraine, mort en 1623, a cinq représentants : le baron de Montreuil, aux Andelys, département de l'Eure ; le baron de Montreuil, à Bazincourt, par Gisors, même département ; le baron de Montreuil, au château d'Ivry-le-Pré, département du Cher ; de Montreuil, au château d'Angou, par Argentan, département de l'Orne ; Arsène de Montreuil, à Paris.

MONTRICHARD. *Bourgogne.*

De Vair à la croix de gueules sur le tout. Cimier : un more, la tête ceinte d'un tortil. Tenants : deux anges. Couronne : de marquis.

Une des plus anciennes de la Bourgogne, cette famille a formé dix branches dont neuf sont éteintes. Elle remonte à Girard, sire de Montrichard, chevalier, qui testa en 1285. Son arrière-petit-fils, Guillaume de Montrichard, damoiseau, dont la postérité s'est divisée en neuf branches, avait épousé à Salins, en 1352, Marguerite de Merceret. Sa descendance n'est plus représentée que par le vicomte de Montrichard, au château de Bazoches, département de la Nièvre. Il a deux fils et deux filles. L'aîné, Marie-Gaston-Gabriel-Armand de Montrichard, chevalier de la Légion d'honneur, est lieutenant au 14e régiment de chasseurs à cheval.

MONTROGNON DE SALVERT. *France.*

D'azur à la croix ancrée d'argent.

L'unique représentant du nom, de Montrognon de Salvert, réside au château de la Fredonnière, à Temple, département de Loir-et-Cher.

MONTROND. *Dauphiné, Vivarais.*

Coupé : au 1 parti de gueules et d'azur à deux croissants d'argent, accostés de deux mouchetures d'hermines mises en fasces ; au 2 d'or au monde d'azur, cintré et sommé d'une croix recroisettée de sable.

Cette famille a pour unique représentant de Montrond, au château de Recoubeau, par Luc-en-Diois, département de la Drôme.

MONTS. *Bresse.*

D'argent à la fasce bastillée de deux pièces, de deux demies d'azur ; au chef de gueules, chargé de trois étoiles d'or.

De Monts, unique représentant du nom, réside au château d'Armanet, par Côte-Saint-André, département de l'Isère.

MONTSAULNIN. *Nivernais, Berry.*

De gueules à trois léopards d'or, couronnés du même, l'un sur l'autre.

Cette maison, qui a donné deux chevaliers du Saint-Esprit et qui remonte à Guillaume de Montsaulnin, écuyer, lequel épousa, en 1407, Philiberte de Vassa, a pour chef de nom et d'armes Ernest-Paul, comte de Montsaulnin, membre du conseil général du Cher, qui a deux fils : Charles, vicomte de Montsaulnin et Louis, vicomte de Montsaulnin.

MONTSORBIER. *Poitou.*

Burelé en pal d'azur et d'argent de onze pièces; à la bordure componée du même.

De Montsorbier, unique représentant du nom, réside au château de de Bralière, par les Essarts, département de la Vendée.

MONTULÉ. *Maine.*

D'azur à trois trèfles d'argent.

Cette famille a deux représentants : de Montulé, au château de la Bochère, par Ecommoy, département de la Sarthe; de Montulé des Essarts, au Mans.

MONTULLÉ. *Bretagne.*

De gueules au chevron d'or, accompagné de trois molettes de même posées 2 et 1.

Cette famille qui a donné Jean-Joseph de Montullé, conseiller au Parlement et commissaire aux requêtes du Palais, dont il mourut doyen le 10 mai 1714, est représentée par de Montullé, à Paris.

MONTUREUX (Boursier de). *Lorraine.*

D'azur à la panthère rampante d'or, mouchetée de sable, armée, lampassée et allumée de gueules, tenant une croisette tréflée d'argent.

Cette famille, qui emprunte son nom au bourg de Montureux-sur-Saône, avec titre de baronnie, dans le diocèse de Toul, est représentée par le comte Boursier de Montureux, au château d'Arracourt, par Vic, département de la Meurthe.

MONTVERT. *Toulouse, Montauban.*

De sable au chef d'argent, chargé de trois fusées d'azur.

L'unique représentant du nom de Montvert est avocat à Agen, département de Lot-et-Garonne.

MONVAL (Fresse de). *Provence.*

De gueules à la fasce d'argent, accompagnée en chef de trois étoiles et en pointe de trois croissants du même.

Les divers nobiliaires de Provence contiennent sous le nom de Fresse, seigneur de Monval, des notices détaillées au sujet de cette famille, dont le seul représentant mâle ayant postérité est Frédéric de Monval, à Aix (Provence). Un autre représentant réside à Valensolle (Basses-Alpes).

MONVOISIN. *Alençon.*

D'argent au chevron d'azur, chargé de trois besants d'or; accompagné en chef de deux lions affrontés de gueules, armés et lampassés de sable; et en pointe d'un frêne de sinople, accolé d'or à deux fasces de gueules.

Cette famille n'a plus qu'un seul représentant : de Monvoisin, sans fonctions et sans titre, à Toulouse.

MONZÉE. *France.*

De gueules à trois étriers d'argent; au canton d'argent chargé d'une fleur de lys de gueules.

De Monzée, unique représentant, réside au Vieux-Pont, par Ecouché, département de l'Orne.

MOOR. *Flandre.*

Coupé : au 1 recoupé, *A* d'or à une tête de more tortillée d'argent; *B* de gueules au lévrier courant d'argent, colleté et bouclé d'or; au 2 d'azur au chevron d'argent, accompagné en pointe d'un cygne du même. — D'argent à trois têtes et cols de bœuf de sable. — De sable à six coquilles d'argent. — D'or à la fasce de gueules, accompagnée de trois têtes de more de sable.

De Moor, unique représentant du nom en France, réside à Versailles.

MORA. *Guyenne.*

D'argent au lion d'azur, lampassé et armé d'or.

Cette famille n'a qu'un représentant, de Mora, sans fonctions et sans titre, à Moulins, département de l'Allier.

MORAND DE JOUFFREY. *Briançon.*

ARMES ANCIENNES. De gueules à trois cormorans d'or, posés 2 et 1 et surmontés d'un casque.

ARMES MODERNES. D'azur au chevron du tiers de l'écu de gueules, chargé du signe des chevaliers légionnaires, et accompagné de trois cormorans d'or posés deux en chef et un en pointe.

Cette ancienne famille de robe est représentée par Antoine, chevalier Morand de Jouffrey, au château de Machy, par Chasseley, département du Rhône. Il a deux fils : Jean-Marie-Alfred et Joseph-Etienne-Gustave Morand de Jouffrey.

MORAND. *Franche-Comté.*

Parti : au 1 d'or à trois têtes de more tortillées d'argent ; au 2 coupé : *A* de gueules à l'épée d'argent ; *B* bandé d'azur et d'argent.

Le comte de Morand, officier de la Légion d'honneur, unique représentant du nom, est conseiller général à Montbenoit, département du Doubs.

MORAND. *France.*

D'azur à cinq cotices d'argent ; au franc quartier d'azur, chargé d'une épée d'argent garnie d'or.

Cette famille n'a qu'un représentant : le baron de Morand, à Paris.

MORANDAIS. *Bretagne.*

De sable à trois fleurs de lis d'or ; au chef cousu de gueules, l'écu bordé de gueules.

Cette famille n'est plus représentée que par de la Morandais, sans fonctions et sans titre, à Rennes.

MORAND. *Normandie, Maine, Anjou.*

D'azur à trois fasces d'or chargées chacune de trois croisettes de gueules.

Cette famille a deux représentants : de Morand, au Mans, département de la Sarthe ; de Morand, médecin, à Paris.

MORARD D'ARCES. *France.*

D'azur au canton d'or, senestré d'une rose d'argent.

Cette famille a pour chef de nom et d'armes le marquis de Morard d'Arces, au château de Blanchelaine, par Tain, département de la Drôme.

MORCHESNE. *Normandie.*

D'argent au chevron de sable accompagné de trois mouchetures d'hermines.

Maintenue dans sa noblesse, le 16 septembre 1667, cette famille a pour unique représentant du nom, de Morchesne, au château de Morchesne, par Longannerie, département du Calvados.

MORCOURT. *Cambraisis.*

D'argent à trois merlettes de gueules.

Le comte de Morcourt, chef de nom et d'armes, réside à Paris ; de Morcourt, autre représentant du nom, est maire de Saint-Menin, département de la Dordogne.

MORDANT. *Bretagne, Normandie.*

D'argent au chevron engrelé de sable, accompagné de trois étoiles du même.

Cette famille est représentée par Mordant de Langourian, chevalier de la Légion d'honneur, chef de bataillon au 31e de ligne.

MORÉ DE PONTGIBAUD. *Auvergne, Gévaudan.*

De gueules à trois bandes d'or ; au franc canton d'hermines.

Devise : *Mourez por Diou !*

Cette famille, qui a obtenu les honneurs de la pairie et qui a donné des chevaliers de Saint-Louis et de divers ordres, est représentée par César-Henri-Joseph, comte de Moré de Pongibaud, membre du Conseil-général, au château de Fontenay, près de Montebourg, département de la Manche.

MORÉAL. *Comté de Bourgogne.*

D'azur à quatre aiglettes d'argent becquées de sable.

Cette famille, qui a donné des membres au département et à la Cour des comptes de Dôle, a pour chef de nom et d'armes, de Moréal, chevalier de la Légion d'honneur, conseiller honoraire à la cour de Besançon, à Saint-Lothain, par Poligny, département du

Jura qui, de son mariage avec Pauline-Amélie de Montrichard, a un fils, René de Moréal, avocat, à Besançon.

Il a un frère, Stephen de Moréal, au château de Villars, par Précy-sur-Thil, département de la Côte-d'Or, qui n'a pas d'enfants, de son mariage avec Marie-Apolline-Olympe-Alix de Balathier Lantage.

MOREAU. *Paris, Ile de France, Champagne, Cambrésis.*

Paris. — D'or au chevron d'azur, accompagné en chef de deux roses de gueules, tigées et feuillées de sinoples, et en pointe d'une tête de more tortillée d'argent.

Ile de France, Champagne. — D'azur au chevron d'or, accompagné de trois têtes de more tortillées du même.

Cambrésis. — D'azur à la bande d'argent chargée de trois mouchetures d'hermines de sable. — D'or au chevron de gueules accompagné de trois roses du même.

Sous le nom générique de Moreau, on retrouve en France huit représentants : Moreau de la Barre, receveur d'enregistrement, à Vaucouleurs, département de la Meuse ; Moreau de Bellay, à Tulette, département de la Drôme ; Moreau de Bonrepos, receveur particulier, à Saint-Amand, département du Cher ; Moreau de Charny, professeur à Nevers, département de la Nièvre; Moreau de Champlieux, à Paris; Moreau de Jonnès, officier de la Légion d'honneur, membre de l'Institut, à Paris ; Moreau de Saint-Ludgère, médecin, à Saint-Denis, département de la Seine ; Moreau de Vermicourt, à Outreau, département du Pas-de-Calais.

MOREAU DE BELLAING. *Flandre.*

D'azur à la bande d'argent, chargé de trois mouchetures d'hermines, posées dans le sens de la bande.

De Moreau de Bellaing, unique représentant du nom, réside au château de Bellaing, à Valenciennes, département du Nord.

MOREAU DE MORCOUX. *France.*

De gueules à la fasce d'argent, accompagnée de trois étoiles du même.

De Moreau de Morcoux, unique représentant du nom, est juge de paix à Lucenay-l'Evêque.

MOREAU DES MOULLIÈRES *Poitou.*

D'or à trois canettes de sable, becquées et pattées de gueules, posées 2 et 1. Haume : de chevalier. Lambrequins : aux émeaux et couleurs de l'écu.

Jean Moreau, sieur de Crespeau, conseiller et assesseur criminel du roi, premier conseiller au siége présidial de Fontenay-le-Comte, en Bas-Poitou, maire de Fontenay-le-Comte, fut anobli en récompense de ses bons et utiles services, et notamment de la fidélité envers le roi, dont il fit preuve en introduisant dans le château de Fontenay le seigneur de Lignerolles, que le roi avait envoyé pour y commander, en remplacement du marquis de la Boulaye, attaché au parti ennemi, et pour la part qu'il prit à l'attaque et à la défaite, au gué de Velluire, des troupes du marquis de Jersey..... le roi, pour reconnaître ses services, lui donna des lettres de noblesse, datées du mois d'octobre de l'an de grâce 1652, par lesquelles il l'anoblissait, lui et toute sa postérité légitime, née et à naître, voulant qu'ils puissent se qualifier » nobles et écuyers, » et jouir de tous les droits et priviléges dont jouissent tous les autres nobles du royaume, et avoir dorénavant, où bon leur semblera, les armoiries et timbre, telles qu'elles sont empreintes et figurées sur les lettres de noblesse, signées du roi.

Les lettres de noblesse, accordées depuis 1634, ayant été révoquées par la déclaration du roi de septembre 1664, à la réserve de celles obtenues pour services rendus au roi, ledit sieur Moreau eut l'honneur d'être compris dans l'exception.

« Nous avons, dit le roi, dans de nouvelles lettres de noblesse, datées de Saint-Germain en Laye, mois de mars 1670, confirmé et confirmons par ces présentes, signées de notre main, nos lettres d'anoblissement accordées au dit sieur Moreau de Crespeau et à sa descendance, nonobstant la révocation portée par nos lettres du mois de septembre 1664, dont nous l'avons excepté et exceptons. »

Voici les degrés de la généalogie :

Jean Moreau de Crespeau, écuyer, qui mérita les lettres d'anoblissement.

Il eut un fils, René, qui suit :

René Moreau, écuyer, seigneur de Marillet, sénéchal de la Châteigneraye, eut un fils, René, qui suit :

René Moreau, écuyer, seigneur des Moullières, conseiller du roi, lieutenant général civil et criminel au siége royal de Vouvaut, eut trois fils, savoir :

Louis Moreau, écuyer, seigneur des Moullières, receveur et contrôleur des domaines et droits y joints de la généralité de Rouen ;

Alexis-René-Marianne Moreau, écuyer, seigneur de Plessis-Moreau, chevalier de Saint-Louis, commandant de bataillon au régiment de Piémont ;

Jean-François-Joseph Moreau, écuyer, seigneur de

la Grange, qui fut aussi seigneur des Moullières, conseiller du roi, bailli et lieutenant civil et criminel au baillage royal de Vouvant, eut, de dame Marie-Jeanne Robert, son épouse, un fils, Etienne-Joseph-Aîmé, qui suit :

Etienne-Joseph-Aimé Moreau, chevalier, seigneur des Moullières et autres lieux, épousa Françoise-Anne-Louise-Marie de Vieux. Il émigra, et ses biens, entre autres le château des Moullières, furent vendus nationalement. Une attestation du duc de Broglie, datée de Dusseldorff, 2 mai 1793, certifie que M. Moreau des Moullières, gentilhomme de la province de Poitou, a fait la campagne dans l'escadron des gentilshommes de la province de Poitou, en qualité de maître, dans l'armée des Princes, oncles du Roi, et qu'il y a servi avec honneur et distinction.

Il eut de son mariage un fils, Alexis-Aimé, qui suit :

Alexis-Aimé Moreau des Moullières, décédé, épousa : 1° Marie-Rosalie-Virginie Clémenceau de la Serrie ; 2° Adélaïde-Victoire-Rose de Cacqueray de Valmenier.

Il eut du premier lit un fils, Firmin-Arthur-Ferdinand Moreau des Moullières, chanoine honoraire de Luçon, aumônier des religieuses ursulines de Jésus.

Il eut du second lit trois enfants, savoir :

Marie-Raoul-Edmond Moreau des Moullières, à Parmain, département de Seine-et-Oise, sans alliance ;

Julie-Henriette-Marie-Théonie épousa le comte Florestan Gouyon Matignon de Beaufort (voir ce nom).

Alix-Marie Virginie, dame de la Rochette (du Périgord), décédée sans enfants.

MOREL. *Franche-Comté, Bresse, Normandie.*

Franche-Comté, Bresse. De sable à trois fusées d'argent, posées en pal, rangées en fasce.

Normandie. De gueules au lion d'argent; au chef cousu d'azur, chargé de trois croissants d'or.

Morel, en Franche-Comté et en Bresse, d'ancienne noblesse, qui a pour auteur Jéon de Morel, damoiseau, vivant en 1353, a deux représentants : de Morel, à Paris; de Morel, à Villebois-la-Vallée, département de la Charente.

MOREL. *Bretagne, Normandie.*

Bretagne. D'argent au léopard de gueules. — D'azur au lion naissant d'argent, accompagné de huit fleurs de lis du même, rangées en orle.

Normandie. D'or au lion de sinople, armé et lampassé de gueules, couronné d'argent.

Sous le nom générique de Morel, en Bretagne et en Normandie, on compte cinq représentants : Morel d'Aché, à Alençon, département de l'Orne; Morel de Bauvine, à Nice; Morel de la Colombe, percepteur, à Saint-Martin (Guadeloupe); Morel d'Escure, à Alençon; Morel de Fromental, à Fromental, par Merterolles, département de la Haute-Vienne.

MOREL. *Picardie.*

D'azur à une fleur de lis d'or, accompagnée de trois glands du même, les tiges en bas.

De cette famille étaient Claude, Louis, Charles et Adrien Morel, seigneurs de Cresmery, de Poullencourt, d'Herbecourt et de Foucaucourt; ils firent preuve de noblesse, depuis le 14 novembre 1555, époque où vivait Claude Morel, écuyer, seigneur de Cresmery, leur bisaïeul. Sa race a sept représentants : Gaston Morel, baron de Foucaucourt, au château de Belloy, par Chaulnes, département de la Somme, et ses fils, Édouard et Robert ; Olivier Morel de Boncourt, à Amiens ; Jules Morel de Boncourt, au château de Florenthun, département du Pas-de-Calais, et son fils Charles ; Paul Morel de Boncourt, à Versailles.

MOREL DE KUHLEWEIN. *France.*

D'argent au chevron de sable, accompagné de trois têtes de more.

Morel de Kuhlewein, unique représentant du nom, est avocat du barreau de Paris.

MOREL DE VOLEINE. *France.*

D'azur à trois fleurs de morelles tigées, mouvantes, d'un croissant et accompagnées en chef de deux étoiles, le tout d'argent.

Cette famille est représentée par Claude-Louis Morel de Voleine, à Lyon, qui a deux fils.

MOREL-VINDÉ. *Picardie, Artois.*

De gueules à trois têtes d'aigle d'or, posées 2 et 1 ; au chef d'argent chargée d'une aigle éployée de sable.

Cette famille, dont il est parlé dans le *Mercure de France* du mois d'avril 1735, et dont était Marius-Basile, Morel de Boistiroux, seigneur de Vindé, le Meix, Saint-Espoing, la Bucherelle, etc., directeur de la Marine et du Commerce des pays étrangers, commissaire des Domaines de France et des fermes du roi, mort le 6 mars 1686, est représentée par le vicomte de Morel-Vindé de Terray, chevalier de la Légion d'honneur, conseiller honoraire de cour d'appel, à Paris.

MORÉLIE (DE LA). *Limousin*.

D'azur au chevron d'argent, surmontée d'une croix du même accostée, de deux palmes confrontées d'argent et accompagnées en pointe d'une tour du même, maçonnée de sable.

Cette famille qui est éteinte dans les mâles, est représentée par Madame de la Morélie, au château de Meslay, par Thury-Harcourt, département du Calvados.

MORELLI. *Piémont*.

Coupé : au 1 d'azur à la colombe essorante, la tête contournée, tenant en son bec un rameau d'olivier de sinople; au 2 de gueules, à la croix ancrée d'argent — D'azur à une nuée d'argent en bande, traversées de trois foudres d'or posées en barre.

Cette famille est représentée par de Morelli, conservateur des hypothèques, à Brest, département du Finistère.

MORETON DE CHABRILLAN. *Dauphiné*.

D'azur à une tour crénelée de cinq pièces, sommée de trois donjons, chacun crénelé de trois pièces, le tout d'argent maçonné de sable, à la patte d'ours d'or, mouvante du quartier senestre de la pointe et touchant la porte de la tour.

Devise : *Antes Quebraz que doblas*.

L'une des plus anciennes et des plus illustres du Dauphiné. Cette famille qui descend de Lambert de Moreton, vivant avant l'an 1100, comme il constate d'un acte passé en 1110, entre Adhémar, souverain de Montélimar, a cinq représentants : Alfred-Philibert-Victor Guigues de Moreton, marquis de Chabrillan. Il a deux fils : le comte de Moreton de Chabrillan, et le comte Paul de Moreton de Chabrillan. Il a aussi deux arrière-neveux : le comte Fortuné de Moreton de Chabrillan, et le comte Robert de Moreton de Chabrillan, chef d'escadrons au 5e régiment de chasseurs.

MORGAN. *Picardie.*

D'or à trois rencontres de taureau de sable langués de gueules, posés deux en chef et un en pointe.

Cette famille a sept représentants : le comte de Morgan, au château de Frucourt, par Hallencourt, département de la Somme ; le comte de Morgan, à Paris ; autre comte de Morgan, à Paris ; le baron Thomas de Morgan, à Amiens ; de Morgan, chevalier de la Légion d'honneur, député, à Paris ; de Morgan, au Chaussoy, par Flers, département de la Somme ; de Morgan de Belloy, chevalier de la Légion d'honneur, conseiller général, à Pecquigny, département de la Somme.

MORGES (DE ROUX DÉAGENT DE). *Dauphiné.*

D'azur au chevron d'argent accompagné de trois étoiles d'or.

La famille de Roux Déagent de Morges est originaire de la province du Dauphiné. Parmi les premiers seigneurs du nom mentionnés par l'histoire, on cite notamment : Louis de Roux, choisi le 27 octobre 1324, pour juger, conjointement avec d'autres gentilhommes Isnard, Brat et le révérend homme, Pierre, seigneur de Meudon, un différent survenu entre les seigneurs d'Annat. L'acte dressé, à ce sujet, qualifie Louis de Roux, des titres de « puissant homme, seigneur, etc. »

Roger, dans sa *Noblesse de France aux Croisades*, cite Ponce de Roux, combattant pour les Albigeois.

En 1495, François et Guignes de Roux figuraient sur les rôles des nobles du Graisivaudan.

Etienne de Roux, seigneur de la Tour et de Tréminis, acquit la seigneurie de Morges en 1653; le roi érigea la terre de Morges en comté, à cause de l'ancienne noblesse de ceux qui la possédaient, et des services rendus par leurs ancêtres à la patrie.

Son arrière-petit-fils, François de Salles-Pierre de Roux d'Eagent, comte de Morges, seigneur de Fontanieu, Saint-Ange, Allière, etc., page de Louis XV, puis capitaine au régiment du roi, présidant les trois ordres du Dauphiné, à l'assemblée de Vizilles, et la noblesse à celle de Romans, il fut l'un des députés de la noblesse du Dauphiné, aux états généraux.

Charles-Marie de Roux Déagent, comte de Morges, son fils cadet, naquit au château d'Allière, en 1766. Il servit comme officier au régiment du Roi, où il reçut la croix de Saint-Louis. Il fut aussi chevalier de Malte.

Son petit-fils, Charles de Roux Déagent, comte de Morges, propriétaire dans l'arrondissement de Roanne, et résidant à son château de Clérimbert, à Saint-Symphorien-sur-Coise, département du Rhône, est le seul héritier de cette famille.

MORGUES. *Languedoc.*

De gueules au sautoir d'or; au chef cousu d'azur, chargé de trois étoiles d'or.

La noblesse et l'ancienneté de cette belle famille s'établissent par des titres nombreux, notamment par sentence des états généraux des états du Languedoc, présidés par Monseigneur l'Archevêque de Toulouse, le 10 décembre 1781, admettant noble Jacques de Morgues de Saint-Germain, chevalier, seigneur de

Lantriac au diocèse du Puy, consul du Puy, ancien capitaine au régiment d'Auvergne-infanterie, chevalier de l'ordre royal et militaire de Saint-Louis, aïeul du chef de la famille, nommé par l'Archevêque de Narbonne au siége des états généraux du Languedoc, en qualité d'envoyé de la baronnie de Castelnau-d'Estrettefons.

Des procès-verbaux de cette assemblée, déposés dans les archives du département du Gard, il résulte non-seulement la preuve des cinq générations, faisant deux cents ans, requis par les règlements, mais aussi qu'un jugement de maintenue de noblesse, de l'intendant, M. de Bezons, du 2 novembre 1668, en établit la preuve et l'origine à une date bien antérieure à cette époque, et qu'en vertu de ces droits, Marguerite de Morgues de Saint-Germain, née le 17 janvier 1677, fut reçue à Saint-Cyr au mois de mars 1687, après avoir prouvé que noble Gabriel de Morgues, seigneur et baron de Saint-Germain, marié le 9 juin 1584 à Christine Gauteron, était son trisaïeul.

Parmi les illustrations de cette famille, qui a donné plusieurs abbés et des religieuses aux chapitres nobles, il faut citer Mathieu de Morgues, sieur de Saint-Germain, prédicateur ordinaire de Louis XIII, premier aumônier de la reine Marie de Médicis. Nommé à l'évêché de Toulon par le roi Louis XIII, il ne reçut point les bulles du Saint-Siége, parce que le cardinal de Richelieu, qui d'abord avait fait grand cas de son savoir et de son mérite, prit ombrage de son attachement à la reine et l'exila avec elle à Bruxelles, en 1613, où il resta jusqu'à la mort du cardinal.

Divisée en deux branches, l'aînée a pour chef de nom et d'armes Auguste, baron de Morgues de Saint-

Germain, à la Bastide (Haute-Loire). Il a deux fils : Paul et Eugène, et deux filles, Marie et Constance.

La seconde branche est représentée par Jacques-Adolphe de Morgues, directeur des postes en retraite, petit-fils du représentant précité aux états généraux du Languedoc en 1781. Marié en premières noces à Charlotte de Durand, baronne de la Molinière, et en secondes noces à Marie-Laurence-Eugénie de Galbert, des comtes de Galbert, il a du premier lit un fils : Henri, notaire au Puy, et du second lit trois enfants : Zoé, encore sans alliance, Marie-Anne, religieuse trinitaire, et Joseph, ingénieur.

MORICE DE LA RUE. *Bretagne.*

D'argent au chevron de sable, accompagné de quatre aiglettes du champ et accompagné de trois molettes de gueules, posées 2 et 1.

Du ressort de Ploërmel et déclarée noble d'extraction par arrêt de la Chambre des réformations, en date du 12 novembre 1668, cette famille est représentée par Morice de la Rue, au château de Digonville, par Saint-Pierre-Eglise, département de la Manche.

MORICIÈRE (DE LA). *Normandie.*

D'argent au chevron de gueules, accompagné de trois trèfles de sinople, posés 2 et 1.

Mentionné, au témoignage de la Roque, dans les registres de la Chambre des comptes de l'an 1366 et de ceux de l'an 1463, cette famille n'est plus représentée que par une dame, la douairière de la Moricière, au château de Proussel, département de la Somme.

MORILLOT DE CHAVIGNY-MORIN. *Guyanne, Normandie, Maine, Normandie, Bretagne.*

Guyanne. D'argent au lion de sable ; au chef d'azur chargé de trois coquilles d'argent, écartelé de gueules au lion grimpant d'or.

Normandie. D'azur au chevron d'or, accompagné de trois merlettes d'argent.

Maine, Normandie. D'or à trois fasces de sinople.

Bretagne. D'or au chevron d'azur, accompagné de trois têtes de maure. — D'azur au chevron d'argent, accompagné de trois quinfeuilles du même, bordées de sable. — D'argent à l'arbre de sinople, terrassé du même ; au sanglier de sable passant devant le fût de l'arbre.

Lachenaye-Desbois mentionne quatre familles du nom de Morin : l'une, du pays du Maine, dont une branche s'est établie en Normandie, a donné Guillaume Morin, chevalier, seigneur du Tronchet, mort le 10 novembre 1305 ; deux autres dont le nom est éteint, et enfin Morin de Mondeville, au bailliage de Caen, qui remonte à Philippe Morin, écuyer, seigneur de Mondeville, vivant vers l'an 1500.

Morin compte de nos jours quatre représentants : le baron Morin de Sandat, qui a son domicile d'été au château de Sandat, département de Lot-et-Garonne, et son domicile d'hiver à Paris ; Morin de la Pillière, à Lille ; Morin de la Pillière, à Putanges, département de l'Orne ; Morin d'Yvonnière, maire de Poiré-sur-Vic et conseiller général de la Vendée, au château de Métaierie, par Poiré, département de la Vendée.

MORINEAU. *Poitou.*

De gueules à la bande d'argent, chargée de trois

têtes de maure de sable, accompagnées de quatre croissants d'argent, deux en chef, deux en pointe.

Cette famille a trois représentants : de Morineau, au château de la Vrillaye, près Richelieu, département d'Indre-et-Loire ; Etienne-Julien de Morineau, médecin, à Poitiers, département de la Vienne ; de Morineau, professeur, à Poitiers.

MORISSON DE LA BASTIÈRE. *Bretagne.*

Cette famille a deux représentants : Morisson de la Bastière, au château de Saumery, par Huisseau, département de Maine-et-Loire ; Morisson de la Bastière, au château de Garnaud, par Avrillé, département de la Vendée.

MORLAS. *Guyane.*

D'azur à neuf besants d'argent, posés 3, 3 et 3.

L'unique représentant du nom de Morlas, chevalier de la Légion d'Honneur, réside à Oletto, département de la Corse.

MORNAY. *Berry.*

Burelé d'argent et de gueules de huit pièces ; au lion morné de sable, couronné d'or, broché sur le tout.

Mornay, en Berry, ancienne et illustre maison, féconde en grands hommes, alliée aux premières maisons de France, a donné deux chanceliers de France, des chevaliers du Saint-Esprit, et remonte à Philippe, seigneur de Mornay, un des principaux bienfaiteurs de l'abbaye de Fontmorigny, en 1151, lors de la réforme de Saint-Bernard.

Cette grande famille a trois représentants : le marquis de Mornay, conseiller général, au château de

Montchevreuil, département de l'Oise ; le comte de Mornay, ancien pair de France ; le comte de Mornay-Soult de Dalmatie, chevalier de la Légion d'Honneur, capitaine au 9ᵐᵉ régiment de hussards.

MOROGES. *France.*

D'azur à trois bandes d'or, à la bordure de gueules.

De Moroges, unique représentant du nom, réside à Effiat, par Aigueperse, département du Puy-de Dôme.

MOROT. *Bourgogne.*

D'argent au chevron d'azur, accompagné de trois molettes de gueules ; au chef d'azur chargé d'un lévrier courant du champ, colleté de gueules.

Cette famille, dont les armes ont été blasonnées par La Chenaye-Desbois, est représentée par Louis Morot de Crossigny, à Beauvillers, département de l'Yonne.

MORTAIN. *Flandre.*

D'hermines ; au chef denché de gueules.

De Mortain, unique représentant du nom de cette famille, sans fonctions et sans titre, réside à Paris.

MOTTE DE FELINES (LA). *Dauphiné.*

D'hermines à l'oranger de sinople fruité de trois pièces d'or, terrassé du second.

Cette famille a deux représentants : de la Motte de Félines, sous-préfet à Saint-Yrieix, département de la Haute-Vienne ; de la Motte de Félines, à Nice.

MORTEAUX. *Languedoc.*

De gueules à trois chevrons d'argent, accompagnés en pointe d'un huchet versé d'or, au chef cousu d'azur, chargé d'un croissant du second entre deux étoiles du troisième.

Cette famille n'a qu'un représentant : de Morteaux, maire, à Bastide-de-Siroux, par Foix, département de l'Ariége.

MORTEMART. *Limousin, Normandie, Angleterre.*

Ecartelé : Au 1 fascé d'or et d'azur de six pièces; au chef tiercé en pal; *A* tranché d'or et d'azur; *B* d'azur au pal d'or; *C* taillé d'or et d'azur; à l'écu d'argent sur le tout, tenant au chef; aux 2 fascé d'or et de sinople de six pièces, à vingt-quatre fleurs de lis de l'un en l'autre, qui est de Mortemer, Normandie; au 3 fascé d'argent et de gueules de six pièces, les fasces d'argent chargées de trois mouchetures d'hermines de sable, qui est de Boisse, Limousin ; au 4 d'argent à un chevron d'azur, à trois aigles de gueules, qui est de Marle, Normandie. Couronne : de duc. Cimier : une étoile d'or et au dessous une légende latine et italienne tout à la fois : *Invoco te.*

Cri : *Drutus à Mortuo Mari.*

Originaire du Limousin, une de ses branches fonda la maison de Mortimer en Angleterre, où elle s'était rendue avec Guillaume-le-Conquérant, cette famille a plusieurs représentants, et pour chef de nom et d'armes le baron de Mortemart, duc de Casole, à Paris.

MOSTUÉJOLS. *Rouergue, Languedoc.*

De gueules à la croix fleurdelisée d'or, cantonnée de quatre billettes de même.

D'ancienne chevalerie de la province de Rouergue, où sont situés le château et la baronnie qu'elle a constamment possédés depuis 1070, cette famille a trois représentants : Armand de Mostuéjols, au château de Mostuéjols, à Peyreleau, département de l'Aveyron, qui a eu un fils et deux filles ; de Mostuéjols, au château de Larcure, par Gignac, département de l'Hérault.

MOTHAYE (DE LA). *Béarn, Lyonnais, Vermandois, Paris.*

BÉARN. D'argent à trois cyprès terrassés de sinople, posés 2 et 1.

LYONNAIS. D'azur à la tour de sable d'où naît un lion tenant une épée de gueules.

VERMANDOIS. Vairé d'or et d'azur.

PARIS. D'azur à trois roses d'or.

Cette famille a quatre représentants : de la Mothaye, au château de Pradelle, par Saint-Alvère, département de la Dordogne ; de la Mothaye, directeur de l'enregistrement à Mende, département de la Lozère ; de la Mothaye, au château de Montceaux, par Romilly, département de l'Aube ; de la Mothaye, à Lyon.

MOTHE (DE LA). *Vivarais.*

De gueules au lion d'or, la patte dextre surmontée d'une étoile du même, au canton dextre de l'écu.

Devise : *Hinc lucet hinc dimicat.*

La famille de la Mothe est une des plus anciennes du Vivarais ; elle établit, par actes authentiques, sa filiation depuis l'an 1371.

Elle a porté, jusqu'en 1545, le nom de Chalendar, époque à laquelle elle a pris le nom de la Mothe.

Lors de la vérification des titres de noblesse, deux jugements, à la date du 7 juillet 1668 et du 1er septembre 1669, la lui confirmèrent sous ce nom dans les provinces du Languedoc et du Dauphiné.

Presque tous les membres de cette famille ont servi successivement dans les pages de la Chambre et de la petite Écurie, et ont tenu des emplois élevés dans la marine et dans l'armée territoriale.

La famille compte aujourd'hui deux représentants : Charles-Bernard-Louis-Henri de la Mothe, grand propriétaire, à Maison-Laffite (Seine-et-Oise) et au château de la Mothe, par Largentière (Ardèche).

2° Marie-Henri-Albert Giraud de la Mothe, chevalier de la Légion d'honneur, militaire en activité de service.

Le titre de comte a toujours été attaché à la famille qui jouissait, avant 1789, de tous les droits seigneuriaux.

Auteurs à consulter : d'Hozier, chevalier d'Aubais, de Barthélémy, Chorier, le père Columbi, etc.

MOTTE (DE LA). *France, Normandie, Bretagne, Touraine, Champagne, Dauphiné, Picardie, Paris, Provence.*

FRANCE. D'azur au chevron d'or, accompagné de trois glands de même. — De gueules au chevron d'hermines, accompagné de trois molettes d'argent.

NORMANDIE. D'or à la bande de gueules, chargée de trois coquilles d'argent et accompagnée de trois étoiles d'azur. — D'argent au sanglier de sable. Tranché : au 1 palé d'argent et de gueules ; au 2 de gueules à la bande d'argent.

TOURAINE. D'argent à trois merlettes de sinople ; au chef de gueules.

CHAMPAGNE. D'azur au bâton noueux d'or posé en bande.

DAUPHINÉ. De gueules au lion d'or, accompagné en chef à dextre d'une étoile de même.

PICARDIE. De gueules à trois chevrons de vair.

PARIS. De gueules à trois roses d'or.

PROVENCE. D'azur à la croix d'argent, cantonnée de quatre fleurs de lis d'or.

De la Motte, en noblesse, a quatorze représentants appartenant à des familles distinctes : le marquis de la Motte, à Paris ; le baron de la Motte, au château de Carheil, par Blain, département de la Loire-Inférieure ; de la Motte, au château de Lesveu, par Ploudalmezeau, département du Finistère ; de la Motte, au château de la Huberderie, par Saint-Aignan-sur-Roë, département de la Mayenne ; de la Motte, médecin à Pont-l'Evêque, département du Calvados ; de la Motte, au château de de Rouvres, par Auberive, département de la Haute-Marne ; de la Motte, au château d'Egrigny, par Moirans, département de l'Isère ; de la Motte, avoué à Rambouillet, département de Seine-et-Oise ; de la Motte, au château de Feugnières, par Valines, département de la Somme ; de la Motte, chevalier de la Légion d'honneur, chef de bureau au ministère des cultes, à Paris ; de la Motte, architecte à Paris ; de la Motte, archiviste à Nîmes, département du Gard.

MOTTE-ANGO. *Normandie.*

Ecartelé : aux 1 et 4 de gueules à la tête humaine d'argent, les cheveux hérissés d'or, qui est de Pellevé ; aux 2 et 3 de gueules à neuf macles d'argent, qui est de Rohan ; sur le tout, parti d'azur à trois annelets d'or, qui est Ango ; et parti d'azur à trois lis naturels et à la bordure de gueules chargée de huit besants d'or, qui est de Lezeau.

Cette famille, qui remonte à Thomas Pellevé, un des compagnons de Guillaume de Normandie à la conquête de l'Angleterre, a pour chef de nom et d'armes Hyacinthe-Jacques de la Motte-Ango, marquis de Flers, au château de Cours-sur-Loire, près Blois, qui a sa résidence d'hiver à Paris. Il a un fils, Jean-Robert-Raoul de la Motte-Ango, vicomte de Flers, sans alliance.

MOTTE (DE LA). *Touraine, Bretagne, Maine, Bretagne.*

Touraine. D'argent au chevron de gueules, accompagné de trois hures de sanglier de sable, posées 2 et 1.

Bretagne. De gueules au lion d'argent. — De sable fretté d'or. — D'argent fretté d'azur de six pièces.

Maine, Bretagne. De sable à la fasce d'or. — De sable à la fasce d'or accompagné de six fleurs de lis de même.

Sous le nom générique de la Motte on trouve encore onze représentants : de la Motte d'Aloigny, au château d'Aloigny, par Clion, département de l'Indre; de la Motte du Portail, à Rennes, département d'Ille-et-Vilaine; de la Motte d'Incamps, notaire, à Pau, département des Basses-Pyrénées; de la Motte-Langon, chevalier de la Légion d'honneur, sous-préfet, à Guelma, Algérie; le comte Joseph de la Motte de la Motte-Rouge, dont : le vicomte Raoul de la Motte de la Motte-Rouge; Charles de la Motte de la Motte-Rouge, capitaine de frégate; Auguste de la Motte de la Motte-Rouge, lieutenant de vaisseau; le vicomte Armand de la Motte de la Motte-Rouge, dont : le vicomte René de la Motte de la Motte-Rouge, directeur du haras de Saintes; le vicomte Édouard de la Motte de la Motte-

Rouge, et son frère Alphonse de la Motte de la Motte-Rouge, sous-lieutenant; le général de division de la Motte de la Motte-Rouge, député des Côtes-du-Nord; Adolphe de la Motte de la Motte-Rouge; le comte de la Motte de Vauvert, au château de la Villa-Moussaye, par Jugon, département des Côtes-du-Nord; de la Motte de Vauvert, au château de la Moussaye, par Plénée-Jugon, département des Côtes-du-Nord; de la Motte de Vauvert, à Rennes; autre de la Motte de Vauvert, à Rennes,

MOUCHERON. *Anvers, Bretagne, Normandie.*

D'argent à la fleur de lis d'azur, séparée de deux moitiés en pal et détachée de toutes pièces.

Cette famille, dont la souche est Jean Moucheron, vivant en 1289, et dont la filiation suivie remonte à Robin de Moucheron, écuyer, vivant en 1350, a deux représentants : le comte Charles de Moucheron, au château de Maison-Maugis, par Remalard, département de l'Orne; le vicomte Eugène-Louis de Moucheron, officier de la Légion d'honneur, chef d'escadrons au 9e régiment de hussards.

MOUCHET (du). *Bourbonnais.*

Écartelé : aux 1 et 4 d'argent à la fasce de gueule accompagnée en pointe d'un trèfle du même : aux 2 et 3 d'azur au lion d'argent.

Cette ancienne maison a fourni : Pourçain, sieur de la Rejonière, maire de Gannat en Bourbonnais, vivant en 1670; autre Pourçain, capitaine des milices bourgeoises de Gannat, en 1710; Jean, conseiller-procureur du roy, bailliage et siége royal de Gannat, en 1730; Noble-François-Claude, conseiller du roy, lieutenant général de la chatellenie de Vichy; Jean, escuyer, avocat en la cour de Parlement de Paris, châtelain et juge civil à Jauzat; Jean-Gilbert, escuyer, procureur du roy en la châtellenie de Gannat; Gilbert Pourçain, escuyer, lieutenant à la connétablie et maréchal de France.

Elle est aujourd'hui représentée par François du Mouchet, au Mouchet, par Gannat, département de l'Allier.

Alliances : Azau, Gannat, du Chambon, Lefebvre, Buisson, Rouganne de Bel-Esbat, de Rochefort.

MOUESAN DE LA VILLIROUET. *Bretagne.*

D'azur à trois molettes d'éperon d'argent; à la fleur de lis du même en abîme.

Cette famille a pour chef de nom et d'armes, Charlemagne de Mouesan de Villirouet, à Rennes.

MOUGINS DE ROQUEFORT. *Provence.*

D'or; au peuplier de sinople, soutenu par un croissant de gueules et accompagné de trois étoiles de sable.

Originaire de la sénéchaussée de Grasse où est situé le fief de Roquefort, cette famille est représentée par le comte César-Eugène de Mougins de Roquefort, comte romain (par bref du 13 septembre 1872), chevalier de l'ordre de Saint-Grégoire-le-Grand, à Aix, département des Bouches-du-Rhône. Il a un cousin, Charles-Eugène de Mougins de Roquefort, chevalier de la Légion d'honneur et des saints Maurice et Lazare, conseiller de cour d'appel à Aix, membre du conseil général des Alpes-Maritimes.

MOUILLEBERT. *Poitou.*

D'argent à la fasce de gueules accompagnée de trois roses du même. Couronne : de marquis avec un lion issant pour cimier. Supports : deux lions.

Devise : *Armis protegam.*

Anciennement Moillebert. Cette famille, connue depuis le treizième siècle, d'après Gourdon de Genouillac, *Dict. des fiefs*, p. 215, 357, 419, 539; Borel d'Hauterive, *Annuaire de* 1859, de 1860, etc., etc., est représentée par de Mouillebert, au Poyron, près Fontenay-le-Comte, département de la Vendée.

MOULART DE VILMAREST. *Artois.*

D'or à l'arbre de sinople, placé sur une terrasse du même, accompagné à senestre d'un lévrier au naturel, attaché à l'arbre par une corde de sable.

L'unique représentant du nom, de Moulart de Vilmarest, réside au château de Nielles-les-Ardres, par Ardres, département du Pas-de-Calais.

MOULIN (DU). *Provence, Ile-de-France, Brie, Bretagne.*

PROVENCE. D'azur à une roue de moulin à eau d'argent. — D'argent à trois anilles de moulin de sable. — De gueules au chevron d'or, accompagné de trois molettes du même. — De sable au chevron d'argent, accompagné de trois molettes de gueules.

ILE-DE-FRANCE, BRIE, BRETAGNE. D'argent à la croix ancrée de sable, chargée en cœur d'une coquille d'or.

Nous réunissons sous le même groupe les différentes familles du nom auxquelles s'appliquent les armes qui précèdent : du Moulin, à Paris; du Moulin, officier de la Légion d'honneur, lieutenant-colonel au 90° de ligne; du Moulin de la Barthète, à Aire, département des Landes; du Moulin de la Barthète, substitut du procureur de la République, à Tarbes, département des Hautes-Pyrénées; du Moulin de Pailhart, au château de Kerthomus, par Sarzeau, département du Morbihan; du Moulin de la Bretèche, maire à Saint-Loyer-des-Champs, département de l'Orne.

MOULINS (Ernault de la Daumerie). *Anjou*.

D'argent au lion armé et lampassé de gueules. A la tête de loup arrachée de sable. Le quartier d'or à l'aigle à deux têtes de gueules. Couronne: de marquis. Supports : deux lions.

Eugène-Jean Ernault de Moulins, chevalier de Saint-Louis, figure aux états généraux, tenus à Angers, le 18 mars 1789. Sa descendance a quatre représentants : de Moulins, au château de Moulins, à Moiré (Maine-et-Loire; de Moulins, au château de Moiré (Maine-et-Loire); de Moulins, à Angers (Maine-et-Loire); de Moulins, au château de La Viencour, près Laval (Mayenne).

MOULINS DE ROCHEFORT. *Poitou*.

D'argent à trois croix anilées de sable. Supports : deux lions.

Cette noblesse dont il est fait mention dans l'*Histoire des grands officiers de la Couronne*, comme ayant donné un grand-aumônier de France, sous François Ier, et qui remonte à Louis de Moulins, seigneur de Rochefort, vivant en 1342, subsiste dans Moulins de Rochefort, à Poitiers, département de la Vienne, son unique représentant.

MOULINS (DES). *Gascogne.*

D'azur au chevron d'or accompagné de trois anilles d'argent.

Cette famille est représentée par Charles-Robert-Alexandre des Moulins, à Bordeaux.

MOULLART DE TORCY. *Picardie.*

D'or au lion vairé. Couronne : de marquis.

Devise : *Virtus.*

Cette famille, dont était Goubert Moullart, grand-prévôt de Cambray en 1341, et dont la filiation suivie remonte à Barthélemy Moullart, premier du nom, qui épousa le 20 juin 1389, à Arras, Marie de Wicq, est représentée par Félix, baron de Moullart de Torcy, au château d'Authie, par Verton, département du Pas-de-Calais.

MOURAIN DE SOURDEVAL. *Touraine, Poitou.*

D'azur à un chevron d'argent, accompagné de trois roses d'or en chef et d'un lion de même en pointe.

L'unique représentant du nom, Mourain de Sourdeval, chevalier de la Légion d'honneur, est conseiller-général, à Saint-Jean-de-Monts, département de la Vendée.

MOUREAU DU CHICOT. *Toulouse, Montauban.*

D'argent à trois têtes de Mores posées 2 et 1.

L'unique représentant du nom, Moureau du Chicot, est avocat, à Agen, département de Lot-et-Garonne.

MOURET DE MONTARNAL. *Franche-Comté, Bourgogne, Touraine.*

D'or au mûrier de sinople, terrassé du même,

fruité au naturel, et un chien de sable colleté d'argent, attaché au tronc de l'arbre par un lien du même.

Cette famille a deux représentants : de Mouret de Montarnal, au château de la Devèze, par Maurs, département du Cantal; de Mouret de Montarnal, chevalier de la Légion d'honneur, receveur-général des finances, à Perpignan, département des Pyrénées-Orientales.

MOURGUES DE CARRÈRE. *Agenois.*

D'azur à trois fers d'épées d'argent, posés 2 et 1, sommés d'une fasce barrée d'argent et de gueules.

De noblesse d'épée, cette famille qui a donné un officier au régiment des grenadiers d'Aigremont pendant la guerre de Sept-Ans, le commandant de Vérone, lors des Pâques véronaises, commandant du Vatican, après la prise de Rome est représentée par de Mourgues de Carrère, à Paris.

MOURICAUD. *Provence.*

D'azur à un arbre arraché d'or; au chef cousu de gueules, chargé de trois étoiles d'or.

De Mouricaud, unique représentant du nom, sans fonctions et sans titre, a transporté sa résidence à Alger.

MOUSIN. *France.*

Palé et contre-palé d'or et de sable de douze pièces.

Cette famille n'est plus représentée que par une dame, la baronne de Mousin, à Farcy-les-Lys, par Melun, département de Seine-et-Oise.

MOUSSAC. *France.*

De gueules à la fasce d'hermines.

De Moussac, unique représentant du nom, réside au château de Breuil, par Saint-Savin, département de la Vienne.

MOUSSAYE (DE LA). *Bretagne.*

D'or fretté d'azur de six pièces.

Cette famille a emprunté son nom à la terre et seigneurie de la Moussaye, entrée avec celles de Portual, de Touroude et de Kergoet, dans la maison de Goyon, par le mariage de Gillette de la Moussaye, qui en devint héritière, avec Guy Guyon, sire de Launay-Guyon, mort en 1825.

La maison de Moussaye, qui avait formé deux branches au siècle dernier, a six représentants : le marquis de la Moussaye, chef de nom et d'armes, au château de Maglais, la Lamballe, département des Côtes-du-Nord; le comte de la Moussaye, chevalier de la Légion d'honneur, directeur des haras du Pin, département de l'Orne; le comte de la Moussaye, à Paris; le vicomte de la Moussaye, à Versailles; de la Moussaye, au château de la Greleraie, par Bierné, département de la Mayenne; de la Moussaye, chef d'escadrons au 1ᵉʳ régiment de chasseurs d'Afrique.

MOUSSERON DE LA CHAUSSÉE. *Touraine.*

Écartelé : aux 1 et 4 d'or à trois roses de gueules posées 2 et 1; aux 2 et 3 d'azur à la tête de lévrier d'argent arrachée et lampassée de gueules.

Cette famille a deux représentants : de Mousseron de la Chaussée, commandeur de la Légion d'honneur, conseiller de préfecture, à Alençon, département de l'Orne; Mousseron de la Chaussée, commandeur de la Légion d'honneur, chef de bataillon au 70ᵉ de ligne.

MOUSSET (du). *Bretagne.*

D'argent à trois pattes d'ours arrachées de gueules, posées en pal 2 et 1.

Cette famille est destinée à s'éteindre dans la personne de son dernier représentant, l'abbé Frédéric du Mousset, à Paris.

MOUSTIER (du). *Poitou, Londunois.*

D'argent au chevron, accompagné en chef d'un croissant placé entre deux étoiles à cinq rais et en pointe d'une hure de sanglier, le tout de sable.

Etablie depuis plus de trois siècles dans le Londunois, cette famille, qui obtint reconnaissance et, au besoin, concession de noblesse sous le roi Jean II, dit le Bon, a pour chef de nom et d'armes Marcel du Moustier, à Versailles.

MOUSTIER. *Franche-Comté.*

De gueules au chevron d'argent, accompagné de trois aigles d'or. — Devise : Moustier sera Maugré le Sarazin.

Cette famille, qui tire son nom du fief de Moustier-Haute-Pierre, remonte à Renaud de Moustier, mort au siége de Saint-Jean-d'Acre, en 1190 (galerie des croisades). Elle a deux représentants : le marquis de Moustier, fils du ministre des affaires étrangères, à Cubry, département du Doubs, et son oncle, le comte Audéric de Moustier, à la Chapelle-sur-Crécy, département de Seine-et-Marne.

MOUTIS (des). *Touraine.*

D'or à trois chevrons de sable, accompagnés en pointe d'une rose de gueules.

Des Moutis, unique représentant du nom, réside au château de Saint-Denis-de-Méré, par Thury-Harcourt, département du Calvados.

MOY. *Picardie.*

De gueules fretté d'or de six pièces.

Illustre par son ancienneté, ses alliances, ses riches et belles possessions seigneuriales, cette maison, dont Charles d'Hozier a dressé la généalogie et qui remonte à Goulhard, chevalier, sire de Moy, dont l'arrière-petit-fils vivait encore en 1210, sous saint Louis, a trois représentants : le marquis de Moy, receveur particulier à Rochefort, département de la Charente-inférieure ; de Moy, procureur de la République, à Pontoise, département de Seine-et-Oise; de Moy, notaire à Roye, département de la Somme.

MOYNIER-CHAMBORANT. *France.*

D'or au lion de sable, armé et lampassé de gueules.

Cette famille, qui n'a plus d'hoir mâle, est représentée par la marquise de Moynier-Chamborant, à Paris.

MUIZON. *Champagne.*

D'azur à une fusée accompagnée de trois étoiles en chef, et en pointe de trois roses, le tout d'argent.

Cette famille a trois représentants : de Muizon, chef de bureau au département de l'Agriculture, du Commerce et des Travaux publics; à Paris ; Prosper de Muizon, à Reims, département de la Marne ; Ernest de Muizon, au château de son nom, par Jonchery-sur-Pesle, département de la Marne.

MULLOT DE VILLENAULT. *France.*

D'azur à la bande d'argent chargée de trois coquilles de gueules, accostée de deux étoiles du second, l'une en chef, l'autre en pointe.

Cette famille est représentée par Charles de Mulot de Villenault, au château de Colombier, à Coulanges-sur-Yonne, département de l'Yonne.

MUN. *Bigorre.*

D'azur au globe d'argent, croisé et cintré d'or.

D'ancienne chevalerie, une des premières et des plus anciennes de la province de Bigorre, cette famille remonte à Austor de Mun, chevalier, seigneur de Mun, né vers 1180, présent à des accords passés en 1208, 1210, 1217, avec l'abbé et les religieux du monastère de Berdocs, au diocèse d'Auch.

Cette vieille noblesse a deux représentants : le marquis de Mun-Sarlabous, en Bigorre ; le marquis de Mun, à Paris.

MURARD. *Dauphiné.*

D'or à la fasce crénelée d'azur, surmontée de trois têtes d'aigle arrachées de sable.

Pons Murard, le premier de cette famille dont on ait connaissance, qualifié noble, né à Crest en Dauphiné, épousa, par contrat passé à Lyon le 19 juin 1551, Jeanne Tissot. Sa descendance est représentée par le comte de Murard, au château de Fronchelins, par Saint-Trivier, département de l'Ain ; de Murard, au château de Genoux, par Pont-d'Ain, même département.

MURAT DE L'ÉTANG. *Dauphiné.*

D'azur à trois fasces d'argent, maçonnées et crénelées de sable, la première à cinq créneaux, la deuxième de quatre, la troisième de trois.

Cette famille a trois représentants : le marquis de Murat de l'Etang, au château de Moidière (Isère) ; le comte de Murat de l'Etang, à Paris ; le comte de Murat de l'Etang, au château de Bruel (Loiret).

MURE DE LARNAGE (LA). *Forez.*

Ecartelé : aux 1 et 4 de sable à trois fasces d'or ; aux 2 et 3 d'azur à trois croissants de sable.

Cette famille, dont était Jeanne-Henriette de la Mure-de-Chanlon, née le 27 mai 1675, reçue à Saint-Cyr, au mois d'août 1687, après avoir prouvé sa noblesse depuis Pierre de la Mure, seigneur de Champtois, son quatrième aïeul, vivant en 1540, a trois représentants : le comte de la Mure de Larnage, à Tain, département de la Drôme ; Louis de la Mure de Larnage, chevalier des ordres de la Légion d'honneur et des saints Maurice et Lazare, à Tain ; Raymond de la Mure de Larnage, à Lyon.

MURET DE BORT. *Toulouse, Bourgogne.*

Toulouse. Armes anciennes. De gueules à une muraille crénelée d'or, maçonnée de sable.

Armes actuelles. Ecartelé : au 1 de France ; au 2 de gueules à quatre otelles d'argent mises en sautoir, qui est de Comminges, au 3 de gueules à une muraille crénelée d'or, maçonnée de sable qui est de Muret, ancien ; au 4 de Navarre.

Bourgogne. De gueules, au bélier passant d'argent, accorné et onglé d'or, accompagné en chef de deux croissants du second, et en pointe d'un croissant du troisième.

Cette ancienne famille a quatre représentants : de Muret de Bord, à Meilhac, par Nexon, département de la Haute-Vienne ; de Muret de Bord, au château de Gaube, par Villeneuve-de-Marsan, département des Landes ; de Muret de Bord, président du conseil de préfecture des Bouches-du-Rhône, à Marseille ; de Muret de Bord, conseiller de préfecture, à Rennes.

MURS (DES). *Bourgogne.*

De gueules à trois barres d'or.

Cette famille, dont nous ne connaissons que les armes, est représentée par des Murs, à son château, à Nogent-le-Rotrou, département d'Eure-et-Loir.

MUSNIER. *Ile-de-France, Bretagne, Picardie, Artois.*

ILE-DE-FRANCE. De gueules à la rose posée en cœur et accompagnée de trois étoiles d'or posées 2 et 1.

BRETAGNE, PICARDIE, ARTOIS. De sinople au lion d'or lampassé de gueules ; au comble d'argent chargé de trois mouchetures d'hermines de sable.

Cette famille a trois représentants : Musnier de Lalesier, à Paris ; Musnier de Pleignes, officier de la Légion d'honneur, ancien conseiller-maître à la Cour des Comptes, à Paris ; Musnier de Pleignes, inspecteur des finances, à Paris.

MUSNIER DE MAUROY. *Ile-de-France.*

Ecartelé : aux 1 et 4 d'azur à trois épis de blé d'or ; aux 2 et 3 d'or à trois croix de Lorraine de gueules, posées de 2 et 1.

De noblesse d'épée cette famille a deux représentants : Louis Musnier de Mauroy, officier de la Légion d'honneur, ancien chef de bataillon au 1er régiment des grenadiers de la garde impériale; Victor Musnier de Mauroy, chevalier de la Légion d'honneur, chef de bataillon au 96° de ligne.

MUSSET. *Blaisois, Beauce, Vendômois.*

D'azur à l'épervier d'or, chaperonné, longé et perché de gueules.

Recommandable par ses services militaires, désormais célèbre dans les lettres, cette famille qui a possédé des fiefs et des seigneuries en Blaisois, en Vendômois, en Dunois, qui a contracté de belles alliances et dont la filiation suivie remonte au seizième siècle, a quatre représentants: le marquis Georges de Musset-Cogners, membre du Conseil d'arrondissement de Saint-Calais, au château de la Croix, par Marolles, département de la Sarthe; Paul de Musset, chevalier de la Légion d'honneur, frère de l'illustre poète, homme de lettres à Paris; Alexandre de Musset, Conseiller de préfecture, à Draguignan, au château de Saint-Maxe, par le Luc, département du Var; Almire de Musset, à Manon, près La Loupe, département d'Eure-et-Loir, qui a un fils Maurice de Musset, à Paris.

MUSSEY. *Lorraine.*

D'azur à quatre chevrons d'or.

L'unique représentant du nom, de Mussey, est médecin, à Paris.

MUSSY. *Bourgogne.*

De gueules au lion d'or.

Le comte de Mussy, unique représentant du nom, reste à Paris.

MUY (Felix du). *Provence, Comtat-Venaissin.*

Ecartelé : aux 1 et 4 de gueules à la bande d'argent, chargée de trois fasces de sable ; aux 2 et 3 de gueules au lion d'or et à la bande brochante d'argent.

Cette famille qui emprunte son nom au marquisat du Muy, autrefois possédé par la maison de Simiane et passé, vers l'an 1680, dans celle de Félix, des seigneurs de la Reynarde, qui l'ont conservé, est représentée par le marquis Félix, marquis du Muy, au château d'Ollières, par Saint-Maximien, département du Var.

MUYSSART. *Ostrevant, Artois, Picardie, Flandre, Brabant.*

D'azur à trois coquilles de sable.

Gontier de Muissart, de *Miussarto*, qui assiste avec d'autres chevaliers et écuyers de l'Ostrevant, au tournoi d'Anchin, en 1096, est la tige de cette belle famille, aujourd'hui représentée par Paul de Muyssart, avocat, à Montigny, près Douai, département du Nord.

MYRE-MORY (la). *Languedoc, Guyenne, Picardie.*

Ecartelé : aux 1 et 4 d'azur à trois aigles d'or, le vol abaissé, diadémées, becquées, membrées de gueules posés 2 et 1, les deux du chef affrontées ; aux 2 et 3 d'or à la bande de gueules, supportant trois merlettes de sable accompagnées de deux tourteaux d'azur, un en chef et un en pointe, qui est de la Myre ; sur le tout d'or à une face d'azur chargée de trois étoiles d'or, qui est de Mory.

De la Myre-Mory, chef du nom et d'armes, réside au château de Montalier, par Preignac, département de la Gironde. Il a un fils, père de quatre garçons et un cousin germain, âgé et sans postérité.

N

NADAILLAC (du Pouget de). *Quercy.*

D'or au chevron d'azur accompagné en pointe d'une montagne de six coupeaux de sinople.

Cette famille qui emprunte son nom à la seigneurie et baronnie de Nadaillac, acquise par le mariage d'Allemonde de la Magnanie, avec Guillaume de Pouget, écuyer, qui vivait avec elle en 1450, a trois représentants : le marquis du Pouget de Nadaillac, maire de Frodmentel, au château de Rougemont, département de Loir-et-Cher ; le marquis du Pouget de Nadaillac, qui a sa résidence d'été au château de la Fortelle, par Coulommiers, département de Seine-et-Marne, et sa résidence d'hiver, à Paris ; le comte du Pouget de Nadaillac, à Passy, près Paris.

NADAULT DE BUFFON. *Limousin, Bourgogne, Colonies.*

Ecartelé : aux 1 et 4 d'argent ; aux 2 et 3 d'azur, le 2 à deux haches consulaires d'or, le 3 à la hache consulaire du même ; à la bande de gueules chargée de trois étoiles d'argent brochante sur le tout. — D'azur à trois haches consulaires d'argent, posées en pal, entourées de faisceaux de verges d'or, liées d'argent. — De gueules, au sautoir d'argent, cantonné de quatre étoiles d'or.

Cette famille dont le nom s'écrit Nadau, Nadaud ou Nadault a six représentants : Benjamin de Nadault de Buffon, ingénier en chef des ponts-et-chaussées, membre de la Société d'Agriculture et de l'Académie de Turin, ancien professeur de l'Ecole impériale, chevalier des ordres de la Légion d'honneur, de Léopold et des saints Maurice et Lazare, à Paris : Henri de Nadault de Buffon, substitut à la Cour d'appel de Rennes, département d'Ille-et-Vilaine ; de Nadaud de Charvieux, au château de Charvieux, par Pont-de-Cherui, département de l'Isère ; de Nadault des Islets, à Paris ; de Nadault du Treil, au château de Troignon, près Bordeaux, département de la Gironde ; la marquise de Nadault de la Valette, à Paris.

NAGLE. *Vendée.*

Coupé : au 1 parti, *A* à dextre de contre-hermine, chargé en abîme de deux losanges en fasce d'argent ; *B* à senestre des barons militaires ; au 2 d'azur au dextrochère mouvant du flanc senestre d'une nuée, et tenant une épée en pal, le tout d'argent.

De Nagle, unique représentant du nom, au château de Saint-Christophe, par La Rochelle, département de la Charente-Inférieure.

NAGUET. *Normandie.*

Ecartelé : aux 1 et 4 d'or à trois coquilles de sable

et une fleur de lis de même en cœur; aux 2 et 3 de gueules, à une molette d'éperon d'argent en chef et trois coquilles du même en pointe. — D'argent à la croix de gueules, chargée de cinq léopards d'or.

L'unique représentant du nom, de Naguet, réside au château des Portes, par Honfleur, département du Calvados.

NAGUET DE SAINT-VULFRAN. *Normandie.*

D'azur à trois coquilles d'or et une molette d'éperon de même en chef, couronne de marquis.

Très ancienne famille de Normandie. Un Naguet était maire de Rouen, au treizième siècle. Son chef était naguère Louis-Raoul Naguet de Saint-Vulfran, habitant le château de Launay, Eure. Il avait épousé Marie-Honorine Deschamps de Boishebert, dont neuf enfants. Plusieurs ont servi dans la marine et dans l'armée de terre, l'un est officier de la Légion d'honneur, trois autres sont chevaliers du même ordre.

NAILHAN. *Guyenne, Gascogne.*

De gueules à la croix tréflée, vidée et aléséc d'argent.

C'est encore dans la contrée dont elle est originaire qu'on retrouve l'unique représentant du nom, le vicomte de Nailhan, dont la résidence est Toulouse, département de la Haute-Garonne.

NANTES. *Dauphiné.*

D'argent à la licorne d'azur, chargée sur l'épaule senestre d'une fleur de lis d'or.

Cette famille dont Lachenaye-Desbois a blasonné les armoiries, est représentée par de Nantes, au château de Nouas, département de l'Isère.

NANTEUIL. *Ile-de-France.*

De gueules à six fleurs de lis d'or.

Cette famille qui tire son nom de la chatellenie de Nanteuil-le-Haudoin, portée en dot, avec la seigneurie de Pacy, en Valois, à son mari, Henri deuxième du nom, seigneur de Lenoncourt, en faveur duquel cette chatellenie fut érigée en comté, par lettres du mois de mai 1543, a deux représentants : le baron de Nanteuil, à Paris; de Nanteuil. chevalier de la Légion d'honneur, receveur particulier, à Cherbourg, département de la Manche.

NAQUARD. *France.*

D'azur à la fasce d'or, accompagnée de deux lévriers courants d'argent.

De Naquard, unique représentant du nom, réside au château de Preuille, par Montaigu, département de la Vendée.

NARBONNE-LARA. *Espagne, Languedoc.*

De gueules plein.

Une des plus illustres d'Espagne, issue des anciens comtes de Castille, cette maison qui remonte à Monrique de Lara, seigneur de Molina et de Meza, fils aîné de Pierre Gonzalès, comte et de Perez de Trava, gouverneur d'Avila, en 1133, est représentée par le marquis de Narbonne-Lara, chef de nom et d'armes, à Paris.

NARBONNE-PELET. *Languedoc, Dauphiné.*

De gueules plein, qui est de Narbonne; à l'écusson d'argent en abîme, au chef de sable, qui est de Mellegueil.

Cette famille descend des anciens comtes de Narbonne, dont l'auteur Guillaume, surnommé Court-Nez, connétable de France, chassa les Sarrassins d'Orange, de Nîmes et de tout le Languedoc. Sa filiation suivie commence à Mayol, vicomte de Narbonne, dont le fils Ulbéraid, vicomte de Narbonne vivait du temps du roi de France, Charles-le-Simple.

Raimond, premier fils de Berenguier, vicomte de Narbonne, descendant au seizième degré du fondateur de la race, est la tige de cette maison, aujourd'hui représentée par le duc Théodoric de Narbonne-Pelet, au château de Soye-en-Septaine, par Levet, département du Cher; le baron Narbonne-Pelet, à Paris.

NAS DE TOURRIS. *Provence.*
D'azur au lion d'or armé et lampassé de gueules.
Originaire de la ville d'Aix, en Provence, cette famille descend de Simon Nas, second consul d'Aix en 1494. Il suivit à la conquête du royaume de Naples, le roi Charles VIII, qui, pour les services rendus à cette occasion, lui délivra des lettres de noblesse, datées du château de Capouane, à Naples, au mois de mai 1495.

Elle a deux représentants : Nas de Tourris, avocat, à Saint-Denis, île de la Réunion et Nas de Tourris, également à Saint-Denis.

NATTES. *Languedoc, Lorraine, Guyenne, Gascogne.*
De gueules à trois nattes d'or.
Etablie dans la ville de Ligny-en-Barrois, depuis les dernières années du seizième siècle, comprise au catalogue des nobles de cette province et ayant ses titres enregistrés au greffe de la Chambre des comptes de Bar-le-Duc, cette famille a trois représentants : le

comte de Nattes, à Paris; de Nattes, directeur du musée, à Montpellier, département de l'Hérault; de Nattes, à Paris.

NAU. *Anjou, Paris, Bretagne.*

Anjou. De gueules à la gerbe de blé d'or, liée de même, soutenue de deux lions aussi d'or. — D'argent à cinq triangles d'or, et en chef une flamme aussi d'or.

Paris. Ecartelé : aux 1 et 4 d'argent à une rose de gueules; aux 2 et 3 de gueules à la licorne passante d'argent; sur le tout, d'azur au chevron accompagné en chef de deux étoiles, et en pointe d'un croissant, le tout d'or.

Bretagne. D'azur au lion d'argent, armé et lampassé de gueules, couronné d'or, tenant de sa patte dextre un épée d'argent.

Mentionné par Lachenaye-Desbois, ces quatres familles distinctes, également recommandables, ont trois représentants : Nau de Beauregard, officier de la Légion d'honneur, préfet à Lons-le-Saulnier, département du Jura; Nau de Monpassant, à Paris; Nau de Sainte-Marie, à Paris.

NAVAILLES. *Guyenne, Gascogne.*

Ecartelé : aux 1 et 4 d'azur au lion d'or; aux 2 et 3 losangés d'or et de sable.

Cette famille a quatre représentants : le comte de Navailles, conseiller-général, au château de Saint-Jean, par Aubagne, département de Bouches-du'Rhône; le baron de Navailles, au château de Dumas, par Saint-Sever, département des Landes; de Navailles, maire, à Lamothe, par Tartas, même département; de

Navailles, chef de station des lignes télégraphiques, à Paris.

NAVAILLES-LABATUT. *Béarn.*

D'azur au lévrier d'argent, colleté de gueules, accompagné de trois molettes d'argent.

Cette famille a donné son nom à une des douze premières baronnies du Béarn, passée ensuite dans la maison des comtes de Foix, puis dans celle d'Andouins. Elle est aujourd'hui représentée par le comte de Navailles-Labatut, à Angois, département des Basses-Pyrénées.

NAYER (Le Fevre de). *Belgique.*

Tranché d'azur et d'or; l'azur à trois étoiles d'argent en pal, l'or à l'aigle contournée, au vol abaissé de sable. L'écu entouré de deux palmiers de sinople, fruités de gueules, mouvants de la pointe. Couronne : de comte.

De noblesse d'épée, cette famille a donné dans les temps modernes des officiers distingués. Louis-Joseph Le Fevre de Nayer (frère du général de Nayer, de son vivant général commandant le département de Seine-et-Marne), mourut à Versailles le 25 octobre 1815, lieutenant-colonel retraité, chevalier de Saint-Louis, décoré de la croix du Mérite, après quarante années de glorieux services militaires sous Louis XV, Louis XVI, la République et l'Empire. Il s'était signalé par de nombreux actes de bravoure, notamment, en ramenant à la tête de deux cents hommes, un convoi de douze voitures à travers les lignes ennemies, lors du blocus de Bréda.

Marié deux fois, il eut du premier lit trois fils, l'un

mort gelé à Moscou, le second, décoré de la main de l'empereur à la bataille d'Austerlitz, le troisième, chirurgien-major aux armées d'Espagne.

Fils unique du second mariage, M. de Nayer, officier d'académie et de l'instruction publique, inspecteur des écoles primaires, élève de l'institution royale des chevaliers de Saint-Louis, à Senlis, eut pour condisciples les généraux Canrobert, de Ladmirault, de Failly et rentra à titre de professeur dans ce même établissement, après la révolution de 1830 qui l'empêcha de se vouer à la carrière militaire. Il a épousé Jenny-Elisa Esquiros-Berthommier, dont il a postérité.

NAYLIES. *France.*

D'azur au dauphin d'or, menacé d'une flèche tombante du même; au chef d'argent, chargé de trois molettes de sable.

Cette famille est représentée par le vicomte de Naylies, à Paris.

NAYRAC. *Languedoc.*

D'azur au chevron d'or accompagné de trois merlettes d'argent, deux en chef, une en pointe.

Cette famille a trois représentants : de Nayrac de Ferrières, au château de Sandrone, par Castres, département du Tarn; de Nayrac, à Frégeville et de Nayrac de Sendrone, au château de Ferrières, même département.

NAYS. *Béarn.*

D'or à la croix ancrée d'azur.

Cette famille a deux représentants : le vicomte de Nays, au château d'Escout, département des Basses-

Pyrénées; de Nays, au château d'Anoye, par Lembéye, même département.

NAYS DE CANDAU. *Béarn.*

D'argent à la croix fleuronnée de sable.

De même nom et de même souche que Nays, proprement dit, cette famille est représentée par le marquis de Nays de Candau, au château de Candau, près d'Orthez, département des Basses-Pyrénées.

NEDONCHEL. *Artois.*

D'azur à la bande d'argent. Couronne : à cinq fleurons. Cimier : un lion d'or issant, couronné à l'antique. Supports : deux lions d'or contournés, armés et lampassés de gueules, tenant chacun une bannière aux armes de l'écu.

Devise : *Antiquitas et nobilitas.*

Cri : *Boulogne.*

Par l'éclat de son nom, la grandeur de son origine, son ancienneté, ses titres d'honneur, ses hauts faits, ses possessions seigneuriales, ses alliances. Cette maison est une des plus belles de la noblesse de France.

Originaire de l'Artois, elle tire son nom de la terre seigneuriale de Nedonchel, entre les villes de Saint-Pol et d'Aire.

Illustrée par les croisades, ses hautes charges, ses fondations pieuses, la maison de Nedonchel dont la filiation suivie remonte à Robert de Nedonchel, chevalier, vivant vers l'an 1100, a plusieurs représentants : Sosthène, marquis de Nedonchel et Octave, comte de Nedonchel, fils mineurs de Charles-Louis-Alexandre, marquis de Nedonchel, mort le 8 novembre 1860 et de Marie, comtesse d'Oultremont de Duras, qui ont leur résidence d'été, au château de Dourlers, département du Nord et leur résidence d'hiver à Paris; Henri, comte de Nedonchel, commandeur de l'ordre du Saint-Sépulcre, au château de Jolimetz, département du Nord; Léon, comte de Nedonchel, au château de Boussort, Belgique; Georges-Alexandre-François, comte de Nedonchel et de Boussu, camérier honoraire de Capo et Spada de Sa Sainteté, commandeur des ordres de Saint-Grégoire-le-Grand et du Saint-Sépulcre, membre de la Société royale de la Numismatique belge, la Société numismatique et archéologique de France, de Tournay, etc., qui a sa résidence d'été à Tournay, à Quintin, département des Côtes-du-Nord et au château de Boussu et celle d'hiver, à Paris. De son mariage avec Marie-Louise de Choiseul-Praslin, il a deux filles, l'aînée a épousé le marquis de Courtebourne, la cadette est morte à Rome en 1867 en grande réputation de sainteté.

NEEL. *France.*

D'argent, au chef de gueules.

Cette famille a deux représentants : de Neel, à la Saussaye, département de l'Eure; de Neel, à Rouen.

NÉGRIER. *Touraine.*

D'argent au chevron de gueules, chargé de trois têtes de more de sable, au bandeau d'argent.

De Négrier, grand-officier de la Légion d'honneur, unique représentant du nom, est général de brigade, à Paris.

NEPVEU DE CARFORT. *Bretagne.*

De gueules à six billettes d'argent; au chef du même.

Du ressort de Rennes, en Bretagne, maintenue par arrêt de la chambre des réformations, en date du 2 janvier 1669, cette famille mentionnée par Lachenaye-Desbois sous le nom de Nepvou, est représentée par de Nepveu de Carfort, juge au tribunal civil, à Saint-Brieuc, département des Côtes-du-Nord.

NÉRAT DE LESGUISÉ. *Picardie.*

D'azur à trois têtes de léopard d'or posées 2 et 1.

Cette famille a deux représentants : Gustave Nérat de Lesguisé, officier comptable à l'armée d'Afrique; Charles-Alfred de Nérat de Lesguisé, inspecteur de la maison centrale de Lambèse, Algérie.

NERVAUX. *Franche-Comté.*

De gueules au dextrochère armé d'argent sortant d'un nuage à senestre et tenant un sabre en pal, la pointe en haut.

Cette famille a trois représentants : le comte de Nervaux, à Paris; de Nervaux, chef de bureau au ministère de l'intérieur, à Paris; de Nervaux, à Besançon.

NERVO. *Lyonnais.*

D'or à quatre cantons posés dans les angles de l'écu; au 1 de gueules, au dextrochère armé d'argent, la main de carnation, tenant un sabre du second; aux 2 et 3 d'azur au lion d'or; au 4 d'azur à la tour d'argent ruinée, à sénestre; au chef d'argent, chargé d'une croix de sinople.

Devise : *Faire sans dire.*

Contre-amiral sous la Restauration, en récompense des services qu'il rendit à la cause royale en 1793, en défendant, sous M. de Précy, la ville de Lyon contre la

Convention, de Nervo a laissé un fils, aujourd'hui chef de nom et d'armes de sa famille, le baron de Nervo, chevalier de la Légion d'honneur, receveur-général, à Aurillac, département du Cantal.

Cette famille est encore représentée par Ferdinand de Nervo, ancien sous-préfet, à Argentan, département de l'Orne.

NESLE. *Picardie.*

De gueules semé de trèfles d'or; à deux bars adossés du même.

Cette famille, qui tire son nom de la terre et seigneurie de Nesle, qui entra dans la maison de Saint-Maure par le mariage de Jean de Saint-Maure, comte de Benaon, avec Marguerite, fille d'Engerger Ier, seigneur d'Amboise, et de Marie de Flandre, dame de Nesle, vers le milieu du quinzième siècle, est représentée par le chevalier de Nesle, à Orléans, département du Loiret.

NETTANCOURT. *Lorraine, Champagne.*

De gueules au chevron d'or.

Ancienne maison de chevalerie, originaire de Champagne, établie en Lorraine par ses alliances, divisée aujourd'hui en deux branches.

La branche aînée est représentée par Armand, marquis de Nettancourt-Vaubecourt, chef de bataillon de la garde mobile, commandant le 1er bataillon de la Meuse, en 1870, et par René, comte de Nettancourt-Vaubecourt, membre du conseil général de la Meuse, son cousin-germain.

La branche cadette, établie en Normandie et en Bretagne, est représentée par Constantin de Nettancourt, cousin issu de germain.

NEUCHÈZE. *Poitou, Normandie, Angoumois, Bourbonnais, Anjou, Maine.*

De gueules à neuf molettes d'argent.

Cette famille, dont les branches nombreuses se sont répandues en six provinces, est représentée par de Neuchèze, à Versailles.

NEUFBOURG. *Normandie.*

Coticé d'azur et d'or de dix pièces. — D'argent à dix annelets de gueules, posés 3 3 3 et 1.

Cette famille est représentée par de Neufbourg, au château de Bauvoir, par Boën, département de la Loire.

NEUFFORGE. *Flandre.*

D'argent à trois losanges d'azur.

Cette famille a deux représentants : de Neufforge, maire à Ormoy-la-Rivière, par Etampes, département de Seine-et-Marne ; de Neufforge, chevalier de la Légion d'honneur, à Paris.

NEUFVILLE (DE LA) *Flandre.*

D'azur semé de fleurs de lis d'or.

De la Neufville, unique représentant du nom, vit éloigné de toute fonction publique, à Paris.

NEUVILLE (RIOULT DE). *Normandie.*

D'argent à l'aigle éployée de sable, au vol abaissé ; à la bordure engreslée du même.

Hautement considérée dans la province de Normandie, dont elle est originaire, cette famille a quatre représentants : le marquis de Neuville, au château de Courtonne-la-Meurdrac, par Lisieux (Calvados) ; le comte de Neuville, gentilhomme honoraire de la Chambre des rois Louis XVIII et Charles X, représentant du Calvados à l'Assemblée législative de 1849, au château de Neuville, par Livarot (Calvados) ; le vicomte de Neuville, maire de Livarot ; le vicomte Louis de Neuville, au château de Saint-Michel-de-Livet, par Livarot.

NEUVILLETTE (Levesque de). *Picardie.*

De sable à une barre écartelée d'argent et de sinople.

Levesque de Neuvillette, unique représentant du nom, chevalier de la Légion d'honneur, membre du conseil-général, réside au château de Ligescourt, par Crécy-en-Ponthieu, département de la Somme.

NEUVY. *Bourgogne.*

De gueules à trois annelets d'argent.

De Neuvy, unique représentant du nom, vit, éloigné de toute fonction publique, à Blois, département de Loir-et-Cher.

NÈVE DE MARGUERIE. *Tournaisis.*

D'argent à la bande de gueules, accompagnée en chef d'une étoile d'azur, et en pointe d'une rose du second.

De Nève de Marguerie, unique représentant du nom, réside à Paris.

NÉVERLÉE. *Ardennes.*

De gueules à trois fleurs de lis d'argent.

D'ancienne noblesse militaire, connue dès l'an 1200, cette famille remonte à Georges de Néverlée, chevalier, qui sauva la vie à Philippe-Auguste, roi de France, à la bataille de Bouvines, le 27 juillet 1214, et qui mourut à Givet, où il fut inhumé, le 5 mai 1266. C'est en récompense de cet événement qu'il obtint, pour lui et ses descendants, de pouvoir porter dans leurs armes trois fleurs de lis d'argent.

Sa descendance a trois représentants : le comte de Néverlée, à Paris; de Néverlée, maire, à Douchy, par Châteaurenard, département du Loiret; de Néverlée, chevalier de la Légion d'honneur, au 1er régiment de cuirassiers.

NEVEU DES CHATEAUX DE CHAMPREL. *Normandie.*

D'azur à deux épées d'argent, passées en sautoir, les pointes en haut, ayant leurs gardes et poignées d'or ; au chef de gueules, chargé de trois besants d'or.

Cette famille a pour chef de nom et d'armes Antoine-François de Neveu des Châteaux de Champrel, au château de Courmenil, canton d'Exmes, département de l'Orne, qui a deux fils et une fille. Elle est également représentée par de Neveu de Champrel, à Saint-Martin-des-Landes, même département.

NEVEU. *Normandie.*

D'azur à trois roses d'argent.

Cette famille, dont était Richard Neveu, conseiller au grand-conseil, en 1498, depuis pourvu de l'office de président du parlement de Normandie, est représentée par le général de Neveu, commandeur de la Légion d'honneur.

NEVEU DE BOIS-BRY (LE). *Montpellier, Montauban.*

D'or à la fasce d'azur chargée d'une croisette d'argent, accostée de deux étoiles d'or et d'un chevron de gueules en pointe.

L'unique représentant du nom, le Neveu de Bois-Bry, chevalier de la Légion d'honneur, réside à Rochefort, département de la Charente-Inférieure.

NEVREZÉ (MAUREL DE). *Auvergne.*

Coupé d'argent et de sinople à la fasce ondée d'argent ; l'azur chargé de deux colonnes d'argent affrontées, et le sinople d'un cerf d'or.

Cette famille a trois représentants : Alexandre Maurel de Nevrezé, écuyer au château de Bellevue, par Vic-le-Comte, département du Puy-de-Dôme ; Maurel de Nevrezé, au château de Meuniers, à Billom, département du Puy-de-Dôme ; Maurel de Nevrezé, à Paris.

NEY. *Lorraine.*

D'or bordé d'azur ; en cœur un écu du second à l'orle du champ, accompagné à dextre et à senestre d'une main armée d'un sabre, le tout de sable ; la main dextre mouvant de senestre et la senestre mouvant de dextre ; au chef de gueules, semé d'étoiles d'argent.

Désormais illustre, cette famille, qui doit son élévation et sa splendeur à l'héroïque maréchal Ney, a deux représentants : Ney, duc d'Elchingen, officier de la Légion d'honneur, colonel commandant le 6° régiment de chasseurs à cheval, chef de nom et d'armes ; le prince Edgard Ney, grand officier de la Légion d'honneur, général de division, ancien sénateur, premier veneur et aide de camp de Napoléon III.

NEYRIEU. *Dauphiné.*

D'or au griffon de gueules, empêché d'un chevron d'argent.

De Neyrieu, unique représentant du nom, réside à Lyon.

NEYRON. *Lyonnais.*

D'azur au héron d'argent.

L'unique représentant du nom, marquis de Neyron, réside à Paris.

NICOD DE NEUVILLE DE MAUGNY. *Bourgogne.*

D'azur à un chevron d'or accompagné de trois roses de même posées 2 et 1.

Nicod de Neuville de Maugny, unique représentant du nom, réside au château de Maugny, par Thonon, département de la Haute-Savoie.

NICOL. *Bretagne, Toulouse.*

BRETAGNE. De sable à dix coquilles d'argent.

TOULOUSE. De gueules au nid d'or dressé de sable, garni d'un cygne d'argent, tout le col hors du nid ; au chef cousu d'azur, chargé de trois étoiles d'or.

Ces familles sont représentées par de Nicol de la Bellessue, juge au tribunal civil à Saint-Brieuc, département des Côtes-du-Nord ; Henri et Paul de Nicol, à Toulouse.

NICOLAS. *France, Provence.*

FRANCE. Coupé : au 1 parti d'azur et de gueules, l'azur au dextrochère brassardé, mouvant du flanc dextre, d'argent, tenant un sabre de même, monté d'or, adextré au premier point, au chef d'une étoile aussi d'argent ; au 2 d'azur à la croix patriarcale d'or.

PROVENCE. D'azur à trois bandes d'argent, accompagnées en chef à senestre d'un croissant d'or, et en pointe, à dextre, de deux croissants d'or l'un sur l'autre.

Cette famille est représentée par le baron Nicolas, au château de Renonville, par Busancy, département des Ardennes.

NICOLAY. *Vivarais, Paris, Provence.*

Vivarais, Paris. D'azur au levrier courant d'argent, colleté d'un collier de gueules, bouclé, bordé et cloué d'or.

Provence. D'azur à une fasce d'argent, accompagnée de trois étoiles d'or, deux en chef et une en pointe.

Nicolay est une famille nombreuse qui compte neuf représentants : le marquis de Nicolay, au château de Buzardière, à Changé, département de la Sarthe ; le marquis de Nicolay, au château de Houquetot, à Goderville, département de la Seine-Inférieure ; le marquis de Nicolay, baron de Sabran, chevalier de la Légion d'honneur, ancien officier de cavalerie, qui a un fils, Scipion-Eugène de Nicolay ; le marquis de Nicolay de Fougières, au château de Fougières, par Hérisson, département de l'Allier ; le comte de Nicolay, au château de Chazoy, par Vannay, département de la Nièvre ; le comte de Nicolay, à Versailles ; le vicomte de Nicolay, au château de Piré, département d'Ille-et-Villaine ; de Nicolay, au château de Nicolay, par Pacé, même département ; de Nicolay, au château de Sarzay, par Neuvy-Saint-Sépulcre, département de l'Indre.

NICOLAZO DE BARMON. *Bretagne.*

D'argent à un léopard de gueules.

D'ancienne noblesse, dont le nom se traduit par : « je conduis à la victoire », cette famille se fixa en Bretagne et se distingua dans les guerres de la religion, sous Henri III. Elle a donné d'éminents jurisconsultes au Parlement de Bretagne et des officiers de mérite dans les armées de terre et de mer. Ils ont donné aussi un vidame de l'évêque de Saint-Malo, qui occupa ces fonctions pendant vingt-sept ans sous l'évêque Jean-Joseph de Fogasses de la Bastic. Luc Vincent, mort en 1778, fut échevin de la ville de Rennes et commandait les milices de cette ville.

La plupart des membres de cette famille ont porté des titres, soit afférents à leurs fonctions, soit à l'ancienneté de leur famille ; un membre, au siècle dernier, était commandeur de Malte.

Les dames quelquefois ont joint leur noblesse à leur devancier, c'est ainsi que nous trouvons l'alliance du Duclos-Bessard, de Pellan, de Mergadel, Pallet de la Teilaie, de la Ruë, de Berteux, de la Riboudière, de Condé, de Méralles, etc.

Cette famille a deux représentants : Charles-Marie-Alain Nicolazo de Barmon, chevalier de la Légion d'honneur, officier de marine ; Louis-Marie-Antoine Nicolazo de Barmon, ancien inspecteur des sémaphores, officier des ordres de la Légion d'honneur et du Medjidié, membre de Sociétés savantes, dit le Commandant de Barmon, dont les résidences sont à Nantes ou à Letourche-Saint-Joseph du Fégréac.

NIEPCE DE SAINT-VICTOR. *Normandie.*

D'azur au chevron d'argent accompagné en chef de deux roses d'or et en pointe d'un gland versé de même.

Niepce de Saint-Victor, chevalier de la Légion d'honneur, unique représentant du nom, réside à Paris.

NIEUIL DE POULE. *Poitou.*

De gueules au lion d'or.

Cette famille a pour unique représentant le marquis de Nieuil de Poule, au château de Bretonnière, par Vouillé, département de la Vienne.

NIEUWERKERKE. *Pays-Bas.*

De sinople à douze besants d'or posés 5, 4 et 3 ; au martel d'or en chef.

Le comte de Nieuwerkerke, grand-officier de la Légion d'honneur, membre de l'Institut, ancien sénateur, ancien surintendant des musées impériaux, à Paris et à son château de Charly, département de l'Aisne.

NIGAULT DE PRAILAUNÉ. *Normandie.*

D'azur à un chevron d'or, accompagné en chef de deux croissants d'argent, et en pointe d'un coq contourné d'or, le pied senestre levé.

Cette ancienne famille, établie à Saint-Sauveur-le-Vicomte depuis deux siècles, a été anoblie par les offices de judicature avec le titre de vicomte qu'elle porte dans tous les actes publics jusqu'en 1790.

François Michel, vicomte de Beaumont, était juge du bailliage de Saint-Sauveur, c'est de son fils Jacques-Joseph Nigault de Prailauné, que descend en ligne directe le représentant actuel de la famille Nigault de Prailauné, avoué-licencié, à Pont-l'Évêque, département du Calvados.

NOAILLES. *Limousin. Ile-de-France.*

De gueules à la bande d'or.

La maison de Noailles, une des plus anciennes et

des plus illustres du Limousin, tire son nom du château et de la terre de Noailles, près de Brives, en Touraine, qu'elle possède de temps immémorial et qu'elle a su conserver par une substitution continuelle de mâle en mâle.

Elle remonte à Pierre, seigneur de Noailles, nommé comme étant décédé, dans le testament de Hugues, son fils, de l'an 1248 et à Hugues, seigneur de Noailles, etc., chevalier, cité dans des actes de 1225, 1235, 1247 et en 1248, année où il fit son testament avant d'entreprendre le voyage de la Terre-Sainte avec le roi Saint-Louis.

Divisée en deux branches encore vivantes, cette illustre maison a cinq représentants :

Première branche : Paul, duc de Noailles, ancien pair de France, chevalier de la Toison d'or, membre de l'Académie française, à Paris, qui a deux fils, Jules de Noailles, duc d'Ayen, père de Paul de Noailles et Henri, marquis de Noailles, à Paris.

Cette branche est encore représentée par Alfred, comte de Noailles, au château de Noailles, par Brives, département de la Corrèze.

La seconde branche a pour unique représentant Antoine de Noailles, duc de Mouchy, prince de Poix, grand d'Espagne, à Paris.

NOBLET. *France, Bourgogne.*

FRANCE. D'azur au sautoir d'or.

BOURGOGNE. D'or à la bande de gueules, accompagnée de deux croix fleuronnées, au pied fiché de sable.

On compte quatre représentants du nom : le marquis de Noblet, au château de la Clayette, département de Saône-et-Loire ; le comte de Noblet, au château de

Pluvy, par Saint-Symphorien, département du Rhône ; de Noblet, au château de Cressy-sur-Somme, par Bourbon-Lancy, département de Saône-et-Loire ; de Noblet, à Lyon.

NOÉ. *Languedoc, Bretagne, Normandie.*

LANGUEDOC, BRETAGNE. Losangé d'or et de gueules, l'écu en bannière.

NORMANDIE. D'azur à la bande d'or cotoyée de trois molettes du même, posées 2 et 1.

Noé, en Languedoc, réunit à une ancienneté de près de neuf siècles, des possessions considérables, des services militaires, des grandes charges, des alliances avec des maisons souveraines de l'Europe. Elle remonte à Pons de Noé qui, avec Aladaïs, sa femme, fut présent à la consécration faite en 1048 de l'église de Montaut, près de Noé. Elle a trois représentants : le marquis de Noé, au château d'Isle-de-Noé, département du Gers ; le comte de Noé, à Paris ; autre comte de Noé, à Paris ; Samuel de Noé, chevalier de la Légion d'honneur, lieutenant de vaisseau.

NOEL. *Normandie, Bretagne.*

NORMANDIE. D'azur au chevron d'or accompagné de trois croix du même.

BRETAGNE. De sable au cerf passant d'or.

Cette famille a deux représentants : le comte de Noël, au château de Kertenval, par Paimpol, département des Côtes-du-Nord ; de Noël, au château de Buchères, par Bouilly, département de l'Aube.

NOGARÈDE (DE LA). *Languedoc.*

Fascé d'argent et de gueules de huit pièces.

Cette famille dont il est parlé dans l'*Armorial de France*, tome I, part. II, p. 414, remonte à Jean de la Nogarède, écuyer, seigneur de la Garde, qui épousa le 11 juillet 1552, Gabrielle de Leuze, fille de Jean, seigneur d'Argentières. Elle est représentée par de la Nogarède, au château de Carla, par la Bastide-d'Anjou département de l'Aude.

NOGARET. *Languedoc.*

Écartelé : au 1 d'azur, au croissant d'argent, accosté de deux étoiles de même ; aux 2 et 3 d'or au noyer terrassé de sinople ; au 4 d'azur à la foy d'argent en bande.

Cette famille, distincte d'une autre de même nom, éteinte au témoignage de Lachenaye-Desbois, a deux représentants : le baron de Nogaret, conseiller de préfecture, à Rodez, département de l'Aveyron ; de Nogaret, au château d'Aires, par Meyrueis, département de la Lozère.

NOGENT. *Bourgogne, Champagne, Picardie.*

BOURGOGNE, CHAMPAGNE. De gueules au chevron d'argent.

PICARDIE. D'azur semé de croix recroisettées, au pied fiché d'or ; sur le tout, un lion du même, couronné et lampassé de gueules, marqué à l'épaule d'un cœur du même ; au chef d'hermines, chargé d'un lambel à trois pendants de gueules.

La maison de Nogent, en Bourgogne et en Champagne, est issue des anciens seigneurs de Nogent-le-Roi, en Bassigny, prévôté de grande étendue, dont dépendaient trente-huit villages. Elle remonte à Regnier, seigneur de Nogent, témoin d'une charte en faveur de l'église de Saint-Benigne, de Dijon, en l'an 1066.

Nogent, en Picardie, descend de Robert de Nogent, cadet de la maison de Mareuil et de Marguerite de de Grandprey, comme il est rapporté dans la nobiliaire de Lorraine.

On compte aujourd'hui peu de représentants du nom.

NOGIER DE SOLIGNAC. *Velay*.

D'argent au noyer de sinople sur une terrasse du même; au chef d'argent chargé de trois étoiles d'or.

Le chef de la maison Nogier avait les titres de baron de Solignac et seigneur de Cussac, Mazel, Praneuf, Bessarious, Espinasse, Vialettes et autres places.

Cette famille est représentée par trois frères, savoir: le baron Charles Nogier de Solignac, receveur des postes, chevalier de la Légion d'honneur; Gilbert Nogier de Solignac, percepteur des contributions directes; Joseph Nogier de Solignac, receveur de l'enregistrement.

NOIR DE LA COCHETIÈRE (LE). *Anjou*.

D'argent à trois têtes de Maures de sable tortillées d'or posées 2 et 1. Ces armes ont été concédées par lettre formelle de Louis XIV.

Devise : *Nomine niger corde candidus*.

La famille le Noir de la Cochetière est représentée par Alexandre-François-Robert le Noir de la Cochetière, né le 18 septembre 1795. Il a épousé, le 12 mai 1835, Adélaïde Pocquet de Livonnière, fille de Scévold Pocquet de Livonnière et de Adélaïde de Launay de la Mothaye.

De ce mariage sont nés trois fils et deux filles :
1° Alexandre-Marie-Joseph le Noir de la Cochetière, le 28 mars 1840, sorti de Saint-Cyr en 1861, il entra

comme sous-lieutenant au sixième chasseurs à cheval et donna sa démission en 1869 pour épouser Elisabeth Mesnet de la Cour ; 2° Jules-Marie-Joseph, né le même jour, entré à Saint-Cyr en 1860 et mort le 10 janvier 1868 ; 3° Henri-Edouard-Marie-Joseph, né le 10 juin 1845 ; 4° Adélaïde le Noir de la Cochetière ; 5° Marie-Thérèse.

Les ancêtres de Alexandre-François-Robert le Noir de la Cochetière sont :

I. Jacques le Noir de la Cochetière, mort en 1819.

II. Jacques le Noir seigneur de la Cochetière, chevalier de Saint-Louis, mort en 1783.

III. Henri le Noir, seigneur de la Cochetière, Conseiller au Présidial de la Flèche, mort en 1768.

IV. Charles le Noir, noble homme, seigneur des Ormeaux, Conseiller au Présidial de la Flèche.

V. Charles le Noir, noble homme, seigneur des Ormeaux, Conseiller au Présidial de la Flèche.

VI. Charles le Noir, noble homme, seigneur des Ormeaux, avocat au Parlement.

VII. Christophe le Noir, écuyer, seigneur de Chanteloup, lieutenant de robe courte, premier assesseur à la Sénéchaussée de la Flèche.

VIII. Mathurin le Noir, seigneur de Chanteloup et de la Plaisse. Il épousa en 1590 Julienne le Monnier.

NOIR DE SARDONNE. *Picardie.*

D'azur au chevron d'or, accompagné en chef de deux têtes de Maures de sable, au tortil d'argent et en pointe d'une grappe de raisin de sable, tigée et feuillée de sinople.

Cette famille, dont Lachenaye-Desbois blasonne les

armes sans pouvoir en dire l'histoire, a deux représentants : Alfred le Noir de Sardonne, maire de Gonnehem, membre du Conseil d'arrondissement de Béthune, au château de Gonnehem, par Béthune; département du Pas-de-Calais; Jules le Noir de Sardonne, son frère, réside au château de la Chocques, même département.

NOIR DE JOUY (LE). *Beauce, Ile-de-France.*

D'or au chevron d'azur, chargé sur la cime d'une fleur de lis du champ et accompagné de trois têtes de Maures tortillées d'argent.

Cette famille, qui a donné un conseiller au grand-conseil, le 9 décembre 1702, est représentée par le vicomte Le Noir de Jouy, à Paris.

NOIRE-FONTAINE. *Champagne.*

De gueules à trois étriers d'or.

De Noire-Fontaine, chevalier de la Légion d'honneur, unique représentant du nom, colonel en retraite, réside à Paris.

NOIRMONT (GALLO DE SALAMANCA). *Brabant.*

D'argent à trois coqs de sable l'un sur l'autre, barbés, crêtés, membrés de gueules; à la bordure de gueules chargée de huit flanchis d'or.

Cette famille, qui tire son nom de la seigneurie de Noirmont, en Brabant, érigée en marquisat par lettres du 11 mai 1658, en faveur de Gallo de Salamanca, seigneur du lieu, est aujourd'hui représentée par le baron Gallo de Salamanca de Noirmont, au château de Suines, par Brie-Comte-Robert, département de Seine-et-Marne.

NOLAC. *Lyonnais.*

D'azur au vaisseau d'or voguant sur une mer d'argent.

L'unique représentant du nom, de Nolac, vit, éloigné de toute fonction publique, à Lyon.

NOLIVOS. *Béarn.*

De sable à trois os de mort d'argent mis en fasce l'un sur l'autre.

Le marquis de Nolivos, unique représentant de la branche aînée, descendant direct du marquis de Nolivos, lieutenant-colonel au régiment de Lescure-dragons, réside à Sauveterre-de-Berave, département des Basses-Pyrénées.

NOLLENT. *Normandie.*

De gueules cousu de sinople, à l'aigle d'argent brochante sur le tout.

Alexandre de Nollent, seigneur de Saint-Contest, vivant en 1408, est le premier dont on ait connaissance de cette famille, aujourd'hui représentée par de Nollent, à Alençon, département de l'Orne.

NOLLET DE MALNOUE. *Normandie.*

D'argent au chevron de gueules, accompagné de trois merlettes de sable.

De Nollet de Malnoue, unique représentant du nom, réside au château de Casne-Bergère, par Bellême, département de l'Orne.

NONANCOURT. *Flandre.*

De pourpre, à la barre d'azur bordée d'or, accompagnée en chef d'une tête de coq de sable, barbée et crêtée de gueules mouvant de la barre, et en pointe d'un coq hardi, membré, crêté et barbé de gueules ; au franc-quartier d'azur, chargé d'un coq hardi, contourné de sable, membré, barbé et crêté du même.

L'unique représentant du nom, Gustave-Albert de Nonancourt, est attaché à l'administration des lignes télégraphiques, à Valenciennes, département du Nord.

NONJON. *Anjou.*

D'azur à la sphère terrestre d'or, montée sur son pied du même, chargée d'un compas et d'un piquoir d'argent passés en sautoir ; au chef parti de gueules et d'or, au chevron de l'un en l'autre.

Cette famille, éteinte dans les mâles, n'est plus représentée que par la comtesse Charles de Nonjon, à Paris.

NORMAND DE LA TRANCHADE. *Angoumois.*

D'azur à la bande d'or, accompagnée en chef d'une croix de Malte d'argent, et en pointe de trois glands effeuillés du second, posés en orle, les tiges en haut.

Normand de la Tranchade, unique représentant du nom, docteur en médecine, réside au château de la Tranchade, près d'Angoulême, département de la Charente.

NORMAND (Le). *Dauphiné, Normandie, Bretagne, Orléanais, Ile-de-France.*

Dauphiné. D'azur à une tête d'aigle d'argent soutenue d'une fasce du même.

Normandie. D'argent au chevron de sinople, accompagné en chef de deux croissants du même, et en pointe d'une tête de Maure tortillée d'argent. — De sinople au lion d'argent.

BRETAGNE. D'azur au lion léopardé d'or; au chef cousu de gueules et soutenu d'un léopard d'argent.

ORLÉANAIS, ILE-DE-FRANCE. Ecartelé de gueules et d'or, à quatre rocs d'échiquier de l'un dans l'autre; sur le tout d'azur à la fleur de lis d'or.

Normand a quatre représentants : le général de brigade Le Normand de Bretteville, commandeur de la Légion d'honneur, conseiller-général, à Troyes, département de l'Aube; Le Normand de Kergrist, commandeur de la Légion d'honneur, capitaine de vaisseau; Le Normand de Lourmel, à Rennes; Le Normand des Salles, à Dinan, département des Côtes-du-Nord.

NORMANT (LE). *Picardie*.

Ecarlaté d'or et de gueules, à quatre rocs d'échiquier de l'un dans l'autre et en abîme, un tourteau d'azur chargé d'une fleur de lis d'or.

Cette famille qui compte d'honnorables services militaires et municipaux, qui a occupé un rang distingué dans le clergé, les sciences, la robe et les finances, se divise en deux branches et a trois représentants : Lionel Le Normant de Grand-Cour, au château de Lalouin, par Suèvres, département de Loir-et-Cher; Edouard Le Normand des Varennes, receveur des hopitaux, à Orléans; Constant-Etienne Le Normand des Varennes, docteur en médecine, à Orléans.

NORMANT (LE) *France*.

D'or au chevron d'azur, chargé de trois merlettes de sable, deux en chef et une en pointe.

Cette famille a trois représentants : Alexandre-Louis-Paul Le Normant de Kergré, au 3e régiment de hussards; Paul-Auguste-Joseph Le Normant de Kergré, au château de Saint-Maurice, par Quimper, département du Finistère; Louis Le Normand de Bussy, au château de la Salle-La-Source, département de l'Aveyron.

NOS. *Bretagne.*

D'argent au lion de sable, armé, lampassé et couronné de gueules.

Le comte du Nos, unique représentant du nom de cette famille dont nous n'avons que les armes, réside à Paris.

NOSSAY. *Poitou.*

D'argent à trois fasces de sable accompagnées de dix merlettes de même, posées 4, 3, 2 et 1.

De Nossay, unique représentant du nom, vit dans ses terres au château d'Olbreuse, par Mauzé, département des Deux-Sèvres.

NONAIL DE LA VILLEGILE. *Bretagne.*

D'azur au rencontre de bœuf d'argent.

Le seul représentant du nom, Arthur de Nouail de la Villegille, réside à Paris.

NOUAILLAN. *Montpellier, Montauban.*

De gueules à la croix fleuronnée d'or.

Le comte de Nouaillan, unique représentant du nom, vit dans ses terres, au château du Prat, par Saint-Lizier, département de l'Ariége.

NOUE. *Champagne.*

Échiqueté d'azur et d'argent; au chef de gueules.

Cette famille, originaire du Valois, et dont la généalogie est donnée, à partir de 1305, par Caumartin, dans son nobiliaire de Champagne, compte aujourd'hui les représentants qui suivent :

Léon Valérien, comte de Noüe, grand'officier de la Légion d'honneur, général de division au cadre de réserve, père de Jehan-Gabriel de Noüe, lieutenant au 6e dragons; Arthur vicomte de Noüe, conservateur des hypothèques, père de Arthur-Robert-Valérien de Noüe, sous-lieutenant au 5e régiment d'infanterie; Gaston de Noüe, officier de la Légion d'honneur, lieutenant-colonel de cavalerie en retraite ; Valérien-Louis-Charles comte de Noüe, chevalier de la Légion d'honneur, ancien maître des requêtes au conseil d'État, père : 1° de Ludovic-François-Marie vicomte de Noüe, lieutenant-colonel commandant le 35e d'artillerie, lequel est père de Guillaume et Achille de Noüe; 2° de Armand de Noüe, capitaine-instructeur au 12e cuirassiers; Pierre de Noüe, fils de Armand vicomte de Noüe, décédé général de division, grand'officier de la Légion d'honneur; Arsène de Noüe, père de deux fils.

NOUE (DE LA). *Bretagne.*

D'azur à la croix d'argent cantonnée de quatre gerbes d'or. D'argent treillissé de sable au chef de gueules chargé de trois têtes de loup d'or.

Cette famille a trois représentants : de la Noue, au château de Salles, par Pimpol, département des Côtes-du-Nord; de la Noue, au château de Coelbezort, par Broons, département des Côtes-du-Nord; de la Noüe-Billault, chevalier de la Légion d'honneur, conseiller d'Etat, à Paris.

NOUEL DE BUZONNIÈRE. *France.*

D'azur au chêne enraciné d'or, à la fasce d'argent, chargé d'un cœur et de deux losanges de gueules brochantes sur le tout.

L'unique représentant du nom, Nouel de Buzonnière, est maire de Nouan-le-Fuzelier, pas Lamothe-Beuvron, département de Loir-et-Cher.

NOUHES. *Poitou.*

De gueules à une fleur de lis d'or.

Des Nouhes, unique représentant du nom, réside au château de la Cacaudière, par Pouzanges, département de la Vendée.

NOURY. *Nivernais.*

Fond d'azur au sautoir d'or cantonné de 4 couronnes ducales antiques.

De Noury, chevalier de la Légion d'honneur, maire de Sougy, réside au château de Champrobert, par Decize, département de la Nièvre.

NOURY. *Orléanais.*

Parti : au 1 d'or au caducée de sable ; au 2 de sinople au lion d'argent, tenant de sa patte dextre une épée de même.

Cette famille a deux représentants : de Noury, percepteur, à Orléans ; de Noury de Mauny, à Paris.

NOVION. *Champagne.*

D'azur à la bande d'or, accompagnée de trois colombes d'argent.

De Novion, chevalier de la Légion d'honneur, unique représentant du nom, est ancien capitaine d'artillerie de la garde impériale.

NOYERS. *Bourgogne*,

D'azur à l'aigle d'or.

De Noyers, unique représentant du nom, réside au château de Soconé, par Mauléon-Barousse, département des Hautes-Pyrénées.

NOYERS (DES). *Champagne.*

D'argent à trois mouchetures d'hermines; à la bordure dentelée de gueules.

L'unique représentant du nom, des Noyers, est consul de France aux îles Sandwich.

NYS HUTHS. *Flandre.*

D'argent au chevron de gueules, accompagné de trois trèfles de sinople.

Cette famille n'est plus représentée que par de Nys-Huths, à Versailles.

O

OBERCAMPF. *Wurtemberg, France.*

D'azur à la colonne d'argent surmontée d'un coq du même, la tête contournée ; au chef de gueules chargé de trois annellets d'or. Couronne : de baron.

Devise : *Recte et Vigilanter.*

Originaire de Wurtemberg, cette famille, qui importa en France, en 1760, l'industrie des toiles peintes et qui reçut de Louis XVI, en 1787, des lettres de noblesse, et de Louis XVII, en 1819, concession du titre de baron, a un représentant : le baron Paul-Philippe Oberkampf, à Bordeaux.

OBERKAMPFF (anciennement OBERKAMP). *Prusse, Lyonnais.*

Coupé, d'argent à une tête de griffon de gueules, issante, couronnée et becquée d'or et de gueules, à un pal d'argent, chargé d'une rose de gueules.

Devise : *Ober kamp für Ewigkeit.*

Lettres patentes de l'empereur Rodolphe II, du 9 mars 1584.

Originaires des provinces rhénanes, fixés par la Réformation en Saxe, dans le commencement du seizième siècle. Heïnrïch Oberkamp, capitaine de la ville de Vernigerode en 1558.— Jean Oberkampff, seigneur de Dabrun, près Vittenberg, en 1603.

Représentants actuels : Emile-Georges-Charles Oberkampff, receveur particulier des finances ; Ernest-Louis Oberkampff, à Lyon.

OBERLIN. *Alsace, Orléanais.*

Ecartelé : au 1 d'argent à un demi-vol contourné, tiercé en fasce de sinople, d'argent et de gueules ; aux 2 et 3 de sable à un four en forme de portique, soutenu de deux boules, le tout d'argent ; au 4 d'argent au demi-vol, tiercé en fasce de gueules, d'argent et de sable ; sur le tout coupé de sinople sur sable, à la licorne d'argent, brochante sur le coupé.

Cette famille a deux représentants : le baron d'Oberlin, à Villeherviers, par Romorantin, département de Loir-et-Cher ; d'Oberlin, à Orléans.

OBERT. *Flandre.*

D'argent au chevron d'or accompagné de trois chandeliers du même. Cimier : un griffon d'or naissant, lampassé de gueules. Heaume : couronné. Couronne : de comte. Supports : deux griffons d'or, contournés, armés et lampassés de gueules.

Devise : *Pro lumine virtus.*

Originaire de Normandie, répandue dans le Limousin, l'Artois, le Cambrésis, la Flandre et le Hainaut, cette belle et ancienne maison, qui a donné son nom au fief d'Auberville, remonte à la plus haute antiquité. Son origine se perd dans la nuit des temps historiques et à l'époque la plus reculée dont on ait connaissance le nom d'Obert, qui n'a point de commencements obscurs, brillait dans les armes, dans l'église et joignait aux avantages d'une illustration éclatante, la possession de grands biens et de hautes dignités. Justel, Albéric, Chevreau, Moréri, La Chenaye-Desbois donnent son histoire et établissent les preuves de sa grandeur.

En 1036, Godefroid de Bouillon engagea à N. Obert, évêque de Liége, son duché de Bouillon, afin de subvenir aux frais de son expédition en Terre-Sainte. En 1353, le 18 septembre, Estienne Obert ou Aubert fut élevé à la papauté, sous le nom d'Innocent VI, comme successeur de Clément VI. Obert Grimaldi, dixième du nom, prince de Monaco, grand-maître d'hôtel de l'empereur Frédéric Ier, son ambassadeur en France et en Angleterre, était aussi de cette famille. Obert, son troisième fils, fut la souche des seigneurs de Châteauneuf et de Gartières, dans le comté de Nice. Antoine Obert, docteur en médecine à Saint-Omer, composa deux ouvrages qui font encore autorité; Walbrand Obert, en 1578, et, avant lui, Guillaume Obert, en 1534, brillèrent d'un éclat aussi vif dans les lettres et dans les sciences.

Aux avantages d'une haute antiquité, de riches possessions seigneuriales et de grandes illustrations, la maison d'Obert joint encore celui d'avoir pris ses alliances dans celles de Grimaldi de Monaco, Parthenay, Hallencourt, Vaudricourt, Colloy de Sains, Hangest, Remy, Cléry, Griboval, Beaujeu, Hubert, Tavannes, La Vacquerie, Gouy, de la Haye, le Prevot,

Bernimicourt, Servins, Bercourt, Bellevalet, Bertout, Coupigny, le Candele, Landas, le François, Hespel, Berry, Fontaine, Baudringhem, Seure, Angouart, Zédar, la Fosse, Genevriers, du Châtel, la Hamaïde, Melun, Vooght, Lannoy, Noyelle, Ennetières, Articq, Quadt, Gricou, Agrecontal, Deliot, Boudry des Viviers, Malingreau d'Hembise, la Marlière, Franeau de Gommegnies, Yves de Bavay, Robersart de Thieusies, Lameth, Delacoste, Nedonchel, etc.

Sa généalogie, rédigée sur preuves, constatée par lettres-patentes données à Versailles, par Louis XIV, en juillet 1684, enregistrées au Parlement de Flandre ainsi qu'à la Chambre des Comptes, à Lille, commence à Pierre Obert, qui suit, I.

I. Pierre Obert, chevalier au service de Louis VI, roi de France, colonel de quinze cents archers francs, à Roye, vivant en 1131, eut un fils, Nicolas, qui suit, II.

II. Nicolas Obert, maréchal de France sous Philippe-Auguste, chevalier croisé, tué au siége de Saint-Jean-d'Acre en 1191. Fontenelles, historiographe du roi Henri II, dans ses *Chroniques de Flandres*, parlant du voyage d'outre-mer de Philippe-Auguste, dit : « A cette prise d'Acre fut occis Nicolas Obert. » Il eut un fils, Martel, qui suit, III.

III. Martel Obert, chevalier, dit Bras-d'Acier, seigneur de Galadin, capitaine de la garde du roi Philippe-Auguste, épousa, en novembre 1221, Méhault de Parthenay, dont plusieurs enfants, entre autres Thierry, qui suit, IV.

IV. Thierry Obert, chevalier, porte-enseigne de la compagnie d'hommes d'armes du comte de Vendôme, sous Louis IX, épousa, en novembre 1248, Bonne de Halescourt, dont un fils, Louis, qui suit, V.

V. Louis Obert, seigneur de Harmy, etc., épousa, en janvier 1275, Jossine de Waudricourt, dont un fils, Henri, qui suit, VI.

VI. Henri Obert, seigneur de Harmy, épousa, en mars 1305, Colloy de Fains, fille de Robert, chevalier, seigneur de Longville, dont un fils, Gaultier, qui suit, VII.

VII. Gaultier Obert, seigneur de Harmy, se distingua par ses services militaires et ses voyages diplomatiques sous Philippe de Valois. De son mariage avec Jeanne de Hangest, contracté en février 1332, il eut un fils, Nicolas, qui suit, VIII.

VIII. Nicolas Obert, dit le Brun, également au service de France, épousa Claire de Remy, dont un fils, Jean, qui suit, IX.

IX. Jean Obert épousa, en 1374, Yolande de Cléry, dont un fils, Jean, qui suit, X.

X. Jean Obert, deuxième du nom, seigneur de Longjumeau, Longville, etc., épousa Hélène de Griboval, fille de Gautier, chevalier, dont trois enfants, savoir :

A. Gautier Obert, seigneur de Longjumeau, écuyer tranchant du comte de Saint-Pol, capitaine de cavalerie au service du duc de Bourgogne, épousa Anne de Tavannes, dont il n'eut qu'une fille.

B. Thomas Obert, page du comte de Dammartin, capitaine d'infanterie et pourvu de charges à la Cour de Charles le Téméraire, duc de Bourgogne, épousa Blanche de Beaujeu, dont il n'eut pas d'enfant.

C. Jean, qui suit, XI.

XI. Jean Obert, troisième du nom, seigneur d'Espreaux, page du comte de Dammartin, occupa des charges d'honneur à la Cour de Charles le Téméraire, le suivit dans toutes ses guerres, faisant service à ses dépens. Il épousa Marie Hubert, fille de Mathieu, seigneur de Cauroy, dont trois enfants, savoir :

A. Enguerrand Obert, seigneur d'Espreaux, épousa Gabrielle de Gouy, dont un fils, Pierre Obert, seigneur d'Avesnes, lequel, de son mariage avec Henriette de Bercourt, dame de Petigny, eut quatre fils, tués pendant les guerres de la Ligue, et une fille, Charlotte, qui épousa le sire de Fontaine, capitaine des Gascons, à Calais.

B. Jean Obert, prêtre, vivant en 1524.

C. Guillaume, qui suit, XII.

XII. Guillaume Obert, seigneur de Cauroy, mort en 1554, épousa, le 17 février 1524, Charlotte de la Vacquerie, dont deux enfants, savoir :

A. Lambert Obert, seigneur de Plennoison, mort le 25 juin 1576, épousa Claude de Servins, dont une fille unique, Jeanne, dame de Plennoison, mariée à Pierre de Berry, écuyer, seigneur de Tilloy.

B. Vallerand, qui suit, XIII.

XIII. Vallerand Obert, seigneur de Manzinghem, Gaudiempré, Copiémont, Grevillers, Chaunes, Hoogstraeten, Conseiller de Sa Majesté et son Procureur général au Conseil d'Artois, bienfaiteur de l'église de Saint-Gery d'Arras, où il fut inhumé en 1617, reconnu noble d'ancienne extraction, tant du côté paternel que du côté maternel, par sentence du tribunal des Elus d'Arras, en date du 18 août 1585, épousa 1° le 4 mars 1566, Marie le Prevost ; 2° le 16 novembre 1595, Gertrude de Bernimicourt.

Il eut du premier lit trois enfants, savoir :

A. Louis, qui suit, XIV.

B. Jean, fondateur de la branche des seigneurs de Gaudiempré, ci-dessous.

C. Marie, épousa Louis de Coupigny.

Il eut du second lit quatre enfants savoir :

D. Jacques-Ghislain Obert, seigneur de Mazures, épousa Léonore de Bellevallet, dont un fils, Jacques sans alliance.

E. Charles, fondateur de la branche des seigneurs de Péage, ci-dessous.

F. Isabelle, épousa Jean Dumont-Saint-Eloy, chevalier, seigneur de Vendin, député ordinaire de la noblesse du pays d'Artois.

G. Catherine, épousa Eustache de Bellevallet, seigneur de Bernimicourt.

XIV. Louis Obert, deuxième du nom, chevalier, seigneur de Mazinghem, Grenet, Vesamurle, Burburs, Grevillers, obtint de Philippe, roi d'Espagne, le 12 septembre 1636, des lettres-patentes de chevalerie, en considération de son ancienne noblesse d'extraction, les services multiples de ses ancêtres, ses propres services et sa valeur au siége de Cambrai, au secours d'Amiens et dans la journée où il fut fait prisonnier de guerre « l'épée au poing, » en combattant sous le marquis de Warembon. Mort et inhumé en 1545, dans l'église de Booschepts, châtellenie de Cassel, qu'il avait dotée de plusieurs fondations pieuses, il avait épousé, le 18 décembre 1597, Marie le François, dame de Bruecq, dont cinq enfants, savoir :

A. Alexandre Obert, chevalier, seigneur de Bûrbures, épousa Marie de Landas, dont deux filles : Marie-Alexandrine, dame de Mazinghem, mariée à François d'Ennetières, marquis des Mottes ; Eléonore Philippotte, dame de Gouy, épousa Joseph-Bonaventure de Noyelle, baron de Torcy, Membre du Conseil de Sa Majesté catholique, général de bataille, gouverneur et surintendant de la ville et province de Malines.

B. Ghislain, qui suit, XV.

C. François Obert, seigneur de Bruecq, épousa Marie de Seure, dont deux fils sans alliance et trois filles.

D. Louis, seigneur de Rakendal, mort sans alliance en 1638.

F. Françoise, morte sans alliance en 1660.

XV. Ghislain Obert, seigneur de Grevillers, Chaunes, Hoogstraeten, etc., mort en 1641, épousa, le 1er juillet 1626, Florence de Landas, sa belle-sœur, dont six enfants, savoir :

A. Louis-François Obert, seigneur de Grevillers, mort le 2 juillet 1703, épousa, le 9 novembre 1674, Florence de Lannoy, dont six enfants, trois fils et trois filles dont une seule mariée. L'aîné, François-Joseph, mourut sans alliance ; Maximilien-François, le cadet, seigneur de Courtembos, Rakendal, Grevillers, épousa Marie-Françoise d'Angre. Il en eut un fils, Aimable-Amand-Joseph Obert, seigneur de Grevillers, lequel, de son mariage avec N. Liot, eut six enfants dont la postérité est éteinte ; Charles-Philippe, le puîné, mourut sans alliance.

B. Adrien-Ignace Obert, seigneur de Rakendal, mort le 27 août 1695, prévôt des chanoines de Seclin, près de Lille.

C. François-Bonaventure, qui suit, XVI.

D. Charles-Philippe, fondateur de la branche de Chaunes ci-dessous.

E. Ghislain-Ernest Obert, mort en 1617, chanoine de la collégiale de Saint-Pierre, à Lille.

F. Marie-Philippe, religieuse Annonciade, à Lille.

XVI. François-Bonaventure Obert, seigneur d'Hoogstraeten, Thourout, Saint-Maurice, né le 27 novembre 1634, Mayeur de la ville de Lille, président à mortier au Parlement de Flandre, mort le 24 avril 1695, épousa, par contrat du 17 août 1680, Marie-Madeleine de Landas, dont trois enfants, savoir :

A. Adrien-Joseph Obert, seigneur de Thourout, né le 1ᵉʳ juin 1681, chanoine de Saint-Denis, à Lille.

B. Jean-François, qui suit, XVII.

C. Ghislain-François Obert, seigneur d'Hoogstraeten, né le 13 juin 1686, sans alliance.

XVII. Jean-François Obert, seigneur de Beauregard, Walle, etc., né le 6 août 1684, épousa, le 11 mars 1706, Henriette-Françoise de Gruson, dame de Lassus, dont cinq enfants, savoir :

A. Ghislain-François-Joseph Obert, mort sans alliance le 22 septembre 1735.

B. Jean-François Obert, carme déchaussé.

C. Louis-Eugène-Joseph Obert, seigneur de Lassus, épousa, à Lille, le 11 octobre 1745, Marie-Madeleine-Séraphine Hespel, dont un fils, Charles-Joseph Obert, seigneur de Thourout, né le 29 mars 1750, sans alliance.

D. Henri-Hyacinthe, qui suit, XVIII.

E. Marie-Catherine-Henriette, née en mars 1708, épousa Xavier le François, écuyer, seigneur du Clercq, conseiller-secrétaire du roi, maison et couronne de France.

XVIII. Henri-Hyacinthe Obert, seigneur de Rosuelle, né le 7 septembre 1717, mort en 1754, épousa, par contrat du 9 août 1740, Marie-Ursule-Josèphe de Boudry, fille de Marie-Dominique, seigneur de Montroeul, dont deux enfants, savoir :

A. Zacharie-Vincent-Joseph, qui suit, XIX.

B. Marie-Henriette-Antoine Waudru épousa, par contrat du 2 août 1764, Siméon-Jean-Joseph, baron de Malingreau d'Hembise, fils de Florent-Joseph, baron de Malingreau, seigneur d'Heurvricq, Tourinville, Bois-Boussu, conseiller de Sa Majesté en son Conseil souverain de Hainaut, et de dame Marie-Angélique Brabant.

XIX. Zacharie-Vincent-Joseph, vicomte Obert, par droit d'hérédité et par extinction de la branche des vicomtes de Chaulnes, seigneur de Montroeul, Beauregard, Ailly, etc., président à mortier au Parlement de Flandre, membre de l'Etat noble du Hainaut, chevalier de la noble et souveraine Cour de Mons, reconnu dans la noblesse des Pays-Bas, membre de la première Chambre des Etats-généraux des Pays-Bas, né le 24 novembre 1746, mort au château de Thoricourt le 9 septembre 1820, inhumé près de sa femme dans l'église de Thoricourt, sous un beau mausolée, avec épitaphe et quartiers, épousa, par contrat du 4 juillet 1774, Isabelle-Françoise de la Marlière, dame de Thoricourt, née à Gand, morte à Mons et inhumée à Thoricourt le 9 juillet 1827, dont quatre enfants, savoir :

A. Marie-Charlotte Waudru, chanoinesse d'honneur au chapitre de Nivelles, née à Thoricourt le 15 août 1775, morte à Mons le 21 avril 1808 et inhumée dans le caveau de la famille de son mari, épousa Théodore-Joseph de Franeau, chevalier d'Hyon, comte de Gommegnies, chevalier de Saint-Louis, capitaine au régiment du Maine-infanterie, mort à Mons le 21 mai 1814.

B. Marie-Alexandrine-Aldegonde-Françoise, née à Mons le 19 juin 1779, épousa, le 4 novembre 1799, Charles-Benoît-Joseph d'Yve, seigneur de Bonheyden et de Paddenberg, fils de Jean-Baptiste-René-Joseph d'Yve, vicomte de Bavay et de Thérèse-Isabelle de Romrée.

C. Martel-Daniel-Henri-Vincent, vicomte Obert de Quévy, né le 13 juillet 1783, mort sans enfants au château de Wambrechies, le 25 septembre 1866, admis dans la noblesse de France avec titre de vicomte, par lettres patentes du roi Louis XVIII, en date du 19 juin 1822, épousa, le 25 mai 1811, Alexandrine-Joséphine de Robersart, fille de Simon-Joseph, comte de Robersart, seigneur de Nouvelles, Wambrechies, Perenchies, Escobeque, Quiévelon, Choisic, etc., morte au château de Wambrechies, le 27 novembre 1854 à l'âge de soixante-dix-sept ans.

D. Etienne-Eugène-Joseph-Ghislain, qui suit, XX.

XX. Etienne-Eugène-Joseph-Ghislain, vicomte Obert de Thieusies, décédé, né à Mons, le 3 août 1790, successivement auditeur au Conseil d'Etat sous l'Empire français chambellan de Sa Majesté le roi Guillaume Ier des Pays-Bas, épousa à Mons, le 29 mai 1811, Marie-Joséphine-Désirée Marin de Thieusies, morte au château de Thoricourt, le 14 avril 1863, dont deux enfants, savoir :

A. Félicie-Augustine-Aldegonde-Antoinette, née à Mons, le 4 janvier 1817, épousa, le 7 octobre 1839, Marie Ambroise-Augustin-Bauduin, marquis de Lameth, né à Paris, le 16 août 1812.

B. Camille-Antoine-Désiré Ghislain, qui suit, XXI.

XXI. Camille-Antoine-Désiré-Ghislain, vicomte Obert de Thieusies et de Quévy, chef de nom et d'armes, aujourd'hui l'unique représentant des nombreuses branches de sa famille, né à Mons, le 26 avril 1821, épousa, le 27 décembre 1850, Marie Delacoste, fille d'Adolphe, marquis Delacoste, ancien officier de cavalerie au service de France, et d'Amicie-Thérèse-Célestine de Nedonchel, des marquis de Nedonchel, dont quatre enfants, savoir :

A. Aldegonde-Marie-Joséphine, née à Thieusies, le 21 janvier 1853; épousa, le 3 mai 1871, Arthur, comte de Hemricourt de Grunne.

B. Emmanuel-Marie-Joseph-Charles-Martel, vicomte Obert de Thieusies, né à Thieusies, le 7 juillet 1857.

C. Amaury-Marie-Camille-Joseph-Martel, vicomte Obert, né au château de Thieusies, le 16 juillet 1858.

D. Valentine-Marie-Félicie-Henriette, née à Thieusies, le 22 août 1862.

BRANCHES ÉTEINTES. — VICOMTES DE CHAUNES.

XVI. Charles-Philippe Obert, vicomte de Chaunes, titre transmissible à tous ses descendants mâles, par lettres patentes données à Versailles, en juillet 1684, titre transmis par hérédité et par concession royale aux branches existantes de sa famille, quatrième fils de Ghislain, seigneur de Grevillers, ci-dessus, né le 29 janvier 1639, mort le 21 janvier 1721, successivement Ruwart et Mayeur de la ville de Lille, première charge du magistrat de la cité qui ne pouvait être conférée qu'à la noblesse, chevalier, en récompense de ses services, par lettres de Louis XIV, en date du 3 octobre 1675, prévôt du comté de Valenciennes, prévôt général de la Flandre et du Hainaut, etc. Il avait épousé, le 13 décembre 1670, Marie-Catherine de Hangouart, dont cinq enfants, savoir :

A. Jean-François Obert, chanoine et trésorier de la collégiale de Saint-Pierre-ès-Lille, mort le 14 mars 1721.

B. François-Balthazar Obert, chevalier, seigneur de Hongrie, né le 24 janvier 1685, mort sans alliance, en 1726, chevalier de Saint-Louis, lieutenant des vaisseaux de haut-bord.

C. Sébastien-Marie Obert, officier au service de sa Majesté Très-Chrétienne, mort sans alliance, tué au siége de Barcelonne, en 1714.

D. Louise-Pélagie, épousa le sire de Maguire, chevalier de Saint-Louis, capitaine d'un régiment irlandais au service de France.

E. Anne-Julie, née le 6 janvier 1678, épousa Guillaume-Henri de Quadt, commandeur grand'croix de l'ordre de Saint-Louis, colonel du régiment Royal-Allemand, cavalerie, depuis lieutenant-général des armées du roi.

SEIGNEURS DE GAUDIEMPRÉ.

XIV. Jean Obert, quatrième du nom, chevalier, seigneur de Gaudiempré, Copiémont, etc., second fils de Vallerand et de Marie Le Prevost, ci-dessus, épousa : 1° par contrat du 19 janvier 1601, Madeleine Le Candèle, fille de Maximilien, chevalier, seigneur d'Herbamez, etc.; 2° Marguerite de Landas, dame de Chin.

Il eut du premier lit quatre enfants, savoir :

A. Louis, qui suit, XV.

B. Jean Obert, seigneur de Copiémont, capitaine de chevau-légers, au service de Louis XIII, tué à la bataille de Casal, en 1629.

C. Maximilien Obert, abbé de l'abbaye de Marchiennes, près Douai, mort le 12 janvier 1673.

D. Marie-Catherine, épousa le sire de Baudringhem, chevalier, seigneur du Jardin.

XV. Louis Obert, chevalier, seigneur de Gaudiempré, lieutenant-général du siége royal de la gouvernance de Lille, épousa, le 14 juin 1625, Marie Van Nieuwenhove, dame de Noyelle, dont quatre enfants, savoir :

A. Jean-Baptiste, qui suit, XVI.

B. Jeanne-Françoise, épousa : 1° Walérand de Hangouart; 2° Jacques de Zédar, chevalier, seigneur de Chamelin, capitaine de carabiniers au régiment Colonel-Général de la cavalerie de France.

C. Ernestine, abbesse de l'abbaye royale de Notre-Dame-de-Flines, près Douai, morte le 2 septembre 1695.

D. Anne-Jeanne, épousa : 1° le sire de la Fosse, chevalier; 2° François de Genevriers.

XVI. Jean-Baptiste Obert, seigneur de Noyelles, mort le 1er mars 1694; épousa, en 1674, Françoise du Châtel, fille de François, seigneur de Langlé, dont six enfants, savoir :

A. Philippe-Alexandre Obert, seigneur de Noyelles, premier capitaine au régiment de Saint-Simon, cavalerie, épousa Jeanne, fille du sire de Carpentier, commissaire au renouvellement de la loi des Pays-Bas espagnols, dont il n'eut pas d'enfants.

B. Josse-Alexandre, qui suit, XVII.

C. Éléonore-Marie-Alexandrine, épousa Pierre-Ignace van Eckaute, seigneur d'Aigremont.

D. Anne-Françoise, épousa Jean-Mathias de Bonnet,

chevalier de Saint-Louis, commandant le fort Saint-Sauveur, à Lille.

E. Louise-Ernestine, épousa Philippe Olivier, seigneur de la Brosse, chevalier de Saint-Louis, commandant le fort de Saint-François, à Aire.

F. Marianne-Thérèse, épousa Gilles-Théodore de Langle, seigneur d'Offlande.

XVII. Josse-Alexandre Obert, seigneur de Copiémont, etc., capitaine au régiment de Navarre, puis major au célèbre régiment de Solre-Infanterie, au service de France, mort le 22 novembre 1698, épousa, le 2 février 1693, Marie-Catherine du Chambge, fille de Séraphin, chevalier, dont plusieurs enfants morts en bas-âge.

SEIGNEURS DU PÉAGE.

XIV. Charles Obert, seigneur du Péage, second fils de Walérand, seigneur de Manzinghem et de Gertrude de Bernimicourt, sa femme du second lit, épousa Jeanne-Claire de Bertaut, fille de Louis, seigneur d'Herboval, dont un fils, Louis-Floris, qui suit, XV.

XV. Louis-Floris Obert, seigneur de Péage et de Tancque, capitaine de la forêt de Nieppe, et de la dépendance de la Motte-au-Bois, épousa Thérèse Hubert, fille de Mathieu, écuyer, seigneur de Saint-Quentin, dont un fils, Charles-Adrien, qui suit, XVI.

XVI. Charles-Adrien Obert, seigneur d'Abluy, capitaine au service de France, mort à Bruxelles et inhumé dans le chœur de la collégiale de l'église des Saints-Michel et Gudule, sous une belle tombe en marbre, épousa Sophie-Thérèse de Crest, fille de Jean, écuyer, seigneur de Hal, dont quatre enfants, savoir :

A. Charles-Jacques Obert, mort sans alliance ;

B. Charles-Alexandre Obert, mort sans alliance ;

C. Procope-Alexandre Obert, mort sans alliance ;

D. Nicolas, qui suit, XVII.

XVII. Nicolas Obert, seigneur d'Abluy, mort à Bruges et inhumé dans l'église de Saint-Donat, épousa : 1° N. du Châtel, dont deux filles, Sophie et Jeanne, mortes sans alliance, et 2° N. van Draghen, dont un fils, Charles, qui suit :

XVIII. Charles Obert, seigneur d'Abluy, né à Bruges, officier au régiment de Saxe-Gotha, au service de Sa Majesté l'impératrice et reine Marie-Thérèse, depuis régiment du prince de Ligne, se comporta avec distinction et valeur dans toutes les guerres du temps. Il mourut sans alliance.

O'BRIEN. *France.*

Ecartelé : aux 1 et 4 de gueules, à trois léopards l'un sur l'autre, partis d'or et d'argent, qui est d'O'Brien ; au 2 d'or à trois girons de gueules, les pointes en bas ; au 3 d'or au dard ou phéon d'azur, pointé en bas, qui est de Sidney ; sur le tout, une étoile de sable.

Toute la noblesse qui porte le nom d'O'Brien tire son origine de Briam-Boraimhe, roi d'Irlande. Elle a donné un maréchal de France dans la personne du maréchal de Thomond, et elle est représentée par O'Brien, à Paris.

ODART DE RIGNY. *Touraine.*

D'or à la croix de gueules, chargée de cinq coquilles d'argent.

Cette famille, qui a son écusson à la salle des Croisades, est représentée aujourd'hui par une seule branche, celle de André-Henri-Paul, marquis Odessart de

Rilly, chef de nom et d'armes, propriétaire du château d'Oysonville (Eure-et-Loir).

ODDE DE LA TOUR DU VILLARD. *Dauphiné, Velay.*

Armes anciennes. D'argent à la tête de lion, lampassé de gueules, en chef, et deux roses d'argent en pointe.

Armes modernes. Coupé d'or et d'argent ; au lion d'or rampant sur les gueules et au porc-épic de sable passant sur l'argent.

Divisée en plusieurs branches, cette famille a pour chef de nom et d'armes Jules-Albert Odde de la Tour de Villard, au château de la Planche, près Grazac, département de la Haute-Loire. Il a un frère, Noël-Raymond-Marie-Jules Odde de la Tour du Villard, à Varey-sur-Arzon, même département, qui a trois fils : Jean-Louis Odde de la Tour, substitut du procureur de la République, à Montpellier ; Marie-Auguste Odde de la Tour ; Jules-Henry Odde de la Tour.

O'DONELL. *France.*

De gueules au senestrochère de carnation, paré d'azur, tenant une croix recroisettée, au pied fiché d'or.

Le comte d'O'Donell, officier de la Légion d'honneur, unique représentant du nom, ancien conseiller d'État, chef de nom et d'armes, a un fils, d'O'Donell, conseiller à la Cour des comptes, à Paris.

OFFEMONT (Gobelin d'). *Ile-de-France.*

D'azur au chevron d'argent, accompagné en chef de deux étoiles d'or, et en pointe d'un demi-vol du même.

Cette famille a deux représentants : le baron de Gobelin d'Offremont, à Paris ; de Gobelin d'Offremont, chevalier de la Légion d'honneur, maire à Saint-Crépin-au-Bois, par Compiègne, département de l'Oise.

OFFENSTEIN. *France.*

Ecartelé : au 1 d'azur au lion rampant d'or ; au 2 des barons militaires ; au 3 de gueules, au renard passant et soutenu d'argent ; au 4 d'azur au coq d'or.

Le baron d'Offenstein, unique représentant du nom, est juge de paix à Dun-le-Roi, département de la Meuse.

OFFOY. *Picardie.*

D'azur, à l'olivier d'or soutenu d'un croissant de même et accompagné de trois étoiles du second, rangées en chef.

D'Offoy, unique représentant du nom, réside au château de Mérélissard, par Airaines, département de la Somme.

OGER DU ROCHER. *Picardie.*

De sable à une bande d'or, chargée de trois lions du champ, armés lampassés de gueules.

Cette famille a deux représentants : Oger du Rocher, à Ancenis, département de la Loire-Inférieure ; Oger du Rocher, à Bouée, par Savenay, même département.

OGERON DE LIGRON. *France.*

D'azur à un cor versé d'or, lié de gueules, accompagné de trois mâcles d'argent posées 2 et 1. D'argent à une croix ancrée de sable.

Cette famille a deux représentants : Ogeron de Ligron, juge de paix à Saint-Varent, département des Deux-

Sèvres; Ogeron de Ligron, chanoine à Poitiers, département de la Vienne.

OGIER DE BAULNY. *Maine, Champagne.*

D'argent au chevron d'azur, accompagné de trois trèfles de sable, posés 2 et 1.

Le vicomte Charles d'Ogier de Baulny, unique représentant du nom, réside au château de Forest, par Courtalain, département d'Eure-et-Loir.

OGIER D'IVRY. *Maine.*

D'argent à trois trèfles de sable posés 2 et 1.

Cette famille qui a donné Pierre-François Ogier, seigneur d'Henonville, Berville et Puisieux, grand audiencier de France, ancien receveur-général du clergé de France, mort le 24 décembre 1735, a deux représentants : Louis-Josephe-Gaston, comte Ogier d'Ivry; chevalier de la Légion d'honneur, conseiller à la cour des comptes, à Paris, qui a trois filles; Alfred, vicomte Ogier d'Ivry.

OILLIAMSON. *Normandie.*

D'azur à une aigle éployée d'argent, membrée et becquée d'or, posée sur un baril aussi d'or, cerclé d'argent.

Le marquis d'Oilliamson, unique représentant du nom, réside à Paris.

O'KELLY. *Irlande, France.*

D'azur à une tour donjonnée de trois tourelles d'argent, ayant deux chaînes pendantes de ses créneaux, et accostée en chef de deux fleurs du second; au-dessus de la porte, la tour est chargée d'une croix latine de sable.

Cette famille compte, en France, deux représentants : Charles-Denis comte d'O'Kelly-Farrell, à Saint-Albert-Lamothe, département de la Gironde ; O'Kelly, au château de Merles, par Auvillars, département de Tarn-et-Garonne.

OLIER. *France.*

D'azur au chevron d'or, accompagné de trois étoiles du même.

D'Olier, unique représentant du nom, est docteur en médecine, à Orléans.

OLIVE. *Languedoc.*

D'or à un olivier de sinople, fruité d'or, posé sur une terrasse de sable ; à un croissant d'argent, soutenu de la terrasse, brochant sur le pied de l'arbre ; au chef d'azur, chargé de trois étoiles du champ.

Cette famille est représentée dans la contrée dont elle est originaire.

OLIVIER. *Languedoc.*

D'or au chevron de gueules, chargé de neuf besants d'argent, accompagné en pointe d'un olivier de sinople terrassé du même ; au chef d'azur, chargé de trois étoiles d'or.

Cette famille a deux représentants : d'Olivier, au château de Fontanas, par Grisolles, département de Tarn-et-Garonne ; d'Olivier, conseiller de préfecture, à Tarbes, département des Hautes-Pyrénées.

OLIVIER. *Bretagne.*

D'argent à l'olivier de sinople terrassé du même. — D'azur à la colombe essorante d'argent, tenant en son bec un rameau d'olivier du même.

Cette famille, dont nous ignorons l'histoire, est représentée par d'Olivier des Brulois, médecin, à Rézé, par Nantes, département de la Loire-Inférieure.

OLLIVIER DE LALEU. *Bretagne.*

D'azur au chevron d'or accompagné en chef de deux étoiles du même, et en pointe d'un olivier de sinople.

Cette famille a pour chef de nom et d'armes d'Ollivier de Laleu, au château de Sucé, par la Chapelle-sur-Erdre, département de la Loire-Inférieure.

OLLONE. *Languedoc.*

D'azur au lion d'or, la queue fourchée, nouée et passée en sautoir; à la devise d'argent, surmontée de trois étoiles d'or.

Etablie en Lorraine, vers le milieu du siècle dernier, par suite d'une alliance avec une Viomenil, sœur du baron de Viomenil qui devint, sous la Restauration, maréchal de France et pair, sous le titre de marquis de Viomenil, cette famille, dont le nom s'est écrit de différentes manières jusqu'à la fin du dix-septième siècle, a plusieurs représentants. Alexandre-Charles-Joseph, comte d'Ollonne, chef de nom et d'armes, officier de la Légion d'honneur, chef d'escadrons au 12e chasseurs, a épousé Louise-Madeleine de Lambertye, dont il n'a pas d'enfants. Le vicomte d'Ollone, son frère, chevalier de la Légion d'honneur, ancien officier de cavalerie, a servi pendant la dernière guerre en qualité de lieutenant-colonel, au titre auxiliaire. Il a épousé Adèle d'Armandre, dont il a deux fils et trois filles. Il réside à Besançon.

OLRY DE LABRY. *Lorraine.*

D'azur à la fasce d'argent, accompagné en chef d'un

lion d'or, armé et lampassé de gueules, et en pointe d'une quintefeuille percée du champ.

D'Olry de Labry, chevalier de la Légion d'honneur, unique représentant du nom, est ingénieur, à Paris.

O'MAHONY. *Irlande, France.*

Écartelé : aux 1 et 4 d'or, au lion d'azur, armé et lampassé d'argent; au 2 parti d'argent et de gueules, au lion de l'un en l'autre; au 3 d'argent au chevron de gueules, accompagné de trois bisses de sinople.

Cette famille a trois représentants : Paul, comte O'Mahonny, à Paris; Xavier, vicomte O'Mahonny, à Saint-Ysoir, département de l'Isère; Maurice, baron O'Mahonny, à Sampans, près Dôle, département du Jura.

OMS. *Gascogne.*

Fascé d'or et de sable de six pièces.

L'unique représentant du nom, d'Oms, officier de la Légion d'honneur, est conseiller à la cour de cassation, président de la chambre des mises en accusation de la haute cour de justice, à Paris.

O'NEILL DE TYRONE. *Irlande, France.*

D'argent à une main senestre, appaumée de gueules, en pal, supportée par deux lions affrontés du même, armés et lampassés d'azur, le tout accompagné en chef de trois étoiles d'azur et en pointe d'un saumon au naturel nageant dans une mer d'argent ombrée de sinople.

Des premières d'Irlande, renommée pour son attachement à la foi catholique, cette maison, dont un des membres fut décapité à cause de son dévouement à

Charles Ier, roi d'Angleterre, est représentée par le vicomte O'Neill de Tyrone, chevalier de la Légion d'honneur, sous-préfet, à Saumur, département de Maine-et-Loire.

ONFFROY DE VEREZ. *Normandie, Bretagne.*

D'argent au chevron de gueules accompagné de trois trèfles de sinople.

Devise : *In armis — tot insignis.*

Cette famille, qui emprunte son nom à une terre noble et fief de haubert, dans le comté d'Eu et qui remonte à Rodolphe d'Onffroy, dont le fils, s'étant joint, en 1096, avec le seigneur de Cany et d'autres preux chevaliers normands, pour accomplir le pèlerinage de la Terre-Sainte, signala sa valeur au siége de Salerne, en passant par l'Italie.

Le petit-fils de Rodolphe d'Onffroy emporta d'assaut, à la tête de 30 Normands, le château-fort de Thoron, en Palestine, dont il prit le surnom. Le fils d'Onffroy de Thoron, deuxième du nom, connétable de Jérusalem, en 1150, s'empara, après des prodiges de vaillance, d'Alexandrie, défendue par le fameux Saladin.

De cette ancienne famille qui s'illustra aux Croisades, il reste plusieurs représentants : Henri d'Onffroy, marquis de Vérez, chef de la branche aînée, conservateur des hypothèques, à Morlaix (Finistère), et dont un fils, le comte de Vérez, est fixé à Angers ; le comte Onffroy de Vérez, résidant en Angleterre depuis les événements de 1832; le vicomte Onffroy de Vérez, commandant en chef, en 1840 et 1841, des Maronites du Mont-Liban, qui le proclamèrent *Emir;* le baron Onffroy de Vérez, à Nantes, promoteur, en 1867, de l'*Œuvre des Volontaires Pontificaux*. Son fils, ancien sous-officier aux zouaves pontificaux, est chevalier de Pie IX, décoré de la médaille d'or du Mérite militaire et de la croix de Mentana.

Un des fils du comte Onffroy de Vérez, officier supérieur d'artillerie sous la Restauration, chevalier de Saint-Louis, le comte Émile Onffroy de Vérez, ancien élève de l'Ecole militaire de Saint-Cyr, démissionnaire en 1830, marié en Bourgogne à Antoinette de Busseul, fille du colonel de ce nom et petite-fille du comte de Busseul, lieutenant-général, commandant les gardes du corps du Roi, en 1815. Il est mort le 5 novembre 1870, au château de Saint-Christophe (Saône-et-Loire), laissant, avec sa veuve, une fille unique, Marie-Antoinette-Jeanne Onffroy de Vérez.

Il existe aussi dans le département d'Ille-et-Vilaine une autre branche de la même famille représentée par deux frères encore mineurs.

ONSLOW. *France.*

D'argent à la fasce de gueules, accompagnée de six merlettes d'azur, trois en chef et trois en pointe.

D'Onslow, unique représentant du nom, vit éloigné de toute fonction publique, à Clermont-Ferrand, département du Puy-de-Dôme.

O'QUIN. *France.*

De gueules à une main de carnation en fasce, tenant une épée d'argent en pal, accostée de deux couleuvres affrontées de sinople, ondoyantes en pal, le tout accompagné en chef de deux croissants d'argent.

O'Quin, unique représentant du nom, officier de la Légion d'honneur, est maire, à Pau, département des Basses-Pyrénées.

ORAISON. *Provence*.

De gueules à trois fasces ondées d'or.

Cette illustre maison provençale tire son nom de l'ancienne baronnie d'Oraison, acquise par Mathieu Fulque, qui obtint, en 1740, de nouvelles lettres d'érection. Elle remonte à Hugues d'Oraison, seigneur dudit lieu et de Clumons, qui suivit le parti de Raimond Bérenger, contre la princesse de Baux, dans la fameuse guerre de l'an 1145, terminée en 1150.

Elle est représentée aujourd'hui par le marquis d'Oraison, sans alliance, à Aix, département des Bouches-du-Rhône.

ORCIÈRES. *Dauphiné*.

Coupé d'argent et de gueules, à l'ours rampant de sable, tenant une couronne d'or, brochante sur le coupé.

Cette famille a deux représentants : le vicomte d'Orcières, chevalier de la Légion d'honneur, ancien sous-préfet, à Alais, département du Gard ; d'Orcières, au château de Breuil, par Montcenis, département de Saône-et-Loire.

ORCIVAL DE PEYRELONGUE. *France*.

D'argent à une truite d'argent marquetée de sable, en bande, accompagnée de six étoiles d'or rangées en orle.

Maxime-Henri d'Orcival de Peyrelongue, unique représentant du nom, est attaché à l'administration des lignes télégraphiques, à Limoges, département de la Haute-Vienne.

ORDINER. *France*.

Ecartelé : au 1 de gueules au miroir d'or tortillé

d'un serpent d'argent ; au 2 d'or à la tête de cheval de sable ; au 3 d'or au pont de trois arches de sable, soutenu d'une rivière d'argent, le pont chargé, au-dessus de l'arche du milieu, d'un écusson du champ portant un L de gueules ; au 4 d'azur à un badelaire d'argent, garni d'or, posé en pal.

Cette famille a deux représentants : le comte d'Ordiner, au château de la Quincy, par Vailly, département de l'Aisne ; le vicomte d'Ordiner, à Paris.

ORESTIS DE CASTELNUOVO. *Grèce.*

D'argent et azur à trois étoiles en bande, accompagnées en chef d'un poisson dans le sens des étoiles et en pointe, et d'un croissant rouge.

Cette famille est fixée à Nice depuis plusieurs siècles, a pour chef Théodore-Martin-Michel-Victor, comte De Orestis et comte de Castelnuovo, chevalier de droit des ordres des saints Maurice et Lazare ; ancien écuyer de feu le roi de Sardaigne, Charles-Félix, et chambellan du défunt roi Charles-Albert.

ORFEUILLE. *Poitou.*

D'azur à trois feuilles de chêne d'or.

Cette famille a deux représentants : le comte d'Orfeuille, à Poitiers ; d'Orfeuille, percepteur, à Rochefort, département de la Charente-Inférieure.

ORGIVAL (Barrois d'). *Normandie, Ile-de-France.*

D'argent au lion de sable, armé et lampassé de gueules ; au chef d'azur, chargé de trois couronnes de laurier d'or.

Cette famille a trois représentants : le baron Barrois d'Orgival, au château de Fontaine-la-Malet, à Montivilliers, département de la Seine-Inférieure ; le baron

Robert Barrois d'Orgival, à Paris ; le baron Gaston Barrois d'Orgival, à Paris.

ORGLANDES. *Normandie.*

D'hermine à six losanges de gueules 3, 2 et 1, couronne de comte, tête de levrette en cimier et pour devise : *Candore et ardore.*

Cette famille est d'origine scandinave et s'est perpétuée, depuis une époque reculée, tant en France qu'en Angleterre. Suivant les anciens auteurs, la terre et seigneurie d'Orglandes, sise dans le Cotentin, fut donnée par Rollon à un de ses lieutenants, auteur de la famille d'Orglandes.

Richard d'Orglandes suivit Guillaume le Conquérant en Angleterre, et envoyé par lui, comme maréchal, il soumit l'île de Wight et y fixa sa résidence dans le lieu appelé Bunwell que ses descendants possèdent encore. Ce Richard fut le chef de la branche anglaise

Foulques d'Orglandes prit part aux croisades. Son nom et ses armes sont placés à Versailles, dans une des salles des croisades.

La Chesnaie des Bois, dans son dictionnaire de la noblesse, a rapporté en entier la filiation de cette famille, nous y renvoyons, et nous disons seulement qu'en France, elle s'est divisée en deux branches, toutes deux issues, en ligne directe, de Geoffroi d'Orglandes, chevalier, vivant en 1125. La branche aînée s'éteignit en 1649. La branche cadette, dont les représentants portaient le titre de comtes de Briouze, subsiste seule aujourd'hui.

Nicolas d'Orglandes, comte de Briouze, seigneur du Mesnil et de Craménil, fut colonel d'un régiment de son nom, qu'il commanda depuis 1701 jusqu'en 1712.

L'avant-dernier chef de cette famille, Nicolas-François-Camille-Dominique d'Orglandes, mort en 1857, avait épousé Anne-Catherine d'Andlau. De ce mariage :

1° Henriette-Félicité-Zélie, mariée au comte de Chateaubriand ;

2° Clémentine-Adélaïde, mariée au comte de Champagne ;

3° Armand-Gustave-Camille d'Orglandes, chef actuel de la famille ;

4° Adrienne-Mathilde, mariée au marquis de Balleroy.

Le comte d'Orglandes (Armand-Gustave-Camille), ancien capitaine aux lanciers de la garde royale, maintenant membre du conseil général du département de l'Orne, a épousé Mlle Albertine Michan de Montblin. De ce mariage :

1° Sophie-Alme Lamence, mariée au comte Richard d'Andlau ;

2° Camille-Arthur, vicomte d'Orglandes ;

Le vicomte d'Orglandes a épousé Mlle Anne-Marthe Savary de Lancosme.

De ce mariage :

1° Marguerite-Camille-Cécile ;

2° Jean-Camille-Louis ;

3° Marie-Robert-Camille-Etienne.

Le comte d'Orglandes habite le château de Lonné, dans le département de l'Orne.

ORIGNY. *Ile-de-France.*

D'azur à deux bars d'or.

La Chesnaie des Bois mentionne une famille d'Origny, originaire de la Thierache, dont la filiation remonte à l'an 1126. Celle qui nous occupe porte d'autres armes, et elle est représentée par le vicomte d'Origny, chevalier de la Légion d'honneur, administrateur de l'enregistrement, à Paris.

ORJAULT DE BEAUMONT. *Ardennes.*

D'or à l'aigle éployée de gueules.

Cette famille maintenue, lors de la recherche de la noblesse de Champagne, par M. de Caumartin, est représentée par René-Auguste d'Orjault de Beaumont, au château de la Sauvatte, par Tronget, département de l'Allier.

ORLÉANS. *Orléanais, Berry.*

D'argent à trois fasces de sinople, acompagnées de trois tourteaux de gueules posés 3 et 3 entre les fasces et 1 en pointe.

Cette famille s'honore de ses exploits aux Croisades et de ses grandes charges à la cour. Elle a donné un bouteiller de France en 1106, 1107 et 1108 ; des chevaliers en 1148 et 1185, un chevalier banneret, un commandant d'armée en 1204, un gouverneur de Sicile en 1282 ; un chevalier de Malte en 1535, cinq chevaliers de l'ordre du roi de 1572 à 1617, des capitaines et lieutenants d'hommes d'armes, des gentilhommes de la chambre du roi, des gouverneurs et capitaines du Romorantin, un chevalier ordinaire du roi.

Elle a deux représentants : d'Orléans, au château de Grandmarais, par Jargeau, département du Loiret; d'Orléans, à Paris.

ORMENAUS. *Franche-Comté.*

D'azur à une fasce d'argent, accompagnée de deux losanges d'or, et en pointe d'une rose du même.

Cette famille qui n'a plus d'hoir mâle, est représentée par Mme Boistoutouset d'Ormenaus, à Besançon, département du Doubs.

ORMESSON (LE FÈVRE D'). *Ile-de-France.*

D'azur à trois lis de jardin d'argent, tigés et feuillés de sinople.

Ce nom célèbre dans la magistrature est représenté par le marquis le Fèvre d'Ormesson, à Paris.

ORNANO. *Italie, Corse, Provence, Touraine.*

Écartelé : aux 1 et 4 de gueules à la tour donjonnée d'or, aux 2 et 3 d'or au lion de gueules; sur le tout coupé : au 1 parti d'azur à l'épée haute en pal d'argent, croisée d'or et d'hermines plein; au 2 de gueules au griffon essorant d'or.

Cette ancienne maison d'Italie qui a donné trois maréchaux de France et qui est mentionnée dans *l'Histoire des grands officiers de la Couronne*, a deux représentants : Alphonse, comte d'Ornano, chevalier de la Légion d'honneur, au château de Branchoire, par Montbazon, département d'Indre-et-Loire; Ludovic d'Ornano, frère cadet.

ORSANNE. *France.*

D'argent au chevron de gueules; au chef d'azur chargé de trois macles d'or.

Cette famille a deux représentants : le vicomte d'Orsanne, qui a son domicile d'été au château de Mézières, par Cléry, département du Loiret et son domicile d'hiver, à Paris; Aimé d'Orsanne de Montlevic, au château de Montlevic, par La Châtre, département de l'Indre.

OSTREL. *Artois.*

D'azur à trois dragons ailés d'or, couronnés de même, lampassés de gueules et vomissant des flammes de gueules. — D'argent à deux fasces d'azur.

D'ancienne noblesse et divisée en deux branches, cette famille est représentée par le baron d'Ostrel, au château de Flers, par Saint-Pol-sur-Ternoise, département du Pas-de-Calais et par le chevalier d'Ostrel, à son château, près d'Urvillers, département de l'Aisne.

OTRANTE (Fouché d'). *France.*

D'azur à la colonne d'or, accolée d'un serpent de même; l'un semé de cinq mouchetures d'hermines d'argent, posées 2, 2 et 1; au franc-quartier de comte-ministre; au chef de duc brochant sur le franc-quartier.

De noblesse d'empire, cette famille, qui doit son lustre à Fouché, duc d'Otrante, ministre sous Napoléon Ier, est représentée par Armand-Cyriaque-François Fouché, troisième duc d'Otrante qui porte le titre depuis le 31 décembre 1862, son frère aîné étant mort sans enfant.

OUDINOT. *France.*

Parti: au 1 de gueules à trois casques de profil d'argent, au 2 d'argent au lion de gueules tenant une grenade de sable enflammé de gueules; au chef de l'écu de gueules semé de socles d'argent.

Cette famille qui a donné un des plus célèbres capitaines du premier empire, auquel elle doit son élévation, a trois représentants:

1° Oudinot, duc de Recsosio, au château du Haut-Coudray, par Plessy-Chenet, département de Seine-et-

Oise, chef de la famille, il est fils du général Oudinot (fils aîné du maréchal) vainqueur de Rome en 1849.

2° Le duc a un fils (Charles Oudinot), âgé de dix-huit ans.

3° Comte Henri Oudinot de Reggio, colonel du 1er régiment de lanciers, commandeur de la Légion d'honneur, né en 1822, dernier fils du maréchal et de sa deuxième femme, née de Coucy, dame d'honneur de Mme la duchesse de Berry pendant la Restauration.

OUDOT DE DAINVILLE. *Lorraine.*

D'azur à deux chevrons d'or, accompagnés de trois molettes d'argent, deux en chef et une en pointe. Couronne : marquis. Supports : deux lions.

Cette famille qui a toujours servi dans les corps de cavalerie de la maison de Lorraine est représentée par Oudot de Dainville, au château de Senne, près Grandpré, département des Ardennes.

OUTREQUIN DE MONTARGY. *Normandie.*

D'argent à cinq loutres de sable posées 2, 2 et 1.

D'Outrequin de Montargy, unique représentant du nom, est receveur, entreposeur principal, à Perpignan, département des Pyrénées-Orientales.

OUVRARD DE LINIÈRES. *Maine, Anjou.*

D'azur à une échelle d'or mise en bande. — D'azur à deux aigles brehessées, affrontées d'or, accompagnées en chef d'un soleil aussi d'or, et en pointe d'un croissant d'argent.

Cette famille a compté, au dix-huitième siècle, trois de ses membres écuyers et officiers de la maison du roi. Le dernier d'entre eux a laissé deux fils, représentants de la famille, résidant au Mans : Auguste Ouvrard de Linières, chevalier de Saint-Louis ; Joseph Ouvrard de Linières, chevalier de la Légion d'honneur.

OUVRIER. *Languedoc.*

D'azur au chevron d'argent, chargé de sept merlettes de sable et accompagné de trois fleurs de lis d'or, formées d'épis de blé de même.

Cette famille a trois représentants : le vicomte d'Ouvrier de Villegly, commandeur de la Légion d'honneur, général de brigade d'artillerie, conseiller-général à Conques, département de l'Aude ; d'Ouvrier, à Bruniquel, par Nègrepelisse, département de Tarn-et-Garonne ; d'Ouvrier, à Orléans.

OYRON. *Bretagne, Touraine, Poitou, Anjou.*

De gueules à la bande denchée d'or, accostée de deux molettes d'éperon ou étoiles d'or.

Cette famille a trois représentants : Pierre-Auguste Fournier de Boisayrault, marquis d'Oyron ; Auguste-Paul Fournier de Boissayrault d'Oyron, comte d'Oyron, baron de Verrières ; René-Albert Fournier de Boissayrault d'Oyron, comte d'Oyron. Les deux derniers, oncles du précédent.

OYSELET DE CHEVROZ. *Bourgogne.*

De gueules à une bande vivrée d'or.

Cette maison remonte à Etienne de Bourgogne ou de Chalon, troisième fils d'Etienne, comte de Bourgogne et de Béatrix, comtesse de Chalon, vivant en 1240, dont les descendants prirent le nom d'Oyselet et gardèrent les armes de la maison de Chalon, mettant seulement une bande vivrée pour brisure.

Elle a trois représentants : d'Oyselet de Chevroz, au château de Chevroz, par Voray, département du Doubs; d'Oyselet de Chevroz, substitut du procureur de la République, à Gray, département de la Haute-Saône; d'Oyselet de Chevroz, capitaine au 58ᵉ de ligne.

OZENNE. *Alençon.*

D'argent au sautoir engrelé de gueules, chargé de cinq besants d'or.

L'unique représentant du nom, d'Ozenne, sans fonctions et sans titre, réside à Toulouse.

OZOUVILLE. *Normandie.*

De gueules au pal fiché d'argent de six losanges de même, deux en chef, deux en fasce, deux en pointe.

D'Ozouville, chef du nom, réside au château de Roche-Pichemer, par Montsurs, département de la Mayenne.

P

PAC (du). *Toulouse.*

D'or à l'arbre de sinople, terrassé de même; à la vache de gueules, accolée, clarinée d'azur, passant et brochant sur le fût de l'arbre.

Cette famille a quatre représentants : Henri du Pac, marquis de Badens, au château de Saint-Romain-d'Espeluche, par Montélimart (Drôme); du Pac de Fronsac, à Toulouse; du Pac de Masolies, à Toulouse; du Pac de la Bastide, au château de Rieucazi, par Saint-Gaudens, département de la Haute-Garonne.

PADIGLIONE. *France, Italie.*

Coupé : au 1 d'azur à la tente d'argent, accompagné en chef de deux étoiles du même; au 2 burelé d'or et de gueules de huit pièces.

Originaire de France, cette famille qui a donné un patricien à la république de Saint-Marin, est représentée par le commandeur Carlo Padiglione, a Naples, fils du chevalier Félix, chevalier de l'ordre de Saint-Georges-de-la-Réunion, commandeur de l'ordre de Saint-Marin, d'Isabelle-la-Catholique et du Saint-Sépulcre, officier de l'ordre du Nichan Iftikar, chevalier de l'ordre des saints Maurice et Lazare, de l'ordre de la Couronne d'Italie et du Christ du Portugal, décoré de la médaille de 1re classe du Mérite civil de Saint-Marin et de celle des combattants pour l'indépendance et l'unité de l'Italie des années 1848, 1849, 1860 et 1861.

PAGART D'HERMANSART. *Picardie.*

D'azur à trois bandes d'or ; au chef d'argent, chargé d'une tête et col de cerf, coupée de sable, posée de profil. Casque placé de front, la visière haute, à trois grilles. Cimier : la tête et col de cerf de sable du chef.

Les représentants du nom, de Pagart d'Hermansart, sont : l'un directeur de l'enregistrement, à Arras, département du Pas-de-Calais, chevalier de la Légion d'honneur; l'autre, conseiller à la Cour d'appel de Douai.

PAGEOT DE NOUTIÈRES. *Bretagne.*

D'argent à un chevron de gueules, accompagnée de trois étoiles de même. — D'argent à deux pals de gueules.

De Pageot de Noutières, unique représentant du nom, est sous-commissaire de la marine, à la Guadeloupe.

PAGÈZE ou **PAGESSE.** *Languedoc.*

Coupé d'argent et de gueules.

Cette famille a trois représentants : de Pagèze de Lavernède, à Malbosc, par les Vaux, département de l'Ardèche; Pagèze de Saint-Lieux, à Toulouse; Pagèze de Saint-Lieux, à Paris.

PAGNELLE DE LARRET. *Bourgogne.*
D'azur à la fontaine jaillissante d'argent.

L'unique représentant du nom, de Pagnelle de Larret, réside à Nantilly, par Gray, département de la Haute-Saône.

PAILLARD. *Normandie, Bourgogne.*
NORMANDIE. D'argent à la croix de sable frettée d'or.
BOURGOGNE. D'argent à trois tourteaux de sable; au chef de gueules.

Cette famille a deux représentants : de Paillard de Chenay, percepteur, à Joué-du-Bois, département de l'Orne ; Paillard de Villeneuve, officier de la Légion d'honneur, à Paris.

PAILLONNE (BENOIT DE). *Comtat-Venaissin.*
D'or à l'ours passant de sable; au chef d'azur chargé d'une étoile à cinq rais d'argent.

Cette famille a deux représentants : Victor-Ange de Benoît de la Paillonne, à Serignan, département de Vaucluse ; François-Joseph de Benoît de la Paillonne, à Orange, même département.

PAILLOUX DE LA MOLINIÈRE. *Languedoc.*
D'argent au chevron de sable accompagné en chef de trois roses de gueules et en pointe d'un arbre de sinople.

Cette famille a deux représentants : l'un à Vic-le-Comte, l'autre à Gannat.

PAINTURIER DE GUILLERVILLE (LE) *Normandie.*

D'azur au chevron d'or, chargé de trois roses de gueules et accompagné de trois étoiles d'argent, deux en chef et une en pointe.

Le Painturier de Guillerville, unique représentant du nom, réside au château de Roncherolles, par Darnetal, département de la Seine-Inférieure.

PAIX-DE-CŒUR. *Normandie.*

De gueules au chevron d'argent, accompagné de trois cœurs du même.

Cette famille a trois représentants : Antoine-Benjamin de Paix-de-Cœur de la Saussaye, au pays de Caux, qui a un fils, Edouard-Louis-Paul de Paix-de-Cœur de la Saussaye, à Paris ; Robert-Alexandre de Paix-de-Cœur de Grosfy et Georges-Clément de Paix-de-Cœur de Grosfy, tous deux fils de Clément de Paix-de-Cœur de Grosfy, décédé. Ils résident au château de Grosfy, par Pavilly, département de la Seine-Inférieure.

PAJOL. *France.*

Au chevron d'or, accompagné de deux molettes d'argent et en pointe d'une épée de même ; au 2 de gueules à l'épée d'argent.

Cette famille a trois représentants : le comte de Pajol, grand officier de la Légion d'honneur, général de brigade, à Paris ; Pajol des Charmes, à Versailles ; Pajol de Juvisy, officier supérieur en retraite, à Versailles.

PALANT. *France.*

Fascé d'argent et de sable de six pièces.

L'unique représentant du nom, baron de Palant, réside à Paris.

PALLIÈRES (Foubert de). *Normandie.*

D'argent à la fasce d'azur chargée d'un léopard d'or. Couronne de comte. Supports : deux léopards d'or.

Cette famille est connue dès le Xe et le XIe siècles. Annoblie en 1479, elle fut maintenue dans sa noblesse, le 14 octobre 1666, dans la personne de Guillaume III Foubert, écuyer, seigneur de Beuzeville, élection de Valogne, en Normandie.

Le premier auteur connu, d'après l'abbé Milly, est N. Foubert, compagnon de Rollon, qui se serait établi dans le Cotentin, où se trouve le fief de Beuzeville et où sa postérité a longtemps subsisté, ce que constatent les chartes et autres titres originaux authentiques et publics conservés dans les archives de l'Etat et dans celles de la famille. Ces titres prouvent l'existence, à Bayeux, en 1464, de Jehan Foubert, seigneur de Beuzeville ; de Jehan Foubert, seigneur de Beuzeville, vivant à Montfort-l'Amaury, en 1575; d'autre Jehan Foubert, vivant aux Andelys, en la même année, et de Guillaume Foubert, écuyer, en 1580. Noble Jehan Foubert, seigneur de Beuzeville, contracta un échange, en 1592, à Valogne. En 1611, Jehan Foubert était prieur et prévôt de l'abbaye de Saint-Benoît-de-Fleury-sur-Loire ; et Pierre Foubert était religieux à la même communauté. Christophe Foubert était conseiller du roi, lieutenant-général de la vicomté de Valogne, en 1622. Isabeau Le Roy, veuve de Charles Foubert, rendit, en 1659, foi et hommage aux religieuses de Saint-Louis, de Poissy. L'an 1666, Jehan Foubert, écuyer, seigneur de la Sablonnière, garde-de-corps du roi, fit donation, à l'église de Saint-Nicolas, de Néauphle, près d'Alençon, de quatre arpents provenant de la confiscation des biens du connétable de

Bourbon, décapité à Valogne. En 1669, Guillaume Foubert, troisième du nom, écuyer, seigneur de Beuzeville, reçut une rente par droit de succession, à Martignat. En 1718, N. Foubert, secrétaire du roi, possédait, place Royale, au Marais, l'hôtel contigu à celui d'Albert d'Ailly, duc de Chaulnes, lieutenant-général de Sa Majesté. En mars 1765, le capitaine Foubert faisait partie, en qualité d'officier retraité, de l'état-major, à l'hôtel des Invalides, à Paris.

Sous le règne de Robert le Diable, en 1030, Pierre Foubert, écuyer, qui avait épousé demoiselle Marie Bellaud, en eut deux fils : Fitz et Athanase. Celui-ci est la tige des Foubert établis dans le Cotentin et en Angleterre.

La ligne anglaise est représentée sous les noms et titres des sirs Burward ; la ligne du Cotentin, par deux branches : Foubert de Pallières et Foubert de Laize. C'est à celle du Cotentin qu'appartenait Guillaume Foubert, écuyer, vivant en 1580.

Les deux branches françaises descendent de Guillaume Foubert, III° du nom, écuyer, seigneur de Beuzeville, confirmé dans sa noblesse d'ancienne extraction, le 14 octobre 1666, par arrêt de M de Chamillard, intendant de la généralité de Caen, comme il est dit ci-dessus.

Guillaume-Thomas Foubert, petit-fils de Guillaume III, conseiller du roi au présidial de Caen eut deux fils :

1° Alexandre, qui épousa Marie-Luce-Elisabeth de Neuville, et dont le petit-fils, Charles Foubert de Pallières, est juge au tribunal de Rouen. De son mariage, avec dame Louise Hue de Mathan, il a deux fils : Médéric et Roger, et une fille, Caroline.

2° René, conseiller du roi, au présidial de Caen,

épousa Marie-Charlotte de Neuville, sœur de Marie-Luce-Elisabeth, ci-dessus, et en eut Edouard Foubert de Laize, né en 1786, mort en 1873, laissant un fils et une fille.

PALIERNE DE LA HAUDUSSAIS. *Bretagne.*

D'azur à deux bodelaires d'argent en sautoir, surmontés d'un heaume aussi d'argent et accompagnés en pointe d'une tige de deux branchse de lis au naturel.

De Palierne de la Haudussais, unique représentant du nom, est conservateur des hypothèques, à Limoges, département de la Haute-Vienne.

PALLU. *Poitou.*

Branche aînée. D'or à deux palmes de sinople en pal, heaume : de chevalier. Supports : deux licornes.

Devise : *Monent avorum palmæ.*

Branche cadette. D'argent, à un palmier de sinople sur une terrasse de même, mouvant de la pointe de l'écu et accosté de deux mouchetures d'hermines et sable.

Cette famille, connue depuis longtemps en Poitou et dont les armes furent enregistrées dans l'*Armorial général de France*, conformément à l'édit de 1696, a pour chef de nom et d'armes Charles Pallu de la Barrière, chevalier de la Légion d'honneur, agrégé de l'Université, à Poitiers.

Il a cinq fils : Léopold Pallu de la Barrière, officier de la Légion d'honneur, lieutenant de vaisseau ; Antonin Pallu de la Barrière, conseiller de préfecture, à Poitiers ; Eugène Pallu de la Barrière, commandeur du corps franco-chinois de Kiang-Son, à Shang-Haï ; Marcel Pallu de la Barrière, contrôleur des contributions directes, à Poitiers ; Henri Pallu de la Barrière, est religieux de l'ordre des dominicains.

La branche cadette a deux représentants : Mgr Pallu du Parc, chevalier de la Légion d'honneur, évêque de Blois, département de Loir-et-Cher ; Alexis-Louis, baron Pallu du Parc, officier de la Légion d'honneur, capitaine de frégate, en retraite, à Toulon.

PALLUAT DE BESSET. *Lyonnais.*

D'or à trois œillets de gueules tigés et feuillés de sinople, mouvants de même tige.

Noble et ancienne, originaire de Savoie et de là établie en Bresse, cette famille, dont les titres officiels remontent au XIVe siècle et sont consignés dans les archives des souveraines Chambres des comptes de Chambéry et de Dijon, dans les registres de la noblesse de la ville de Bourg, etc., est représentée par de Palluat de Besset, au château de la Salle-Nervieux, par Balbigny, département de la Loire.

PALMA. *Flandre.*

Vairé d'or et d'azur ; au franc quartier d'or, chargé d'une fusée de gueules.

Cette famille n'a plus qu'un seul représentant : de Palma, à Constantine, Algérie.

PALYS. *Italie, Comtat-Venaissin, Bretagne.*

D'or à l'yeuse de sinople englanté du champ.

Connue à Avignon depuis l'an 1340, cette famille a deux représentants : le comte de Palys, au château de Clays, près Bédé, département d'Ille-et-Villaine ; le baron de Palys, au château de Peccada, par Carentoir, département du Morbihan.

PALUSTRE. *Poitou.*

D'azur à la rivière en fasce, ondée d'argent, chargée d'un cygne du même ; au chef d'or chargé d'une étoile d'azur.

Cette famille a six représentants : Jules Palustre, à Fontevrault, Léon Palustre, à Tours ; Léopold et Alfred Palustre, à Saumur ; Alphonse Palustre de Virsay. Ernest Palustre, maire de Saint-Symphorien, département d'Indre-et-Loire.

PANDIN DE ROMMEFORT DE NARCILLAC. *Poitou, Angoumois, Saintonge, Pays-d'Aunis, Languedoc.*

D'azur à trois pals d'argent ; au chef cousu de gueules, chargé de deux fasces d'or ; à la barre du même, brochante sur le tout.

Cette famille, qui porte les titres de comtes de Narcillac, barons de Tonnay-Boutonne, marquis de Rommefort, seigneurs de Beauregard, du Treil, de Bevague, de Jairiges, de Jussandrieu, etc., est très ancienne. Un arrêt de 1764, confirmatif d'un autre arrêt de 1761, porte qu'à cette date M. Pandin de Rommefort a prouvé, par titres non interrompus, plus de quatre cent quatre-vingts ans de noblesse.

Elle compte parmi ses illustrations un contre-amiral, un grand chancellier de Prusse, ministre d'Etat de Frédéric le Grand de 1755 à 1770, des mousquetaires du roi, des chevaliers de Saint-Louis, des capitaines tués sur le champ de bataille. Ses représentants descendent directement et légitimement du roi de France, Louis VI, dit le Gros. Lachenaye-Desbois, auquel nous renvoyons pour des détails plus complets et plus précis, établit cette descendance d'une manière péremptoire.

Ernest, comte Pandin de Rommefort de Narcillac, chef de nom et d'armes, chevalier de la Légion d'honneur, ancien auditeur au Conseil d'Etat, réside à Paris ; Charles, comte de Pandin de Rommefort de Narcillac, ancien capitaine-commandant au 8e régiment de lanciers, qui a un fils, Léonce, et deux filles, Christine et Louisa ; Guido Pandin de Jarriges, à Berlin.

PANDRIGUE DE MAISONSEUL. *Périgord*.

D'azur au levrier courant, accompagné de trois fleurs de lis, posées deux en chef, l'une en pointe, le tout d'or. Couronne de marquis.

Cette famille a pour chef de nom et d'armes Aimé-François, marquis de Pandrigue de Maisonseul, officier de la Légion d'honneur, capitaine de frégate. De son mariage avec Caroline Montauriol, il a un fils, Charles, juge de paix à Marengo, Algérie. Il a aussi deux filles, Caroline et Marie.

PANEBŒUF. *Toulouse*.

De gueules au bœuf passant d'or ; au chef cousu d'azur, chargé d'un paon rouant d'argent, accosté de deux étoiles du même.

Le chef de nom et d'armes, Charles de Panebœuf, vit éloigné de toute fonction publique à l'Isle-en-Jourdain, département du Gers ; Alexandre de Panebœuf de Magnard, à Toulouse, a deux fils : Charles et Alexandre.

PANÉVIRON. *Bourbonnais*.

D'azur au lion de sable, armé et lampassé de gueules ; à la fasce de même, brochant sur le tout.

L'unique représentant du nom, de Panéviron, réside

au château de Begnot, par Abbeville, département de la Somme.

PANIER DES TOUCHES. *Bourgogne, Poitou.*

BOURGOGNE. D'azur au sautoir d'or.

POITOU. D'azur à trois étoiles d'or posées 2 et 1. — D'azur à trois pals d'or.

Cette famille a pour unique représentant de Panier des Touches, chevalier de la Légion d'honneur, colonel commandant le 16e regiment d'infanterie. Il a un fils, James Panier des Touches, lieutenant au 44e régiment d'infanterie.

PANOUSE (DE LA). *France.*

D'argent à six cotices de gueules.

Cette famille a six représentants : le comte Anatole de la Panouse, à Paris ; le vicomte Henri de la Panouse, à Paris ; le vicomte César de la Panouse, inspecteur des mouvements au chemin de fer d'Orléans, à Paris ; de la Panouse, à Compiégne, département de l'Oise ; de la Panouse, notaire, à Albi, département du Tarn ; César-Arthur de la Panouse, à Ville-aux-Clercs, département de Loir-et-Cher.

PANTHOU. *Normandie.*

De gueules à deux fasces d'argent, la première accompagnée de quatre croissants d'or.

Cette famille a deux représentants : de Panthou, au château de Rosay, par Juvigny-le-Tertre, département de la Manche ; de Panthou, curé de Tour, département du Calvados.

PANTIN DE GUÈRE. *Poitou, Anjou, Bretagne.*

D'argent à la croix de sable contourné de quatre molettes à cinq rais de gueules.

Le comte de Pantin de Guère, unique représentant du nom, réside à Bourges, département du Cher.

PAPELEU DE NORDHOUST. *Artois.*

D'or à la fasce de gueules, accompagnée de trois aigles de sable posées 2 et 1.

Papeleu de Nordhoust, unique représentant du nom, réside au château de Saint-Jean, par Aire, département du Pas-de-Calais.

PAPIN DE LA GAUCHERIE. *Guyenne.*

Parti : au 1 d'azur au chevron d'or, accompagné en chef d'un croissant d'argent et de deux étoiles de même, et en pointe de deux chiens, aussi d'argent, courant l'un sur l'autre, qui est de Papin de la Gaucherie ; au 2 de pourpre au chevron d'or, accompagné de deux cors de chasse liés, enguichés et virolés de même, qui est de Marteau.

Cette famille a plusieurs représentants : Son chef de nom et d'armes, Jean-Edouard-Henri Papin de la Gaucherie, est ancien receveur de l'enregistrement et des domaines. Il a un fils, Paulin-Marie-Albert Papin de la Gaucherie.

PAPION DU CHATEAU. *Poitou, Touraine.*

D'azur, à trois étoiles mal ordonnées du même.

Maison originaire du Poitou, où elle tenait un rang distingué au quatorzième siècle. Un de ses membres a fait ses preuves pour l'ordre de Malte au quinzième siècle, ce que constatent les registres d'Aquitaine.

Elle est représentée par une dame, la baronne Papion du Château, née Raguenet de Saint-Albin. Elle a un fils, Georges-Alexandre Papion du Château.

PAPON DE LAMEIGNÉE. *Forez, Bourbonnais.*

D'or à la croix d'azur, au chef dinché de gueules.

Originaire de Crozet, ancienne ville fortifiée du département de la Loire, où elle est connue depuis le XII° siècle.

Cette famille a deux représentants : Papon de Lameignée, juge, à Moulins, département de l'Allier ; Papon de Lameignée, percepteur, à la Pacaudière, département de la Loire.

PAPUS. *Guyenne, Gascogne.*

Coupé : en chef, de sable à l'aigle éployée d'argent ; en pointe emmanchée d'or et de gueules.

Cette famille a deux représentants : le baron de Papus, au château de Soulané, par Martres, département de la Haute-Garonne ; de Papus, à Toulouse.

PARADE (Lestang de). *Provence.*

D'or au lion d'azur, armé et lampassé de gueules.

De Lestang de Parade, unique représentant du nom, entré dans les ordres, est vicaire-général, à Châlons, département de la Marne.

PARADES. *Languedoc.*

Coupé : au 1 d'azur, à une demi fleur de lis d'or à l'aigle de sable ; au 2 d'or à trois tourteaux de gueules, posés 2 et 1.

Cette famille a trois représentants : de Parades, conseiller à la Cour d'appel, à Agen, département de Lot-et-Garonne ; de Parades, juge de paix, à Riom, département du Puy-de-Dôme ; de Parades de Dannant, au château de Mas-d'Agen, par l'Alberon, département du Puy-de-Dôme.

PARAGE. *Tours.*

De sable à un bouclier d'or.

De parage, unique représentant du nom, est percepteur, à Layor, département des Basses-Pyrénées.

PARC (DU). *Normandie.*

D'or à deux fasces d'azur, accompagnées de neuf merlettes de gueules posées 4, 3, 2.

Du Parc, proprement dit n'a qu'un représentant : le comte du Parc, au château de Reville, par Quettéhou, département de la Manche. Du Parc de Bréville, autre représentant du nom, est avoué, à Rouen, département de la Seine-Inférieure.

PARC DE LOCMARIA (DU). *Bretagne.*

D'argent à trois jumelles de gueules.

Des plus anciennes et des plus distinguées de la Bretagne, cette maison dont il est parlé avec éloges dans les histoires de cette province par Dom Lobineau, d'Argentré et dans celle du connétable Du Guesclin, est de pure noblesse d'épée : elle possédait une terre considérable, composée d'un château et d'une châtellenie, à laquelle elle a emprunté son nom, remonte par titres à Alain, 1er du nom, seigneur du Parc, vivant, en 1270, avec Agnès de Coëtmen, sa femme, et ne compte plus aujourd'hui qu'un représentant : du Parc de Locmaria, chef de nom et d'armes, au château de Flandres, par Villeneuve-sur-Yonne, département de l'Yonne.

PARCEVAUX. *Bretagne.*

D'argent à trois chevrons d'azur.

L'unique représentant du nom, Charles-Marie-Raphaël de Parcevaux, réside à Lambal, près Morlaix, département du Finistère.

PARCQ (DE LA BARRE DU). *Picardie.*

D'azur à la fasce d'or, accompagnée de trois levriers d'argent colletés de gueules, bouclés du second émail.

Cette famille, dont nous avons déjà parlé dans le tome I de cet ouvrage, page 151, est d'ancienne noblesse militaire, originaire du Brabant, où se trouve la seigneurie du Parcq, érigée en baronnie, par lettres du 5 mai 1659. Elle a trois représentants : de la Barre du Parcq, officier de la Légion d'honneur, chef de bataillon du génie ; de la Barre du Parcq, chevalier de la Légion d'honneur, ingénieur des ponts-et-chaussées, à Pontoise, département de Seine-et-Oise ; de la Barre du Parcq, officier de la Légion d'honneur, à Paris.

PARDAILLAN. *Guyenne.*

D'argent a trois fasces ondées d'azur. — Fascé d'argent et de gueules de six pièces.

Ancienne et illustre, cette maison, dont la généalogie est donnée dans l'*Histoire des Grands-Officiers de la Couronne*, l'*Histoire de saint Louis*, l'*Histoire du Béarn*, les *Mémoires de Castelnau*, l'*Histoire de Foix*, *Notitia utriusque Vasconiæ*, les *Mémoires des révolutions de Suisse*, le *Dictionnaire de la Noblesse*, de La Chenaye des Bois, etc., remonte à Pons de Pardaillan, seigneur de Gondrin, époux de Navarre de Lupé, qui testa en 1070.

PARDESSUS. *France.*

D'azur à trois lis de jardin d'argent aux pieds desquels est couché un levrier de même, la tête contournée.

Cette famille, dont était Jean-Marie Pardessus, célèbre jurisconsulte, membre de l'Institut, est représentée par Charles Pardesssus, qui a sa résidence d'été au château de la Guiche, par Chousy, département de Loir-et-Cher, et sa résidence d'hiver à Le Blanc, département de l'Indre.

PARDIEU. *Normandie.*

D'or au lion contourné de gueules.

Connue en Normandie, depuis plus de six cents ans, cette famille remonte à Henri de Pardieu, chevalier, fondateur, en 1260, des cordeliers d'Evreux, et inhumé devant le maître-autel de leur église, a quatre représentants : le marquis de Pardieu, chef de nom et d'armes, officier d'artillerie ; le comte de Pardieu, au château d'Ecrainville, par Goderville, département de la Seine-Inférieure ; le comte de Pardieu, à Besançon, département du Doubs ; l'abbé de Pardieu, curé de Nomeny, département de la Meurthe.

PARENT DU MOIRON. *Flandre, Normandie, Valois, Picardie.*

Fascé d'argent et d'azur de quatre pièces ; à la bande d'or chargée de trois coqs de sable, crêtés et membrés de gueules, brochante sur le tout.

Devise : *De tout temps, je suis apparent.*

Cette famille a pour chef de nom et d'armes Louis-Antoine, vicomte Parent du Moiron, officier de la Légion d'honneur, ancien garde du corps, officier supérieur de cavalerie, en retraite, à Compiègne, département de Seine-et-Oise. Il a trois frères : Augustin-Nicolas Parent de Moiron, directeur des douanes, à Charleville, département des Ardennes, qui a un fils,

Georges Parent du Moiron, procureur impérial, à Saint-Affrique, département de l'Aveyron, et une fille; Flavien-Louis Parent du Moiron, chevalier de la Légion d'honneur, chevalier noble de Pie IX, ancien capitaine de frégate, à Soissons, département de l'Aisne; Armand-Charles Parent du Moiron, sans alliance.

PARENT DE CURZON. *Orléans.*

D'azur à quatre barres d'argent.

Cette famille a trois représentants : Parent de Curzon, au château d'Ayron, par Vouillé, département de la Vienne; Parent de Curzon, percepteur à Saran, département du Loiret; Parent de Curzon, artiste peintre, à Paris.

PARENT DU CHATELET. *France.*

D'azur au sautoir d'or, écoté et alisé, accompagné d'un croissant d'argent en chef et de trois étoiles de même, deux en flancs et une en pointe.

Cette famille, dont l'origine remonte à l'année 1336, compte parmi ses membres plusieurs auditeurs et correcteurs des Comptes, un maître des Comptes et un procureur à la chambre des Comptes de Paris, ainsi qu'un grand nombre de conseillers au Parlement de Paris. Elle a donné un médecin, distingué par ses remarquables ouvrages sur l'hygiène, qui a laissé deux fils : 1° Emmanuel Parent du Châtelet, conseiller à la Cour des Comptes, à Paris, mort le 23 avril 1872, père de quatre enfants, deux fils et deux filles : Joseph Parent du Châtelet, chef de nom et d'armes, et Eugène Parent du Châtelet; Geneviève et Marie; 2° Gabriel Parent du Châtelet, au château de Nagel, par Conches, département de l'Eure, qui a trois filles : Marie-Thérèse, Yvonne, Cécile.

PARIEU D'ESQUIRIOU. *Toulouse.*

De sable à un pairle d'argent et un chef de même.

Parieu d'Esquiriou, chef de nom et d'armes, grand officier de la Légion d'honneur, est vice-président du conseil d'Etat, à Paris ; Parent d'Esquiriou, officier de la Légion d'honneur, autre représentant du nom, réside à Paris.

PARIS. *Ile-de-France.*

De sinople à une ancre d'argent, dont la trabe est recroisettée par les deux bouts, surmontée de deux étoiles de même. — D'azur à trois têtes de chien d'argent.

Paris, dont était Louis Paris, administrateur de l'Hôpital Général, et qui eut un fils, Nicolas, magistrat, né le 10 mai 1657, a trois représentants : le marquis de Paris, à Paris ; de Paris, à Paris ; de Paris, à Versailles.

PARIS. *Bretagne.*

D'argent à la croix de gueules, cantonnée de quatre lionceaux du même. — D'hermine plein. — D'or à une fasce d'azur chargée d'une pomme d'or, tigée et feuillée de sinople.

On compte quatre représentants du nom : Paris de la Bergère, à Orléans, département du Loiret ; Paris de Bollardière, grand officier de la Légion d'honneur, intendant général, inspecteur, à Paris ; Paris d'Illins, au château de Villers-sur-Mer, par Deauville, département du Pas-de-Calais ; Paris de Mondoville, chef de service à la Banque de France, à Paris.

PARLIER DU MAZEL. *Montpellier, Montauban.*

De sable à un rocher d'argent ; au chef cousu d'azur chargé de trois étoiles d'or. — Ecartelé d'azur à un lion d'or, couronné et lampassé de gueules.

Le marquis de Parlier du Mazel, unique représentant du nom, réside au château de Mazel, par Barre-de-Cévenne, département de la Lozère.

PARMENTIER. *France.*

D'argent au chevron d'azur, accompagné de trois trèfles de sinople.

Cette famille a pour chef de nom et d'armes Hector Parmentier, conseiller à la Cour d'appel de Douai ; il a un fils, Charles Parmentier, avocat, à Paris.

PARMENTIER. *France.*

De gueules à deux lions affrontés d'argent, tenant une palme d'or.

Le baron de Parmentier, unique représentant du nom, réside au château de Restinguières, par les Metelles, département de l'Hérault.

PARMAJOU. *Paris, Bourges.*

Paris. D'azur à une gerbe d'or.

Bourges. D'azur au chevron d'or, accompagné de trois besants d'argent.

Cette famille a trois représentants : Félix de Parnajou à Angers ; Ferdinand de Parnajou, à Angers ; de Parnajou, professeur au Lycée-Napoléon, à Paris.

PARNY (Forges de). *Berry.*

Echiqueté d'argent et de gueules.

Paul de Forges de Parny, unique représentant du nom, réside à Marseille.

PAROY (LE GENTIL DE). *Bretagne.*

D'azur au serpent volant d'or, lampassé de gueules.

Cette famille, dont était Guy le Gentil, marquis de Paroy, par lettres de 1754, lieutenant au régiment des gardes françaises, grand bailli d'épée des villes et comté de Provins et de Montereau, lieutenant, pour le roi, des provinces de Brie et de Champagne, chevalier de l'ordre royal et militaire de Saint-Louis, est représenté par le marquis le Gentil de Paroy, qui a sa résidence d'été au château de Salperwick, près Saint-Omer, et sa résidence d'hiver à Paris. Il a un fils, Guy le Gentil de Paroy.

PARRIN DE SÉMAINVILLE. *Normandie.*

Mi-parti : au 1 d'azur à deux fonds baptismaux d'or, au chef d'argent, chargé d'une croix pattée alaisée de gueules, qui est de Parrin de Sémainville ; au canton dextre d'azur, semé de fleurs de lis, qui est de France Ancien ; au 2 d'azur écartelé aux 1 et 4 d'une carpe ou ombrée d'argent, mise en fasce ; aux 2 et 3 d'un bouclier d'argent ; sur le tout d'argent, à l'aigle impériale éployée de sable, qui est de Bègue de Germiny. Couronne : de comte. Supports : deux lions.

L'unique représentant du nom, Pierre-Alexandre, comte Parrin de Sémainville, chevalier de la Légion d'honneur, ancien magistrat, réside à Hyères, département du Var.

PARSEVAL. *Alsace.*

D'argent au pal de sable, chargé de cinq étoiles renversées du champ.

Cette famille a trois représentants : Amédée de Parseval, chevalier de la Légion d'honneur, à Paris ;

de Parseval, receveur particulier, à Espalion, département de l'Aveyron ; de Parseval, à Orléans, département du Loiret.

PARTZ DE PRESSY. *Flandre, Artois.*

D'argent au léopard de sinople, armé et vélenné de de gueules.

Très ancienne en Artois, cette famille, qui a donné François-Joseph de Partz, chevalier, seigneur d'Esquirres, de Pressy et autres lieux, qui obtint l'érection de ses terres en marquisat, par lettres patentes de 1712, a deux représentants : le marquis de Partz de Pressy, à Paris ; de Partz de Pressy, au château d'Esquirres, par Huchin, département du Pas-de-Calais.

PAS (DU). *France.*

De sable semé de fleurs de lis d'or.

L'unique représentant du nom, comte du Pas, réside au château de Ripaille, par Thonon, département de la Haute-Savoie.

PASCAL. *Poitou.*

D'argent au chevron de gueules, accompagné de trois roses du même.

L'unique représentant du nom, de Pascal, vit éloigné de toute fonction publique, à Poitiers, département de la Vienne.

PASCAU DE POLÉON. *France.*

D'argent au mouton passant de sable, surmonté de trois branches d'épines de sinople.

L'unique représentant du nom, marquis de Pascau

de Poléon, réside au château de Poléon, à Saint-Georges-du-Bois, département de la Charente-Inférieure.

PASQUANET DE LAVAUD DE PIERREBRUNE. *Franche-Comté.*

D'or au lion de sable grimpant, adextré en chef d'une étoile d'azur et en pointe, d'un croissant de gueules.

Edouard, baron de Pasquanet de Lavaud de Pierrebrune, réside au château de Lavaud-Blanche, par Auzances, département de la Creuse.

PASQUET. *Angoumois.*

D'azur au chevron d'or, accompagné en chef d'un croissant d'argent accosté de deux étoiles du même, et en pointe d'une sphère d'argent posée sur un pied d'or.

De noblesse constatée par vérification de titres faite en 1701, cette famille se divise en deux branches. La première est représentée : 1° par Alexandre Pasquet de Larevanchère, au château de la Commanderie, par Ruffec, département de la Charente ; 2° par Élie Pasquet de Larevanchère, au château des Ombrais, par Larochefoucauld (Charente).

La seconde branche est représentée : 1° par Gustave Pasquet du Bousquet de Laurière, au château de Russas, par Montembœuf (Charente); 2° par Ferdinand Pasquet du Bousquet de Laurière, à Paris ; 3° par Jules Pasquet du Bousquet de Laurière, à Paris.

PASQUIER DE DOMMARTIN (DU). *Lorraine.*

De gueules à une épée antique d'argent posée en pal, la pointe en haut, à la garde d'or ; sur le tout, une fasce d'azur, chargée de quatre étoiles d'or.

Anoblie par lettres de l'an 1657, cette famille est représentée par le baron du Pasquier de Dommartin, officier de la Légion d'honneur, officier supérieur de cavalerie, membre du conseil général des Vosges, à Dommartin, près Neufchâteau, département des Vosges.

PASQUIER. *Ile-de-France.*

De gueules à un chevron d'or, accompagné en chef de deux croissants d'argent, et en pointe d'une tête et col de licorne du même.

Cette famille qui descend de Charles Pasquier, écuyer, seigneur de Franclieu, archer et homme d'armes du roi, compagnie du Luxembourg, vivant à la fin du quinzième siècle, et qui a donné le duc Pasquier, chevalier de France, est représentée par Louis Pasquier, conseiller de cour d'appel, à Paris.

PASQUIER. *France.*

D'azur au chevron d'argent, chargé de deux épées de sable, la pointe en haut, surmontées d'une étoile de gueules, accompagnées en chef, à dextre, d'une aigle éployée d'or; à senestre, d'un lion rampant aussi d'or, armé et lampassé de gueules, et en pointe d'une verge d'or tortillée d'un serpent d'argent.

Le baron Ferdinand Pasquier, unique représentant du nom, réside à Paris.

PASQUIER (DU). *Bourgogne.*

D'azur, au pal d'or.

L'unique représentant du nom, du Pasquier, est receveur des contributions indirectes, à Trun, département de l'Orne.

PASQUIER. *Ile-de-France, Picardie.*

Ile-de-France. D'azur au chevron d'or, accompagné en chef de deux têtes de Maures de sable, posées de profil, tortillées d'argent et en pointe de trois paquerettes d'or, posées 1 et 2, mouvantes d'une terrasse de même, celle du milieu plus élevée.

Picardie. D'azur au sautoir d'or, accompagné en chef de deux croissants et en pointe d'une étoile de même.

Pasquier, en Picardie, reçut des lettres de noblesse de Henri IV, en septembre 1591.

Pasquier de Franclieu, descend de Charles Pasquier, seigneur de Franclieu, archer et homme d'armes du roi, dans la compagnie de Montmorency.

Sous le nom générique de Pasquier, on retrouve cinq représentants : le marquis Pasquier de Franclieu, au château de Lascazères, par Maubourguet, département des Hautes-Pyrénées; le baron Pasquier de Franclieu, conseiller municipal, à Oued-el-Allueg, Algérie; Pasquier de Franclieu, inspecteur de colonisation, à Blidah, Algérie; Pasquier de Lumeau, dans le département d'Eure-et-Loir; Pasquier de Lumeau, à Orléans.

PASSAGE (du). *Picardie.*

De sable à trois fasces d'or.

Cette famille a quatre représentants : le comte du Passage, au château de Frohen-le-Grand, par Bernaville; le vicomte du Passage, au château de Lignières-Foucaucourt, par Oisemont; le baron du Passage, au château de Sainte-Segrée, par Foix; du Passage, au château de Bizoncourt, par Hornoy, tous quatre, département de la Somme.

PASSÉ (LAUNAY DE). *Bretagne.*

D'argent à sept macles de gueules.

Launay de Passé, unique représentant du non, réside au château de Val-Néant, par Malestroit, département du Morbihan.

PASSEMAR DE SAINT-ANDRÉ. *Toulouse, Montauban.*

D'azur à un vaisseau d'argent; parti d'azur à un épervier de sinople; au chef d'azur chargé de trois étoiles d'or.

Le vicomte de Passemar de Saint-André; unique représentant du nom, réside au château de Saint-André, par Alban, département du Tarn.

PASSERAT. *Bugey.*

D'azur à la fasce d'or chargée d'un lion léopardé de gueules et accompagné en pointe de deux vols d'or.

Cette famille dont les armes ont été enregistrées par d'Hozier et dont il est parlé dans la *Nobiliaire universelle* de Saint-Allais, a cinq représentants : le baron Passerat de Silans, à Paris; Gabriel-Marie Passerat de la Chapelle, au château de la Rouge, par Meximieux, département de l'Ain. Il a quatre enfants : Paul-Honoré, qui épousa Françoise-Laure-Marie-Louise de Boissieu; Henri, lieutenant au 2e régiment de chasseurs à cheval, qui épousa Marie-Thérèse de Loisy; Ernest, qui épousa Marie-Antoinette de Boissieu; Gabrielle, religieuse

PASTEUR. *Flandre.*

De gueules à trois fleurs de pensées d'or, tigées et feuillées de même, posées 1 en chef et 2 en flancs, adossées, accompagnées en pointe d'une étoile d'argent.

Cette famille a pour unique représentant : Pasteur d'Estreillis, chevalier de la Légion d'honneur, à Paris.

PASTOREL. *Languedoc.*

Écartelé : aux 1 et 4 d'or à trois chevrons de gueules; aux 2 et 3 de gueules, au bélier passant d'argent et au chef cousu d'azur, chargé de trois cloches d'argent.

De Pastorel, unique représentant du nom, est directeur des postes, à Millau, département de l'Aveyron.

PASTORET. *France.*

D'or à la barre de gueules, chargée d'un berger d'argent adextré d'un chien de même.

La famille qui porte ces armes parlantes, est représentée par la marquise de Pastoret, à Paris.

PASTOUREAU DE LA BRAUDIÈRE. *Limousin.*

D'azur au chevron d'argent chargé de sept aiglons de sable et accompagné en pointe d'une gerbe d'or.

Lachenay-Desbois parle d'une famille de Pastoureau, en Picardie, qui fit preuve de noblesse depuis l'an 1547. Celle qui nous occupe est représentée par de Pastoureau de la Brandière, juge d'instruction au tribunal civil d'Angoulême, département de la Charente.

PASTOUREAU DU PUYNODE. *Poitou.*

D'azur au chevron d'or chargée de sept aiglons de sable et accompagnée en pointe d'une gerbe d'or.

De même souche et origine que la précédente, dont elle s'est séparée vers la fin du seizième siècle, cette famille a deux représentants : le baron Pastoureau du Puynode, au château des Certeaux, par Angles, département de la Vienne ; Pastoureau du Puynode, à Paris.

PASTRE DE BOUSQUET. *Guyenne.*

D'azur à une fasce d'or surmontée de trois étoiles du même.

Marie-Louis Pastre de Bousquet, unique représentant du nom, est attaché à l'administration des lignes télégraphiques, à Poitiers, département de la Vienne.

PATAS D'ILLIERS. *Orléanais.*

D'azur à une fasce d'argent, chargé d'un trèfle de sable et accompagné de trois pattes de lion d'or, deux en chef et une en pointe.

L'unique représentant du nom, Ernest Patas d'Illiers, réside à Orléans.

PATOU DES COTEAUX. *Flandre.*

D'azur au chevron d'or, accompagné de trois pigeons pattés du même.

Patou des Coteaux, unique représentant du nom, réside au château de Jovard, département de l'Indre.

PATOUILLET DE DÉSERVILLERS. *France.*

D'or à la croix tréflée de gueules, cantonnée aux 1 et 4 d'un alérion de sable, aux 2 et 3 d'un lion rampant du même.

Cette famille, originaire de Flandre, a rendu de nombreux services à la maison d'Autriche. Un diplôme de l'Empereur Léopold, daté de l'année 1671, reconnaît et l'antique origine et toutes les charges importantes que ses membres ont occupées dans le Saint-Empire.

Elle est aujourd'hui représentée par Paul Charles de Patouillet, comte de Déservillers, demeurant au château de La Mezières, département du Loir-et-Cher; par Marie-Guy-Paul-Henri de Patouillet, vicomte de Déservillers, capitaine au 66° de ligne; par Marie-Charles-Antoine de Patouillet de Déservillers.

Cette famille est alliée directement aux de Sorret de Grozon, Comminges de Guitaut, de Lavau, de Croismare, de l'Espinasse, d'Amédor de Mollains, etc., etc.

FIN DU TOME SIXIÈME

RECTIFICATIONS

TOME V

Page 176

LAURÈS. *Lyonnais, Guyenne.*

D'azur au pélican d'argent, avec ses petits d'argent sur une terrasse du même; au chef d'or, chargé de trois roses de gueules.

Page 177, paragraphe v, ligne 19, *lisez :* 11 février 1699.

Page 178, paragraphe vii, ligne 20, *lisez :* il est mort en 1843.

Ligne 25, *lisez :* Fontès.

Page 178, paragraphe viii, ligne 7, *lisez :* M. Edouard Delpon.

Page 295

MAIGRET. *Bourgogne, Bresse.*

Ligne 28, au lieu de : se retira, sous Louis XIII, *lisez :* se retira, sous le règne de Henri II, etc.

TOME VI

MAILLARD DE LANDREVILLE. *Principauté de Liége, Champagne, Picardie.*

Page 13, paragraphe xxv, ligne 30, au lieu de : Meixmoran de Dombasle, *lisez :* Meixmoron de Dombasle.

Page 14, paragraphe xxvi, ligne 18, au lieu de : Jacques-Victor, ci-dessus, *lisez :* Jean-Marie-Gaston, ci-dessus.

LA
FRANCE HÉRALDIQUE

RÉDACTION, COMMUNICATIONS, ABONNEMENTS

70, Boulevard Montparnasse, à Paris

L'ouvrage contiendra de sept à dix volumes.

L'abonnement à l'ouvrage complet est de dix francs par volume, payables à réception de chaque volume.

Un volume isolé coûte vingt francs.

Les communications verbales seront reçues tous les jours, dimanches et fêtes exceptés, de deux à six heures de l'après-midi, au domicile de l'auteur, 70, boulevard Montparnasse, à Paris.

EN VENTE :

à Paris, à la Librairie Héraldique, Archéologique, etc.

DE DUMOULIN

13, Quai des Augustins, 13

ET AU BUREAU DE LA FRANCE HÉRALDIQUE

Revue Nobiliaire héraldique et biographique annuelle, publiée par M. Bonneserre de Saint-Denis en collaboration. Neuf beaux volumes grand in-8° avec blasons. 160 fr.
Par Année . . . . 18 fr.
Prime pour les acquéreurs à la collection entière : **Armorial général de Rietstap**, dont le prix dans le commerce est de . . . . 45 fr.

www.ingramcontent.com/pod-product-compliance
Lightning Source LLC
Chambersburg PA
CBHW060321170426
43202CB00014B/2617